河南省社会科学院哲学社会科学创新工程试点项目
本书获2016年度国家社会科学基金青年项目资助

中原学术文库·青年丛书

我国特大城市效率的
评价与提升研究

——基于增长边界政策导向趋紧的视角

RESEARCH ON EFFICIENCY CHANGE OF MEGA-CITIES IN
CHINA UNDER THE TIGHTENING OF UGB

王新涛 ／ 著

经济管理出版社
ECONOMY & MANAGEMENT PUBLISHING HOUSE

图书在版编目（CIP）数据

我国特大城市效率的评价与提升研究：基于增长边界政策导向趋紧的视角/王新涛著.
—北京：经济管理出版社，2020.10
ISBN 978 - 7 - 5096 - 7615 - 8

Ⅰ.①我…　Ⅱ.①王…　Ⅲ.①特大城市—经济发展—研究—中国　Ⅳ.①F299.21

中国版本图书馆 CIP 数据核字（2020）第 221724 号

组稿编辑：申桂萍
责任编辑：赵天宇
责任印制：黄章平
责任校对：王淑卿

出版发行：经济管理出版社
　　　　　（北京市海淀区北蜂窝 8 号中雅大厦 A 座 11 层　100038）
网　　　址：www. E - mp. com. cn
电　　　话：（010）51915602
印　　　刷：北京晨旭印刷厂
经　　　销：新华书店
开　　　本：720mm × 1000mm/16
印　　　张：16.25
字　　　数：310 千字
版　　　次：2020 年 10 月第 1 版　　2020 年 10 月第 1 次印刷
书　　　号：ISBN 978 - 7 - 5096 - 7615 - 8
定　　　价：78.00 元

前　言

　　当前我国城镇化仍然处于快速推进阶段，人口更多流向东部沿海的长三角、珠三角、京津冀三大城市群和中西部地区的武汉、郑州、重庆、成都、西安等特大城市，导致我国特大城市的人口、产业不断集聚，城市规模不断扩大，土地成本逐步上升，环境质量进一步恶化，空间利用效率有所降低，从而影响了城市整体运行效率的提升，进而影响到我国特大城市的发展质量和全国城镇化总体发展水平的提高。为此，中央高度重视我国城市的可持续发展能力的提升，《国家新型城镇化规划（2014—2020）》、中央城市工作会议都强调要限制城市无序蔓延和低效扩张，原国土资源部、住房和城乡建设部在全国范围内选定了10多个城市进行城市增长边界划定的试点工作，北京、上海、广州、深圳、郑州、武汉、成都、西安等试点城市是人口净流入位居前列的特大城市。

　　从全球城镇化发展的客观规律和我国特大城市所处的发展阶段和演进趋势来看，特大城市仍然是目前我国推进新型城镇化高质量发展的核心载体和重要引擎，是代表全国或区域参与国内外竞争的主要平台，并且在城镇化水平稳定增长的情况下，特大城市仍将处于不断扩张状态。因此，在未来的一段时期里，我国特大城市的发展仍将面临一个困境：一方面是在国家战略层面，为保障重大国家战略任务的落实和战略目标的实现，要求这些特大城市继续保持较高的增长速度，发挥示范作用，带动整个国家竞争力的提升；另一方面，这些特大城市迫切要求解决影响城市可持续发展的问题，特别是交通拥堵、房价上涨、环境恶化以及对人才的挤出效应，城市整体的规模效应开始下降。这个困境迫切需要在增长边界政策导向和约束作用不断加强的背景下，统筹考虑特大城市的经济、社会、生态等子系统的协调发展，对提升城市效率的目标、路径、举措和体制机制进行前瞻性研究和顶层设计，从而破解特大城市效率提升面临的难题和困境，更好地按照中央城市工作会议确定的"框定总量、限定容量、盘活存量、提高质量"的方针来推动我国特大城市的可持续发展。

目　录

第一章 绪论

2014 年 11 月，国务院以国发〔2014〕51 号文件，发布《关于调整城市规模划分标准的通知》，提出根据我国常住人口城镇化率已经超过 50%、城市人口规模已经实现较大幅度增长、城市体系已经发生根本性调整的现实基础，对我国原有按照人口规模大小划定城市规模的标准实施调整。新标准将城市划分为五类七档，其中，对于特大城市认定的标准做了提高，规定按照城区常住人口计算，常住人口在 500 万以上 1000 万以下的城市，才能被认定为特大城市。同样，也依据常住人口数提高了超大城市的认定标准，规定城区常住人口在 1000 万以上的城市，才能被认定为超大城市①。特大城市和超大城市位于我国城镇体系的顶端，是我国城市体系的塔尖城市，是代表我国参与国际竞争和合作的主要载体和平台，是我国贯彻落实国家战略意图、实现国家战略目标、优化城镇化布局与形态、促进城乡区域协调发展的重要支点，北京、上海、广州等城市正在逐步向全球城市迈进。由于特大城市和超大城市在我国经济、社会、文化、科技、教育、交通、政治等方面的重要地位，社会各界也日益关注特大城市和超大城市的发展，从基本概念、功能定位、增长动力、增长机制、增长方式、增长效率以及与区域的协同发展等方面开展深入研究，形成了丰富的研究成果。为了研究方便，本书将城区 500 万人口以上的特大城市作为本课题的研究对象。

第一节 研究背景

中华人民共和国成立以来特别是改革开放以来，我国城镇化发展战略日趋科学，城镇化快速推进，截至 2018 年底，我国城镇常住人口已达到 83137 万人，常住人口城镇化率达到 59.58%。在快速城镇化过程中，形成了一批城市群、都市圈，催生了一批特大城市，城市群逐渐成为我国经济密度最高、人口密度最大、创新资源最多、发展活力最强的城市区域，城市群的核心城市，也就是北

---

① 国务院《关于调整城市规模划分标准的通知》（国发〔2014〕51 号），2014 年 11 月。

京、上海、广州、郑州、西安等特大城市不仅在区域范围内处于核心地位，而且对于我国经济、社会、文化、生态等方面的示范带动引领作用持续增强，也是我国参与国际竞争的主体。但是，随着城镇化的推进和人口加速向城市群和特大城市集中，也给特大城市带来了城市病等一系列问题。

一、新型城镇化快速推进

城镇化战略作为推动经济社会发展的重大战略，在我国社会主义现代化建设中发挥了至关重要的作用。中华人民共和国成立以来，尤其是改革开放以来，随着工业化进程的推进，我国的政府部门和专家学者们开始从工业化与城镇化协调发展的角度，提出要重视城镇化的推进，走出了一条中国特色的新型城镇化发展道路。纵观我国城镇化发展历程，其呈现出典型的阶段性特征，可以划分为四个阶段，即平稳增长阶段（1949～1957 年）、非正常上升阶段（1958～1960 年）、停滞阶段（1961～1977 年）和稳步增长阶段（1978 年至今）。其中，平稳增长阶段为中华人民共和国成立初期，国家百废待兴。非正常上升阶段是从 1958 年开始的，由于"超英赶美"等的影响，我国实施重工业优先发展战略，工业在国民经济中的比重迅速上升。为了满足工业发展过程中对劳动力的需要，政府采取措施推动大量的农村农业人口通过招工等方式入城，由农业人口转变为工业生产人员，进入工厂，引发农村人口流向城镇，我国城镇人口大幅增加，城镇化水平猛增。停滞阶段是 1961～1977 年，由于受到限制农民流动的户口管制、知识青年上山下乡、以分散为特征的三线建设、取消城市规划等政策措施的影响，我国城镇化发展出现停滞。

改革开放开始，我国城镇化进入较快发展阶段。改革开放至今，又可以划分为稳步推进阶段、快速推进阶段、加速推进阶段和协调推进阶段。其中，稳步推进阶段为 1978～1991 年。1978 年底党中央召开了十一届三中全会，提出党和国家的工作重心要转移到经济建设上来，并在农村推广分田到户的家庭联产承包责任制，加快推进农村改革，增强了农村发展的活力。随后，国家又开始在城市推进改革试点工作，重点是推进国有企业改革。为了和工农业改革发展的大势相适应，中央召开了第三次全国城市会议，会上鲜明提出了"控制大城市规模，多搞小城镇"的城市发展方针。1980 年国务院又进一步完善了城镇发展的指导思想，将城市按照人口规模划分为大城市、中等城市和小城市，有针对性地分门别类提出发展策略，其中大城市主要是控制规模，中等城市主要是推动合理发展，小城市主要是积极加快发展，小城镇仍然是发展的重点之一。1984 年，中央又对户籍制度进行了调整，颁布了新的户籍管理办法，允许农民自带口粮进城镇务工经商落户，同年，国务院根据新的户籍管理办法，又调整了实施 20 年的市镇建制标准，加快推进市镇改革，推动全国小城镇的数量迅速增加，城镇化率由1984年的23.0%提高到1992年的27.6%。快速推进阶段为1992～2000年。1992年，党的十四大确立了建立社会主义市场经济体制的总目标，我国进入了建设社会主义市场经济体制的新时期。1993年11月，党的十四届三中全会通过了《中共中央关于建立社会主义市场经济体制若干问题的决定》，中央根据我国沿海发达地区，特别是山东、江苏、浙江、广东、福建部分先行地区乡镇企业发展的经验，提出要推动乡镇企业发展较高的农村地区，引导乡镇企业适当集中，并依托乡镇企业各类园区来发展小城镇。1998年10月，党的十五届三中全会通过的《中共中央关于农业和农村工作若干重大问题的决定》，进一步提出，"发展小城镇，是带动农村经济和社会发展的一个大战略"①。1999年9月，党的十五届四中全会，把加快小城镇建设放到了与实施西部大开发同样重要的战略地位，提出这是关系到我国经济社会发展的重大战略问题。2000年7月，中共中央、国务院专门研究出台了促进小城镇健康发展的指导意见。在这一发展阶段，我国城镇化率从1992年的27.6%提高到2000年的36.2%。快速推进阶段为2001～2012年。这一阶段主要是贯彻落实"十五"计划对全国经济社会发展的指导思想，推动"十五"计划的顺利实施和执行。从"十五"计划开始，我国关于城镇化发展的指导方针开始有了较大的调整。2000年10月，中共中央在关于"十五"计划的建议中开始强调要突出发挥中心城市的作用，提出要在着重发展小城镇、积极发展中小城市的同时，要注重完善区域性中心城市的功能，发挥大城市的辐射带动作用。但是，这一城镇化发展的指导思想仍然将小城镇的发展放在重要的位置。2002年，党的十六大报告第一次明确提出了"走中国特色的城镇化道路"这样的提法，标志着我国推动城镇化发展的指导思想得到了进一步的完善和发展。2005年，中共中央关于"十一五"规划的建议，相对于2002年党的十六大报告关于城镇化的提法有了新的变化，即发展一批城市群。党中央在关于"十一五"规划的建议中则进一步明确要在珠江三角洲、长江三角洲和京津冀地区建设城市群，同时提出要鼓励有条件的地区加快以城市群为目标完善城镇体系。这是对党的十六大关于坚持大中小城市和小城镇协调发展、走中国特色城镇化道路的新发展，是针对近年我国城镇化发展过程中出现的新情况作出的新总结，是根据城镇化发展客观规律进行的新概括。2007年，党的十七大进一步完善了中国特色城镇化道路的指导思想、基本任务、发展目标和战略举措，其核心是促进大中小城市和小城镇协调发展。同时，在科学发展观的指引下，又相继提出了建设社会主义新农村、统筹城乡发展、全面建设小康社会、新型"三化"协调发展、"四

---

① 《中共中央关于农业和农村工作若干重大问题的决定》，1998年10月。

化"同步发展等重大战略问题。这一阶段,我国城镇化率从 2001 的 37.7% 提高到 2012 年的 52.6%。到 2010 年底,我国常住人口城镇化率达到 50%,标志着我国实现了从农业型社会为主体的社会向城市型社会为主体的社会的历史性跨越。

2012 年至今,我国进入新型城镇化阶段。2012 年,党的十八大报告提出"坚持走中国特色新型工业化、信息化、城镇化、农业现代化道路,推动信息化和工业化深度融合、工业化和城镇化良性互动、城镇化和农业现代化相互协调"①。同年 12 月,中央经济工作会议将城镇化作为我国推进现代化的重要任务和根本路径,提出要积极稳妥推进城镇化,着力提高城镇化质量。并进一步明确,要在推进城镇化的过程中,构建起科学合理的城市格局,以推动城镇化的进程,城市的发展要和产业、人口的分布相协调,和资源环境承载能力相适应,走集约、智能、绿色、低碳的新型城镇化道路。在这一指导思想指引下,到 2017 年底,全国城市数量超过 660 个,比 1978 年末增加了 460 多个。在 660 多个城市中,按照行政级别来划分,其中包括地级以上城市 298 个,增加了 197 个;县级城市 363 个,增加了 271 个;建制镇 21116 个,增加了 18940 个。到 2018 年,我国常住人口城镇化率增长到 59.58% (见表 1 – 1)。

表 1 – 1 1981～2018 年我国常住人口城镇化率

年份	常住人口城镇化率(%)	年份	常住人口城镇化率(%)	年份	常住人口城镇化率(%)
1981	20.2	1995	29	2009	48.3
1982	21.1	1996	30.5	2010	50
1983	21.6	1997	31.9	2011	51.3
1984	23	1998	33.4	2012	52.6
1985	23.7	1999	34.8	2013	53.73
1986	24.5	2000	36.2	2014	54.77
1987	25.3	2001	37.7	2015	56.1
1988	25.8	2002	39.1	2016	57.35
1989	26.2	2003	40.5	2017	58.52
1990	26.4	2004	41.8	2018	59.58
1991	26.9	2005	43		
1992	27.5	2006	44.3		
1993	27.99	2007	45.89		
1994	28.51	2008	46.99		

资料来源:《中国统计年鉴》(2019)。

---

① 党的十八大报告,2012 年 11 月。

二、城市发展战略不断完善

从整体的城镇化发展战略角度看，中华人民共和国成立初期，我国实施的重工业优先发展战略，城镇化从属于工业化，虽然和工业化的发展有较强相关性，但是并未对整体的城镇化战略做出统筹安排。改革开放后，从国家层面开始制定实施城镇化推进战略。如1978年全国城市工作会议，从推进小城镇建设的角度提出了城市发展方式，但是对于大城市仍然提出了控制城市规模的政策要求，把大城市的发展和小城市的建设相对割裂开来。1980年的《全国城市规划工作会议纪要》，从城镇体系上分门别类地提出城市发展相应的政策取向，如大城市要控制规模，中等城市要合理发展，小城市要积极发展，但是出于对城镇化发展客观规律的把握还不够科学、不够成熟，这一城市发展指导思想也不够完善。到1989年底，我国在对中华人民共和国成立以来城镇化和城市发展取得经验和教训进行梳理与总结的基础上，制定了《中华人民共和国城市规划法》，其中在第四条明确规定，对于大城市的规模要严格控制，中等城市和小城市的发展方针仍然是合理发展①。这一方针肯定了城镇化在经济发展中的作用与地位，对我国城镇化建设起到了积极的推动作用。但在实践过程中也暴露出许多不足和问题，因而引发了学术界对我国城镇化道路的争论，而优先发展哪一类城市最适合我国国情和所处的发展阶段成为包括学术界和政府在内的社会各界争论的焦点问题，由此形成了"小城镇论"以及与之对立的"大城市论"，随后派生了"中等城市论""大中小城市论"等。从2000年开始，"十五"计划、"十一五"规划、"十二五"规划、"十三五"规划逐步为我国如何在全面建成小康社会、实现中华民族伟大复兴进程中科学地推进新型城镇化发展、实现现代化的战略目标和任务指明了方向，确定了体制机制建设框架，具有十分重大的历史意义和现实指导意义。

从单体城市发展的角度看，继1962年、1963年和1978年后，2015年12月在北京高规格召开了中华人民共和国成立以来的第四次中央城市工作会议。此次时隔将近40年召开的第四次中央城市工作会议，召开的背景与以往不同，我国常住人口城镇化率已经突破了50%，进入到以提高户籍人口城镇化率为中心任务的新的发展阶段，我国的城市发展带动了整个经济社会发展，城市建设已经成为我国经济、社会、文化、生态发展的重要引擎，城市已经成为代表我国实施对外开放战略和参与国内外竞争的窗口与平台。城市已经成为我国经济发展、行政管理、文化创新、社会建设等各方面的载体和人口的主要集聚地，中央城市工作

---

① 《中华人民共和国城市规划法（1989）》。

会议鲜明提出，新时期我国城市发展的指导思想，要围绕加快转变城市发展方式，着力解决城市病等突出问题，从而不断提高城市发展的经济质量、环境质量、生活质量、竞争力和可持续发展能力，让我们的城市真正成为宜居宜业宜游的现代化城市。其中，在城市发展理念上，强调要科学认识、准确把握城镇化和城市发展的客观规律，努力顺应城市发展的客观趋势，端正城市发展的指导思想，要求发展必须兼顾融合经济、产业、空间、社会等多个领域；在城市发展方向上，强调更加尊重人本和自然，推进以人为本的新型城镇化，城市的规划、建设、管理都要更加人性化；同时，强调城市发展的再生态化过程，让城市发展更自然、更生态；在城市发展蓝图上，强调要着力塑造城市特色风貌，守护城市记忆，减少随意性、盲目性，以系统思维进行城市规划建设，预防与杜绝"千城一面"的现象；在推进城镇化的主体形态上，强调以城市群作为主体形态，努力依托基础设施网络体系形成点、线、面结合的、网络化的城镇空间结构，改变过去依靠单一点状城市的发展模式，增强对区域发展的辐射带动作用；在城市工作的系统性上，强调坚持集约发展，着力提高城市土地、水、生态等资源的集约节约利用程度，着力优化城市土地利用结构，促进生产、生态、生活空间的优化布局，促进更多的城市资源向改善城市居民的民生领域倾斜，增强城市发展的绿色化、舒适度、可持续性。城市发展目标和发展思路更加清晰，指明了我国城市发展的方向和重点，有利于坚持目标导向、问题导向，从人民群众最关注、发展中最迫切的领域做起，推动城市转型发展取得良好效果。

三、城镇化领域改革持续深化

从 1978 年开始，我国逐步推进城镇化相关领域改革深化。2014 年，我国发布《国家新型城镇化规划》，提出了一系列科学推进新型城镇化的改革举措，更加注重改革的全面性、协调性。党的十八大报告提出，要实现以城镇化推进经济结构转型的重大战略目标，必须改革旧的、僵化的城镇化发展模式，将城镇化作为一种改革战略，采取一系列改革措施，增强改革的全面性、协调性，充分发挥市场在城镇化发展方面的基础作用，发挥各类改革举措的综合效应，全面破除消除对新型城镇化发展起阻碍作用的体制机制束缚，最大限度发挥新型城镇化拉动经济增长的最大引擎作用，从而实现经济产业结构和经济活动空间结构的成功转型。

中共十八届三中全会启动了我国新一轮全面深化改革进程，和城镇化密切相关的关于人口流动和农业转移人口市民化的户籍制度、关于城乡土地市场统一的土地管理制度、关于城乡社会保障体系有机衔接的社会保障制度改革、关于适应城市规模扩大和市民化步伐的行政管理体制、关于农业转移人口市民化成本分担和提高城市基础设施、公共服务设施供给能力的投融资体制、关于满足人民对美好生活需要的生态环境保护体制等专项改革深入推进。

在户籍管理制度方面，先后经历了试点和全面推进的居住证制度和积分落户制度，实行差别化的落户政策，剥离户口福利，对城乡居民在城镇就业、农民工子女在城镇教育、城乡居民更好地享受城镇的医疗卫生、城乡居民统一的养老保障问题、进城务工人员享受城镇住房保障等各个领域与户籍制度相挂钩的原有政策体系进行一次全面清理，根据不同条件确定居住证所能提供的最大限度的公共服务。

在土地管理制度方面，以建立城乡统一的土地市场为目标，以完善农民的财产权益为重点，加快对农村土地进行确权登记颁证工作，赋予农民对承包地占有、使用、收益、流转及承包经营权、抵押担保权，鼓励进城农民自愿以其宅基地置换城镇住房。改革征地制度，改变现有土地征用收益分配格局，引导和规范农村集体经营性建设用地入市。

在财政制度方面，改变传统的按照户籍人口确定财政转移支付的方式，将农业转移人口纳入到人口的总量中，建立以户籍人口加上农业转移人口总量的财政转移支付机制，根据城市吸纳的农业转移人口的数量、城市吸纳每一个农业转移人口在基础设施、公共服务设施以及住房等领域的成本，来完善财政转移支付制度，保障农业转移人口市民化的基本资金需要。在社会保障方面，以建立健全城乡统一的居民基本养老保险制度、城乡统一的居民基本医疗保险制度为重点，努力缩小城乡居民在社会保障体系上的差距，让城乡居民在分享社会发展成果上获得同等的获得感和幸福感。

在行政管理体制方面，努力改变过去按照城市行政等级配置资源的方式，推进以人口规模来进行公共资源配置；推进县改区、县改市、乡改镇进程，扩大有条件的县级市、小城镇的管理权限，发挥县级城市在吸纳农业转移人口进程中的主力军作用，让公共配置与人口规模更加适应。

在生态建设和环境保护方面，建立符合大部委制的专门自然资源管理机构，按照江、河、湖、海、草、林、田所构成的生命共同体的指导思想，建立国土空间开发保护制度，推动城市总体规划、土地利用规划、城镇体系规划、主体功能区划的"多规合一"，划定"三区三线"，对于承担不同发展功能的区域，实行差别化的财政、投资、产业、土地、人口、环境、考核等政策。同时，不断建立和完善严格监管所有污染物排放的环境保护管理制度，对污染物排放实行总量控制制度，完善相应的法律法规。如从国家层面，颁布实施水污染防治法，各省、自治区、直辖区制定实施水污染防治条例，并积极推广第三方评估，以此达到对水污染防治的控制。

关于城镇化发展各项改革的深入推进，将有利于解决影响城镇化科学推进、群众反映强烈的突出矛盾与问题，基本建立起有利于科学推进新型城镇化、提高新型城镇化发展质量的体制机制，从而发挥城镇化拉动经济增长、促进结构调整、推进区域城乡协调发展等综合效应。

四、城市地位和作用日益凸显

改革开放特别是进入 21 世纪以来，随着城镇化进程的不断推进，我国城镇体系逐渐完善，城市人口规模迅速扩大；城市产业结构优化调整，第三产业比重不断上升，大中城市的第三产业占比超过第二产业，城市的经济总量快速扩张，在国民经济中的比重不断提高；城市基础设施和公共服务日益完善，在服务群众、服务生产、服务发展中的地位和作用更加明显；城市的生态环境也逐步改善，资源、环境、人口、基础设施之间的矛盾逐步开始得以解决；城市居民的收入水平逐步提高，生活质量明显改善。总体来看，经过改革开放以来的发展，我国城市的面貌焕然一新，城市建设取得了举世瞩目的成就。城市群日益成为城镇化的主体形态，各个城市群的核心城市发展成为特大城市，在引领城市群和区域发展中的聚集辐射带动作用日益增强，并越来越多的代表区域参与到国内外竞争和合作发展的大格局中，长三角城市群、珠三角城市群、京津冀城市群等的核心城市甚至代表我国融入全球城市体系并占据一席之地，成为展现我国现代化发展水平和城市竞争力的平台和窗口（见表1-2）。

表1-2 我国主要城市群组成情况

名称	主体	属性
长三角城市群	主体涉及三个省份和一个直辖市。其中，三个省份分别为江苏省、浙江省和安徽省，一个直辖市是上海市。江苏包括南京、无锡、常州、苏州、南通、盐城、扬州、镇江、泰州等城市，浙江包括杭州、宁波、嘉兴、湖州、绍兴、金华、舟山、台州等城市，安徽包括合肥、芜湖、马鞍山、铜陵、安庆、滁州、池州、宣城等城市	国家级城市群
珠三角城市群	主体为广东省，包括广州、深圳、佛山、东莞、中山、惠州、珠海、江门、肇庆等城市	国家级城市群
京津冀城市群	主体涉及北京、天津两大直辖市和河北省、河南省，其中河北包括保定、唐山、廊坊、石家庄、秦皇岛、张家口、承德、沧州、衡水、邢台、邯郸等城市，河南包括安阳一个城市	国家级城市群

续表

名称	主体	属性
哈长城市群	主体涉及黑龙江省和吉林省，其中黑龙江包括哈尔滨、大庆、齐齐哈尔、绥化、牡丹江等城市，吉林包括长春、吉林、四平、辽源、松原、延边朝鲜族自治州等城市	国家级城市群
中原城市群	主体涉及河南省、山西省、安徽省、河北省和山东省，其中河南包括郑州、开封、洛阳、南阳、安阳、商丘、新乡、平顶山、许昌、焦作、周口、信阳、驻马店、鹤壁、濮阳、漯河、三门峡、济源等城市，山西包括长治、晋城、运城等城市，河北包括邢台、邯郸等城市，山东包括聊城、菏泽等城市，安徽包括淮北、蚌埠、宿州、阜阳、亳州等城市	国家级城市群
长江中游城市群	主体涉及湖北省、湖南省、江西省三个省份。其中，湖北包括武汉、黄石、鄂州、黄冈、孝感、咸宁、仙桃、潜江、天门、襄阳、宜昌、荆州、荆门等城市，湖南包括长沙、株洲、湘潭、岳阳、益阳、常德、衡阳、娄底等城市，江西包括南昌、九江、景德镇、鹰潭、新余、宜春、萍乡、上饶等城市以及抚州、吉安的部分县（区）	国家级城市群
成渝城市群	主体涉及四川一个省份和重庆一个直辖市。其中四川包括成都、自贡、泸州、德阳、绵阳、遂宁、内江、乐山、南充、眉山、宜宾、广安、达州、雅安、资阳等城市	国家级城市群
关中平原城市群	主体涉及陕西省、山西省和甘肃省三个省份。其中，陕西包括西安、宝鸡、咸阳、铜川、渭南五个城市，杨凌农业高新技术产业示范区以及商洛市的商州区、洛南县、丹凤县、柞水县等地区。山西包括运城市（除平陆县、垣曲县）、临汾市的尧都区、侯马市、襄汾县、霍州市、曲沃县、翼城县、洪洞县、浮山县等县市区。甘肃包括天水市及平凉市的崆峒区、华亭县、泾川县、崇信县、灵台县和庆阳市区等县市区	国家级城市群
海峡西岸城市群	主体涉及福建省、浙江省、江西省三个省份。其中，福建包括福州、厦门、泉州、莆田、漳州、三明、南平、宁德、龙岩等城市，浙江包括温州、丽水、衢州，江西省的上饶、鹰潭、抚州、赣州等城市，广东包括汕头、潮州、揭阳、梅州等城市	区域性城市群
太原城市群	主体涉及山西一个省份，包括太原市十个县（市、区）；晋中市榆次区、太谷县、祁县、平遥县、介休市；吕梁市交城县、文水县、汾阳市、孝义市、岚县；忻州市静乐县等县市区	区域性城市群

续表

名称	主体	属性
北部湾城市群	主体涉及广西壮族自治区和广东省、海南省两个省份。其中，广西包括南宁、北海、钦州、防城港、玉林、崇左等城市，广东包括湛江、茂名、阳江等城市，海南包括海口、儋州、东方、澄迈县、临高县、昌江县等市县区	区域性城市群
黔中城市群	主体涉及贵州省。包括贵阳市的南明区、云岩区、白云区、花溪区、乌当区、观山湖区、清镇市、修文县、息烽县、开阳县；遵义市的红花岗区、汇川区、播州区、绥阳县、仁怀市；毕节市的七星关区、大方县、黔西县、金沙县、织金县；安顺市的西秀区、平坝区、普定县、镇宁县；黔南州的都匀市、福泉市、贵定县、瓮安县、长顺县、龙里县、惠水县；黔东南州的凯里市、麻江县等县市区	区域性城市群
兰西城市群	主体涉及甘肃省。其中包括兰州市、白银市白银区、平川区、靖远县、景泰县，定西市安定区、陇西县、渭源县、临洮县，临夏回族自治州临夏市、东乡族自治县、永靖县、积石山保安族东乡族撒拉族自治县，青海省西宁市、海东市，海北藏族自治州海晏县，海南藏族自治州共和县、贵德县、贵南县，黄南藏族自治州同仁县、尖扎县等县市区	区域性城市群
宁夏沿黄城市群	主体涉及宁夏回族自治区，包括银川、石嘴山、吴忠、中卫、平罗、青铜峡、灵武、贺兰、永宁、中宁等市县区	区域性城市群
呼包鄂榆城市群	主体涉及内蒙古自治区和山西省。其中，内蒙古包括呼和浩特市、包头市、鄂尔多斯市等城市，陕西包括榆林市	区域性城市群
乌昌石城市群	主体涉及新疆维吾尔自治区，包括乌鲁木齐、昌吉、石河子等城市	区域性城市群

　　哈长城市群、中原城市群等城市群正式上升为国家战略，成为推动我国东中部和东北地区协调发展的主体形态。海峡西岸城市群、太原城市群等区域性城市群也日益成为带动区域经济社会发展的主体形态。从经济总量上看，2016 年全国 660 多个城市创造了大量的经济产出，已经成为全国经济的主体，超过了县域经济的比重，地区生产总值占全国国内生产总值的比重超过 80%，其中地级以上城市 GDP 占全国经济总量的比重超过 60%；城市社会消费品零售总额就达212164 亿元，是 1978 年的 472.5 倍。2016 年，城市地区生产总值占全国的比重

超过 80%。其中，地级以上城市地区生产总值就达 466682 亿元，占全国的比重达到 62.7%。从人口集聚上看，我国城镇化也呈现出"农村人口向城市集聚、中小城市人口向大城市集聚"的显著特征。2017 年，我国常住人口增加最多的十个城市是深圳、广州、杭州、长沙、重庆、郑州、武汉、宁波、成都和贵阳。其中，深圳增加了 61.99 万人，广州增加了 45.49 万人，是第一梯队；杭州、长沙、重庆是第二梯队，2017 年人口增量都在 25 万至 30 万之间，其中杭州增加了 28 万人，长沙增加了 27.29 万人，重庆增加了 26.73 万人；郑州、武汉、宁波、成都和贵阳是第三梯队，2017 年人口增量都在 10 万至 16 万之间，其中郑州增加了 15.7 万人，武汉增加了 14.78 万人，宁波增加了 13 万人，成都增加了 12.71 万人，贵阳增加了 10.52 万人。此外，以郑州为例，根据河南省统计局在 2016 年公布的人口流动数据，2011～2015 年，河南省 18 个省辖市中，郑州是唯一一个人口净流入的城市，净流入人口达到 185 万人，仅比深圳少 1 万人，在全国大中城市中位居第七，外省流入河南人口的 37% 和省内流动人口的 60% 均流入郑州。从城市建设方面看，在改革开放初期的 1978 年，我国只有北京一个城市开通了地铁，到 2017 年末，全国有 32 个城市开通了地铁，运营线路总长度达 4484 千米，是 1978 年的 190 倍。从就业人员数量上看，1978 年全国城镇就业人员数量为 9514 万人，2017 年末达到 42462 万人，2017 年的城镇就业人员数量是 1978 年的 4.5 倍。同时，截至 2017 年，非公有制经济就业的从业人员数量占到全国城镇就业人员数量的比重接近 85%，非公有制经济成为城市居民就业的主阵地和主渠道。其中，2014 年城乡就业格局发生了历史性转变，城市就业人数首次超过乡村，2017 年末达到 54.7%。

此外，从所在区域和城镇体系以及全国区域发展大格局的功能作用来看，特大城市的地位和作用更加显著。在全国城镇体系规划中，由于北京是我国的首都，经济总量较大，科研院所和高等学校较多，长期以来是我国的经济、政治、文化中心；天津是我国的直辖市，是北方地区重要的港口和经济中心，科教实力较强；上海是我国的直辖市，是全国经济总量最大的城市，是我国重要的国际金融中心、国际航运中心，也是重要的科教中心；广州是广东省的省会，长期以来是我国南方地区重要的港口城市和对外经贸中心；重庆是我国的直辖市，是长江上游地区重要的经济、文化中心和港口城市。因此，这五个城市被定位为五大国家中心城市，是全国城镇体系的中心城市。成都、郑州、武汉、西安等城市进入国家中心城市行列，均是作为国家级城市群的中心城市。2015 年，国家发布的《长江中游城市群发展规划》中，由于武汉长期以来是长江中游地区重要的经济中心、交通运输中心、科技教育文化中心，并且现在比长沙、南昌等城市发展优势更加明显，因此，将武汉确定为长江中游城市群的中心城市。2016 年国家发展改革委发布《成渝城市群发展规划》，在进一步明确将重庆确定为国家中心城市之外，还明确提出成都的努力方向是建设成为国家中心城市。2016 年 12 月，经国务院正式批复，国家发改委发布《促进中部地区崛起"十三五"规划》，在促进中部地区崛起"十三五"规划中，除了再次明确支持武汉建设国家中心城市之外，由于郑州是中原城市群的核心城市，交通区位、人力资源等优势突出，因此，国家考虑支持郑州建设国家中心城市，随后进一步在中原城市群发展规划中明确郑州的国家中心城市地位。2018 年 2 月 2 日，国家发展改革委、住房和城乡建设部在印发推进关中平原城市群发展规划的通知时明确提出，要建设西安国家中心城市，并进一步明确，建设西安国家中心城市的定位和职能是强化面向西北地区的综合服务和对外交往门户功能。从这些特大城市的功能定位来看，我国特大城市的功能定位主要集中在四个方面：一是生产要素的集聚集中功能，要便于人口、资金、技术、信息等各种生产要素的集聚与集中，使其能够产生较大的规模集聚效应。二是辐射带动功能，主要是通过梯度发展等，将产业、创新成果等向腹地进行扩散，促进区域间分工与合作的优化协调，同时加快非核心功能的有机疏散，最终带动区域崛起，实现国家区域布局的目标。三是创新创造功能，特大城市的创新创造，不仅体现在科技创新，而且体现在理念创新、观点创新、制度创新等方面。四是管理枢纽功能。特大城市一般是我国的交通枢纽，并且城市与腹地、城市与其他中心城市之间拥有便捷的综合交通运输体系，并且随着现在网络通信技术的发展，特大城市也是通信电缆和网络通道的枢纽，是通信、物流、交通的组织和管理中心，不断与城市内外、区域内外、国内外进行各种要素、能量、物质、信息的交换，形成相对稳定、联系紧密的多层次经济网络体系，使生产能力、科技进步能力、综合服务能力能够高效传递。

五、"两极分化"和"城市病"逐渐加剧

由于我国城镇化所处的发展阶段，特大城市和大城市主要经历了集聚阶段，辐射阶段才刚刚开始，集聚大于辐射作用的强度和时间，决定了我国城市与城市之间发展的相对不平衡，人口、资金、信息的各种生产要素都过度向特大城市和大城市流动，中小城镇发展活力与动力不足。与此同时，特大城市和大城市凸显出各种问题：其一，交通拥堵问题。主要是随着特大城市人口的增加，居民收入也逐步提高，我国特大城市引领全国步入汽车时代，汽车快速进入家庭，导致特大城市没有及时应对汽车时代的到来，从而在特大城市和大城市产生了交通严重拥堵的问题。其二，房价上涨问题。由于特大城市和大城市拥有的高质量公共资源的数量和质量都位居全国前列，对于这些资源，吸引全国的人口都在北京、上海等城市买房，吸引湖北、河南、陕西、四川等省份的居民都到武汉、郑州、西安、成都买房，造成这些城市的土地资源紧张，住房供求比例失衡，房价上涨幅度较快。其三，环境恶化问题。我国特大城市和大城市在发展中，重生产轻生活，重利用轻保护，重产业轻生态，造成特大城市和大城市土地利用结构中生态用地相对较少，生活用地相对缺乏，生产用地比重过大，生产、生活、生态空间结构严重失衡，特大城市和大城市缺乏绿地、缺乏公园、缺乏公共活动空间，再加上高层建筑过多过密，都严重影响了城市污染物的扩散能力和速度，从而让特大城市这个本身污染相对集中的区域污染程度更加严重。

当前，我国城镇体系中有国家中心城市、国家区域性中心城市、省会城市、地级城市、县级城市和乡镇、特色小镇。越是上级的城市支配资源的能力越大，不仅可以凭借权力集中更多的资源，而且上级城市可以运用更大的权力调动下级资源，扩大自己的规模，层级低的城镇资源日趋减少，城镇两极分化日益强化。在我国，特大城市多为直辖市、省会城市，个别为地级市，行政级别相对较高，在全国城镇体系中居于金字塔塔尖的位置，各类资源加速集聚，造成城镇体系"两极分化"。以北京市为例，作为我国的首都，教育、医疗、行政以及户籍制度的巨大优势，吸引全国的人口都倾向于向北京集聚，人口增长的速度较快，各版城市总体规划预期的人口规模，往往提前若干年就被突破，给北京的各种基础设施、公共服务设施，甚至是水资源的供给造成了巨大的压力。为了缓解这种人口、资源、环境的压力，北京不得不提出将人口规模控制在2300万，并从2014年开始，开始对城市功能进行重新定位，调整优化产业结构和空间布局，调整北京与京津冀城市群的关系，力图通过这些措施，实现城市非核心功能的有机疏散，实现与京津冀城市群的协同发展，从而达到控制北京市人口持续增长、连续突破"天花板"的目标。

第二节 研究意义

在传统发展理念、资源配置偏向、市场极化效应、农民迁移意愿和政府调控失效等多种因素综合作用下，我国城镇化进程中持续出现大城市规模膨胀、中小城市和小城镇相对萎缩的两极化倾向。其中，特大城市在人口规模、经济规模、用地规模、污染物排放规模持续扩张中，规模效应开始进入边际递减区间，资源约束和环境约束逐渐加剧，社会保持和谐稳定的成本不断递增。如何划定特大城市边界、提升城市发展质量成为理论界研究的热点问题。北京、沈阳、武汉等特大城市也积极开展城市增长边界划定工作，以期推动城市从增长扩张转向存量挖潜，解决人口与资源环境的矛盾。但是，特大城市作为国家中心城市或区域性中心城市，在一定时期内，集聚效应仍将持续，城市发展还将面临规模扩张内在需求与增长边界外部约束加剧的发展困境。

一、理论意义

本书的研究尝试完善关于我国特大城市运行效率的约束条件、测度评价、发展困境、提升路径等相关问题的研究框架，完善定性与定量相结合的研究方法，丰富关于增长边界政策趋紧导向约束下提升特大城市运行效率研究的薄弱环节，拓展特大城市功能有机疏散、可持续发展的相关理论；尝试推动特大城市跨越规模经济效益与集聚经济效益递减的"效率陷阱"，进行有效的制度供给和政策创新研究，实现特大城市发展的"帕累托最优"。

二、实践意义

本书尝试厘清增长边界政策导向约束下我国特大城市提升运行效率的主要制约因素，首先，找出破解发展困境的路径和机制，让特大城市在规模扩张与边界约束之间实现动态均衡，为北京、上海等特大城市正在进行的非核心功能疏散提供支撑；其次，通过对特大城市无序蔓延导致的运行效率下降现象进行深化研究，为其他大中城市在发展中兼顾空间管控与效率提升、避免走特大城市走过的老路提供经验借鉴；最后，为政府决策部门制定关于大中城市的发展战略、功能定位、空间布局、管理体制等相关政策提供重要参考。

第三节　研究框架

一、研究对象

基于制度经济学、福利经济学、新经济地理学和超边际分析方法，以 2014 年原国土资源部、住房和城乡建设部确定的 14 个城市增长边界首批试点城市中的北京、沈阳、上海、南京、苏州、杭州、厦门、郑州、武汉、广州、深圳、成都、西安为研究对象。其中，因为贵阳在人口规模、经济总量、功能定位等方面与其他试点城市存在较大差异，暂不考虑将其列为研究城市，立足增长边界约束机制由软要求到硬约束变化中，特大城市的人口、产业、资源、空间、交通等现状特征，采用定性与定量相结合的分析方法，分析在国土面积作为约束条件的背景下，城市运行效率的静态和动态变化特征，分析影响城市运行效率提升的关键因素，并提出相应的改进建议，力争实现城市运行效率提升。

二、研究思路

本书通过"搭建理论框架—进行实证考察—构建数量模型—总结一般规律—确定调控路径—提出对策建议"这一基本思路，在对特大城市增长边界、运行效率及其两者之间关联互动机理进行一般理论研究的基础上，对增长边界的政策导向演变特征与趋势进行分析，并运用数据包络分析方法（DEA）的静态效率和动态效率分析方法，根据数据的可获得性与一致性，对 2006~2016 年土地投入作为约束条件下的特大城市的经济、社会、生态所构成的城市综合效率演变进行分析，总结提炼特大城市提升运行效率所面临的主要困境及影响因素，并借鉴国外特大城市高效运行的成功做法与经验，提出我国特大城市提升运行效率的路径和建议。研究思路如图 1-1 所示：

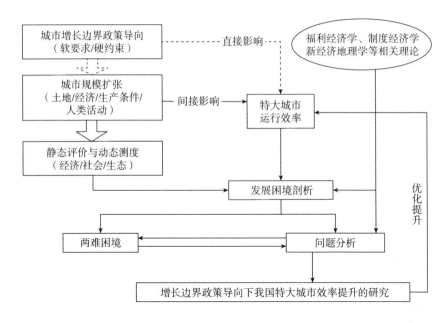

图 1-1 本书的研究思路

三、研究方法

致力于实现本课题的研究目标，除采用演绎法、归纳法等之外，重点应用三类研究方法：

（1）文献分析法。系统梳理课题研究的相关理论，评析现有的国内外研究文献，构建课题研究的相关理论框架。

（2）实地调查法。对我国典型特大城市进行实地调研，考察发展历程，分析发展现状，定性研究制约特大城市运行效率提升的主要因素。

（3）模型分析法。借助 DEA、Malmquist 指数模型和耦合协调度模型，综合评估增长边界约束下我国特大城市的运行效率，归纳总结影响特大城市运行效率提升的关键因素，提出提升我国特大城市运行效率的路径和政策建议。

四、研究目标

（1）完善增长边界约束下特大城市运行效率提升的相关理论研究框架，拓展特大城市进行功能有机疏散的城市发展理论。

（2）构建增长边界约束下特大城市运行效率静态和动态评价模型，厘清显著影响特大城市运行效率的制约因素。

（3）建立"城市增长边界确定—城市运行效率提升—城市综合承载力提高—城市发展方式加快转变—城市可持续发展潜力明显改善"的良性互动机制，提出具有可行性与可操作性的对策建议。

五、研究内容

本书的研究内容分为以下几个部分：

第一章，绪论。系统梳理我国常住人口城镇化率突破50%后，特大城市在增长边界约束下通过结构优化和要素重组提升城市综合承载能力的背景和意义，提出课题采用的演绎法、归纳法、文献分析法、实地调查法、模型分析法等分析方法，明确研究对象、研究内容，提出希望达到的研究目的。

第二章，理论基础。从特大城市、增长边界、城市运行效率的基本概念出发，结合国内外已有的研究基础，对城市增长边界的基本内涵、政策效果、划定方法、实践应用、现实价值，对城市运行效率的基本界定、评价标准、提升路径、政策体系，对大城市空间增长的现实演进、动力机制、影响因素，对大城市有机疏散的根本动因、内在逻辑、支撑条件、效果评价和核心、非核心功能的识别等内容进行梳理研究。

第三章，增长边界政策导向下我国特大城市的发展特征。其中，系统分析我国特大城市的增长历程；从产业发展、人口增长、交通方式变化与交通体系延伸、新城区建设、城市连绵区发展的角度，分析推动特大城市增长的驱动因素；从人口和土地增长比例、单位土地面积产出、用地结构比例、新旧城区协调发展程度、特大城市之间分异、多中心结构形成的视角总结增长边界政策导向下我国特大城市增长的特征与效应，并根据上述特征总结我国特大城市增长的一般规律。

第四章，增长边界政策趋紧导向下我国特大城市的效率评价。在分析改革开放以来北京、沈阳、上海、南京、苏州、杭州、厦门、郑州、武汉、广州、深圳、成都、西安 13 个特大城市发展历程和特征的基础上，运用数据包络分析方法（DEA）分别对增长边界约束趋紧下我国特大城市的静态效率和动态效率进行评价，并从宏观、中观、微观三个维度提出我国特大城市运行效率提升的路径。

第五章，我国特大城市的产业结构升级策略。通过对产业结构升级对特大城市效率提升的作用机制的分析，立足特大城市的产业发展现状，顺应特大城市产业的发展趋势和发展方向，借鉴国际全球城市产业转型升级的经验，提出我国特大城市加快推进产业转型升级、提高城市运行效率的路径和策略。

第六章，我国特大城市的区域协同发展策略。通过对我国特大城市与区域协同发展的相互作用机制的分析，构建我国特大城市与区域协同发展的测度模型，对我国特大城市与区域协同发展现状进行评价，厘清存在的问题，从而提出在城市增长边界约束下我国特大城市通过与区域的协同发展提高运行效率的策略。

第七章，我国特大城市的空间结构优化策略。从经典的城市空间结构模型入手，分析国内外特大城市空间结构演变的历程，分析国内外特大城市空间结构演变的动力机制，并分析当前我国多数特大城市所采取的多中心空间结构模式的优点和不足支出，进而提出我国特大城市空间结构的优化路径与策略。

第八章，我国特大城市推进城市"双修"的路径研究。在增长边界政策导向趋紧趋势下，我国特大城市既要解决城市规模持续扩大问题，又要加快城市由低效扩张向高质量发展的转变。这就要求特大城市注重以增量为主的外延扩张粗放式发展向以存量为主的集约高效内涵式城市发展方式的转变，通过城市修补和生态修复来提高城市的生态建设效率，从而整体上提高特大城市的运行效率。本部分内容通过分析城市"双修"的意义和目标，提出我国特大城市推进城市"双修"的具体路径。

第九章，我国特大城市提高城市管理效能的策略。在分析管理对城市效率提升的重大意义的基础上，从厘清政府与市场边界、推进管理法治化、加快信用体系建设等角度提出提高特大城市管理效能的措施。

第十章，支撑我国特大城市提高效率的智慧城市建设研究。主要是立足新一代信息技术的广泛应用和互联网技术与工业、服务业、城市管理、城市规划、城市建设的深度融合，提出通过智慧城市建设来提高特大城市的经济、社会、生态和管理效率，从而提高整个城市的运行效率。

第十一章，郑州国家中心城市建设中的城市效率提升研究。从城市增长边界政策趋紧下郑州城市效率的评价结果看，郑州和厦门是仅有的两个还处于规模报酬递增阶段的特大城市，郑州和深圳也是仅有的两个开发强度超过 40% 的特大城市之一。随着郑州建设国家中心城市的进程不断加快，郑州面临的城市持续增长和空间开发约束将更加凸显。为此，站位国家战略要求和国家中心城市职能定位的视角，从城市空间利用和区域协同发展的双重视角，对增长边界约束下郑州提高城市效率的职能体系优化、产业转型升级、基础设施建设、生态共建共保等方面进行研究。

第十二章，结语。对整个课题的主要创新点、可能存在的不足和问题、研究展望进行简要说明。

第二章　理论基础

城市的运行效率问题是学术界长期以来关注的一个焦点问题，不同研究领域的学术从经济学、生态学、社会学等领域对城市运行效率进行了深入的研究，取得了不少的研究成果。但是，由于城市增长边界政策导向的日趋明晰，特大城市面临人口集中、规模扩大、空间拓展与城市病突发、规模报酬递减等两难困境，迫切围绕城市如何克服城市规模扩大与规模效率递减之间的矛盾、如何克服城市空间持续拓展趋势与增长边界政策约束日益趋紧之间的矛盾，来对城市增长边界、城市运行效率、城市空间增长、城市有机疏散等理论问题的研究历程进行系统性梳理。

第一节　关于城市增长边界的研究

自城市增长边界的概念被提出后，国内外诸多专家学者从城市增长边界的基本内涵、划定方法、政策效果、实践应用等方面开展研究，取得了一系列成果。

一、基本内涵研究

在国内从事城市规划学研究的学者将"城市增长边界"称为"城市开发边界"，其英文表述一样，都是 Urban Growth Boundary，简称为 UGB。从汉语的角度，对开发和增长两个词语进行区分的话，两者略有不同。其中，"开发"一词更加强调是对城市进行管理和控制开发建设的行为，而"增长"一词体现的是城市整体发展和增长的战略问题[①]。本书在研究过程中，应用城市增长边界的表述方式，不仅考虑对城市进行管理和控制开发建设，而且站在特大城市—都市圈—大都市区—城市群共同组成的城市—区域空间组合链条的角度，对城市整体发展和增长的策略问题进行研究。

---

① 程永辉，刘科伟，赵丹等."多规合一"下城市开发边界划定的若干问题探讨［J］. 城市发展研究，2015，22（7）.

城市增长边界思想的起源可以追溯到霍华德提出的田园城市理论。1898 年出版的《明天：通往真正改革的和平之路》体现了霍华德田园城市的主要思想。在该书中，霍华德提出，城市不能无限发展，城市四周要有永久性农业地带围绕。1938 年《大伦敦绿带规划法案》颁布，划定了伦敦周边的环城绿带用地，被理论研究界和规划实践界视为城市增长边界理论和应用的雏形。1944 年，《大伦敦规划》中，提出要在大伦敦周边建设绿化带，并形成环状，以此将城市发展与乡村地区区分开来，并借此来限制城市的无序蔓延和扩张。这种做法也被后来的一些城市所采用。但是由于缺乏硬性约束机制，以及特大城市仍然处于扩张阶段的客观发展规律的限制，在实践中的效应并不明显。

在 20 世纪 70 年代最早明确提出城市增长边界的概念，并在城市规划中予以运用，当时，美国的波特兰市主要考虑城市人口的增长、经济的发展、住宅用地的扩展等因素，在城市周边农用地的质量和空间分布情况，以及适宜开发利用情况，来确定城市的增长边界。随后，美国的俄勒冈州在制定土地利用规划时，第一次运用城市增长边界的概念来划定了一条线，力图推动城市土地利用方式从粗放转向集约，并规范了城市的空间发展。对于单个城市来讲，城市增长边界的应用。简而言之，就是把城市可以进行开发利用的土地和为城市未来发展预留的土地与长期作为农用地而存在的土地和区域科学合理地划分开来。例如，规定城市增长边界限定以内的土地要么是现在已经开发利用的土地，要么是符合城市未来发展方向，可以作为城市建设用地进行开发和利用；边界以外的土地则用于农业生产和生态保护，不可作为城市建设用地进行开发和利用。此外，在美国，城市增长边界在具体运用过程中，还出现了新的形式。例如，塞勒姆市与其相邻的波尔克（Polk）和马里恩（Marion）两县由于存在行政区划和土地利用边界的交叉，因此，三个市县协商通过划定各自城市增长边界的形式，来划定各自的空间范围。还有的城市，将城市增长边界界定为城市发展区域与郊区的生态保护区域之间进行空间区分的重要界线，并在城市规划、土地利用、生态区域、农业生产等地图上标注出来。

国外学者从不同视角定义了城市增长边界。Richard Sybert（1991）、D. Porter（2007）等主张从明显的理界线的角度来对城市增长边界进行定义，例如城市周边存在的河流、农田、森林、湖泊、沟渠、自然保护区、山体等自然地理形态和标识的存在，能够在城市周边形成一道独立又相互联系的界线，将城市与其他区域尽可能地通过各种非连续的自然隔离进行区分，从而对城市的发展方向和城市的土地利用规模进行限制。Duany（1998）还进一步提出，这种自然界线形成的边界，将长期存在，不会因为人为的调整而发生变化，也不会因为城市的发展而消失。美国规划协会（1998）则认为划定城市增长边界的目的是推动城市按照城市规划确定的发展方向进行扩展，防止随着高速公路的发展和小汽车的普及，美国城市普遍存在着跳跃式发展的城市形态。

20世纪90年代以后，城市增长边界的概念开始传入我国。伴随着我国城镇化进程的加快推进和城市规模的不断扩张，我国专家学者和政府管理部门工作人员也注意到了城市的土地扩张速度过快，城市"摊大饼式"的空间扩展方式也需要进行限制。为此，国内的诸多专家学者和城市管理部门的工作人员都开始对城市增长边界的概念予以重视，并研究在我国城市发展中的应用情况。

在我国，很多学者最初都是从土地利用类型的角度对城市增长边界的内涵进行研究。例如，张庭伟（1999）、龙瀛（2009）、孙小群（2010）、吕斌和徐勤政（2010）等专家学者在研究成果中，认为中国城市发展的主要问题是建设用地扩展过快，占用了过多的农用地，进而影响到了国家的粮食安全。并立足于实行最严格的耕地保护制度，保障国家粮食安全的角度，提出将城市周边的土地划分为可以建设区与禁止建设区，其中，禁止建设区主要是从保护农用地的角度考虑。

还有学者从边界的固定性与非固定性的角度来描述城市增长边界。黄华明等（2008）、杨建军等（2010）的观点具有代表性。他们认为，城市增长边界可以分为"刚性"和"弹性"两种类型，也具有鲜明的阶段性特征。其中，"刚性"主要指的是城市生态安全的底线不能变动，必须予以保持，这是城市可持续发展的前提和基础。可以变动的是，如果随着城市规模的扩展，城市建设用地不能满足需求，那么可以在维持城市生态安全的前提下，调整城市建设用地的规模和方向，这一点又是具有"弹性"的。这也反映出城市增长边界具有的阶段性特征。即现阶段划定的城市增长边界，可以根据城市发展的方向和规模，在下一个规划期内进行调整。

此外，还有学者从广义和狭义的角度来研究城市增长边界的内涵。代表性的观点有：蒋芳等（2007）提出广义的城市增长边界，就是将区域内的城镇建设用地可能的空间范围都划定为城市增长边界，狭义的城市增长边界是区域内中心城市的建设用地范围。吕斌和徐勤政（2010）进一步认为，在城市空间扩展与城市空间约束、土地供给与土地需求、城市发展动力与城市发展阻力等多重矛盾的作用下，城市增长边界体现的是这三对矛盾之间的均衡，外在表现在城市建设空间与非建设空间之间的界线。

二、划定方法研究

国内外学者对城市增长边界的划定方法都进行了较为深入的研究，但是，由于对城市增长边界的内涵、目标和阶段性特征的认识不同，研究的视角也不同，形成了不同的划分的技术路线和技术方法，大致总结起来主要有三种模式：以反向思维优先框定非建设性要素的控制法；从正向思维出发模拟城市扩张机制的增长法；同时兼顾控制和预测这两种价值取向的综合法。

国外学术界对城市增长边界划定方法的研究开始得较早，同时，由于美国和欧洲等发达国家的城镇化进程基本已经完成，城市扩展的速度和规模都已经趋于稳定，因此，可以从相对稳定的角度对城市发展目标进行预测，并将其作为划分方法的基本依据。在划分过程中，充分考虑城市的经济增长、人口增长、土地利用规模增长、基础设施和公共服务设施增长等基本情况，然后根据城市在城镇体系中的作用，以及重点依据城市的发展活动和发展动力，对城市未来的土地利用规模和城市空间扩展方向进行预测，最后确定城市空间扩展的范围和建设用地的规模。如美国田纳西州采用地理信息系统（GIS）技术，先确定各市、县的城市发展规划、产业空间布局、自然资源开发利用状况、重大基础设施走向与布局等地理坐标，然后将这些要素进行叠加分区，从而划定城市增长边界。但是，有些地区缺乏基本的空间属性数据，无法进行叠加分区，为此，部分地区采用的做法是借助于遥感影像，对城市土地利用类型进行分类并选，选取最大城市斑块的边缘作为城市的增长边界。Amin Tayyebi（2011）运用 DDM（Distance Dependent Method）和 DIM（Distance Independent Method）两种方法，对伊朗德黑兰的城市增长边界进行划分，主要是根据城市的人口、产业、基础设施、生态、公共服务设施等城市经济、社会、社会诸多子系统的构成状况与空间部分，选定城市多中心空间结构演变下的各中心点的位置，模拟分析中心点的时空移动情况，进而预测未来发展过程中中心点的位置以及各中心区域的扩展情况，从而模拟城市增长边界的位置变化情况。

当前，我国特大城市和大城市多处于用地快速扩张时期，同时根据最新的研究成果，我国有200多个城市已经进入收缩发展阶段，收缩城市的数量占到全部城市数量的比重达到1/3。因此，改革开放以来预测方法中常用的基于增长趋势下的容量判断的划定方法难以达到良好的预期效果，因此，我国诸多学者借助于地理空间分析方法，结合计量模型的设计，以城市土地利用类型的变化趋势和特征为切入点。主要有九种方法，包括：欧定余等（2006）基于城市增长的正向规划方法；石伟伟（2008）城市增长径向距离法；祝仲文（2009）、李旭峰（2010）、蒋玮（2012）、王玉国（2012）、吴小平（2015）等的土地适宜性评价法；祝仲文等（2009）基于城市生态安全格局的逆向规划思路；刘勇（2009）、龙瀛（2009）、王宗记（2011）、苏伟忠（2012）、Puertas（2014）、勒明凤（2014）基于元胞自动机模型（CA）法；李咏华（2011）基于 GIA 法；张世良等（2012）人工神经网络法；张振广、张尚武（2013）空间导向的城市增长边界划定方法；匡晓明（2015）最小累积阻力模型法等（见表 2 – 1）。

表 2-1 我国学者对城市增长边界进行界定的主要方法与案例

时间	代表性学者	基本方法	案例
2006 年开始	欧定余等（2006）	基于城市增长的正向规划方法。以企业边界理论为基础，从城市自然生长的角度，提出与企业边界相类似的城市边界理论模型，并运用假定的一个城市边界函数对案例城市进行试验分析	浙江金华
2008 年开始	石伟伟（2008）	城市增长径向距离法。对影响城市发展及确定边界的自然社会经济因素进行分析，并运用 MapGis 软件提取城市建成区边界，在此基础上建立预测模型	湖北武汉
2009 年开始	祝仲文（2009）、李旭峰（2010）、蒋玮（2012）、王玉国（2012）、吴小平（2015）	土地适宜性评价法。把城镇用地、农用地、基本农田、工业用地、基础设施和公共服务设施用地、草原、山体、水域、未利用土地、自然保护区和风景名胜区，以及海拔、土壤类型等作为土地生态适宜性评价因素，采用层次分析法计算各因素的权重值，最后根据建设条件、生态保护等发展需求，划分为刚性边界和弹性边界	江苏苏州、甘肃兰州、陕西西安等城市
2009 年开始	祝仲文等（2009）	基于城市生态安全格局的逆向规划思路。基于生态保护视角，运用 AHP 法构建并确定生态适宜性评价过程中各敏感性因子的属性及其权重，并利用 ARCGIS 通过空间叠加运算得出生态敏感度分区	广西防城
2009 年开始	刘勇（2009）、龙瀛（2009）、王宗记（2011）、苏伟忠（2012）、Puertas（2014）、勒明凤（2014）	基于元胞自动机模型（CA）法。运用 CA 模型下的 SLEUTH 模型，选定控制元胞行为的五种因子，并选定现有发展趋势方案、农田适度保护方案及紧凑城市发展方案来对 2020 年进行预测，最终得到了三种城市扩展预测的方案，从而划定增长边界	浙江杭州、甘肃兰州等
2011 年开始	李咏华（2011）	基于 GIA 法。通过建立 GIA 与 UGB 的交叉框架，建立土地利用及景观格局模块、GIA 模块、GIA-CA 空间模拟模块等三个模块，其中第一个模块用来分析土地利用类型与景观的演变，从而预测城市的空间扩展方向；第二个模块主要预测必须满足城市发展需求的空间供给与城市建设用地的供给规模；第三个模块主要用来预测城市空间扩展的基本范围，从而划定城市的增长边界	—

续表

时间	代表性学者	基本方法	案例
2012 年开始	张世良等 (2012)	人工神经网络法。运用径向基神经网络，结合 GIS，选定了七个预测因子，建立 UGB 预测模型	福建宁德
2013 年开始	张振广和张尚武 (2013)	空间导向的城市增长边界划定方法。首先在导向层面，进行人口发展和空间发展趋势判断；其次在划定层面，通过对用地适宜性划定得到的不可和不宜建设范围，并基于城市空间结构和生态环境来制定刚性城市增长边界，同时根据要素叠加、断点分析来制定弹性城市增长边界	浙江杭州
2015 年开始	匡晓明 (2015)	最小累积阻力模型法。通过对水、地质、视觉、游憩四个关键性单因子安全格局，构建综合生态安全格局。随后，以综合安全生态格局为阻力，利用 MCR 模型预测城市增长的弹性和刚性边界，最后，平行引入城市规划中比较常用的建设用地适宜性评价方法，借助适宜性评价结果对基于生态安全格局的城市增长边界进行验证校核	贵州贵阳双龙航空港经济区

三、政策效果研究

对于城市增长边界划定后，是否能够达到控制城市无序蔓延，推动城市空间结构调整优化和城市土地集约节约利用，保障城市生态安全以及合理划分城市与城市之间边际的预期效果，诸多学者尝试运用多种方式对城市增长边界划定后所产生的效应进行单项和综合的分析与评价。单项的评价主要集中在对土地利用结构的影响，对于城市空间结构的影响，对于土地价值、价格的影响，对于房地产开发与房地产价格的影响，对于城市空间扩展方向的影响等。国外关于城市增长边界划定后所产生的效应的分析，主要学者和观点有：Arthur C. Nelson（1986）认为从划定城市增长边界的目标出发，认为只要政策目标确定，严格按照划定的城市增长边界，就能够引导城市按照增长边界进行发展，限制城市无序蔓延，达到政策设计的预期效果。Knaap（1995）认为城市增长边界划定后，对于增长型的城市而言，由于土地供给的数量、位置、规模相对受到限制，那么城市增长边界范围内的土地供求关系将发生变化，土地的稀缺性将更加凸显，土地的价值将进一步上升。如果城市增长边界考虑到城市的发展，将部分农用地划入城市增长边界范围内，那么这块农用地的价格将会上涨，但是对于城市来讲，由于增加了土地供应的预期，能够较好地限制城市土地价格的上涨。Myung – Jin Jun（2006）主要从房地产价格的角度来研究城市增长边界的效应。认为城市增长边界划定后，对房地产的价格没有太大影响，认为这都是城市统一房地产市场的两个不同组成部分。

由于国内仅从 2006 年开始在国家文件中对城市增长边界提出相应的要求，还没有在城市的实际发展中予以实施，2014 年开始的试点工作仍然没有具体的政策要求与之配套，因此，国内的学者在对城市增长边界的政策效果方面的研究相对集中在宏观领域，主要涉及定性的研究对城市规模扩大、城市功能有机疏散、与生态红线的结合、"多规合一"等领域，缺乏定量研究的成果。

四、实践应用研究

作为一种对"城市无序扩张"反思的政策响应，该领域的研究先后经历了 UGB 的基本概念和政策动机（Richard Syber，1991）、UGB 政策的实施效果（Weitz J.，1998）、UGB 政策与城市交通（Alex Anas 和 Hyok - Joo Rhee，2007；Tatsuhito Kono，2012）、UGB 政策与农业用地（Mehmet C. Marin，2007）的关系等不同的发展阶段。R. Sybert（1991）研究提出城市增长边界政策动机可简单概括为"保护城市空间，阻止城市蔓延，推动城市集约发展"。Kenneth（1999）提出通过实施城市增长边界控制政策来提高城市的土地利用效率。Nrtee（2003）提出划定增长边界将倒逼城市按照"精明增长"的理念，通过优化空间结构提高城市运行效率。

城市增长边界的概念起源于美国，应用也起源于美国。在美国的具体应用中，波兰特和墨尔本是应用最早、政策体系最完备的两个城市。其中，波特兰划定城市增长边界时，有着十分明确的目标导向，就是为了抑制城市的无序蔓延，区分城市建设用地和农业生产用地，同时，明确在城市增长边界范围内，优化道路、供水、供电、供气、供暖、绿地、医疗卫生、教育文化等基础设施和公共服务设施的空间布局。在划定城市增长边界的前期研究中，波特兰市城市管理部门和规划师们还在全方位公众调研的基础上，探讨了四种城市扩张的情形，分析了划定城市增长边界对城市发展产生的综合影响，确定城市增长边界为弹性的，每五年进行评估一次，根据评估情况进行调整与修订。2004 年，波特兰市对城市增长边界的划定工作的综合效应进行了全面评价，认为达到了预期目标，特别是从人口增长和土地利用的情况看，在人口增长达到 50% 的前提下，新占用的建设用地面积仅仅增长了 2%，新占用土地的增长速度远远低于新增人口的增长速度，实现了对土地的集约节约利用，城市的经济密度、人口密度都大大提高了，划定城市增长边界的工作，取得了良好的效果，达到了预期的目标。墨尔本市在制定远景发展规划中，展望了未来 30 年城市的人口增长、经济发展、土地利用、生态保护等方面的趋势与目标，并据此明确了城市的增长边界，明确城市未来的发展方向。墨尔本市在划定城市增长边界过程中，实质上运用了城市功能有机疏散的相关理论，提出鼓励城市与城市之间建立快速交通走廊，鼓励城市沿着快速交通走廊向外疏解人口和产业，整合城区与周边区域的土地资源，为城市未来的发展提供支撑，从而维持城区本身的经济、社会、生态系统的动态平衡。美国两个城市的运用，给其他国家和城市提供了借鉴，加拿大城市提出的城市"精明增长"、日本城市制定的限制边界开发的政策体系、欧洲城市采用的环状绿带保护政策等，都是城市增长边界政策的延伸与运用。

在我国，虽然城市增长边界的政策导向在政府文件中出现是 2006 年，但是长期以来，在我国土地利用规划、生态规划、农业区划、主体功能区划、城市总体规划、城乡规划中都运用各类红线、禁止开发地区、优化开发地区、限制开发地区、重点开发地区等政策表述来完成城市增长边界在实质上的界定。2006 年，在《城市规划编制办法》中，提出要研究城镇增长边界。在 2014 年全国国土资源工作会议上，提出要体现基本农田等若干边界和生态等若干红线。2014 年，原国土资源部、住房和城乡建设部等部委开始在北京、上海等特大城市和超大城市进行城市增长边界的试点工作。在此之前，各城市都积极借鉴国外已有的经验和教训，尝试从生态保护、农田保护等角度来制定相应的政策、采取相关的措施。如 20 世纪 90 年代初，北京尝试着建设绿化各类区域，然而没有取得好的成效。90 年代末，重庆尝试着在主城区划分绝对禁止建设区域和控制建设区域。21 世纪初，厦门、杭州、广州、北京等城市进行了专项非建设用地规划的制定。在国家对于特大城市的增长边界进行试点的要求提出之后，北京、上海等城市都积极开展试点工作。以北京为例，2016 年 2 月，北京尝试划定了市辖区的城市增长边界，将城市发展的空间范围限定在中心城区、城镇组团，面积约占市辖区面积的 16%，而生态区域则占了市辖区面积的 70% 以上。

第二节　关于特大城市效率的研究

国内外学者从对城市效率的研究先后经历了从概念研究到测度研究，从单一指标体系研究到多指标体系研究，从评价结果分析到影响因素研究等过程，取得了丰硕的成果。

一、城市效率的概念

关于城市效率的内涵或概念的理解，最直观的理解是城市经济、社会、文化、生态等各个子系统运转的协调度以及由此带给城市居民的满意度。目前，国内外的学者对城市运行效率都进行了较为深入的研究，如果进行划分的话，可以分为两大类：一类是从单一的角度进行城市效率的研究，另一类是从复合或综合的角度进行城市运行效率的研究（见表 2 - 1）。其中，国外学者对于城市效率的研究往往是单一的城市某一子系统的运行效率。如公共交通系统效率、生态系统运行效率、医疗卫生系统运行效率、能源系统运行效率、政府运行效率等。国内学者理解运行效率往往从综合或复合的角度来理解，认为城市效率可以简单地理解为城市各子系统的要素的总投入与总产出之比，甚至方创琳和关兴良（2011）借助于地区生产总值的概念，提出城市效率是指在一定时间内、在一定技术条件下，城市所生产的各种产品和劳务的总价值与所投入的全部产品和劳务总和之间的比值，综合反映了城市的技术水平、管理水平、要素配置能力，甚至是文化凝聚力的大小（见表 2 - 2）。

表 2 - 2　多维视角下城市效率的理解

视角	学者（时间）	主要观点
可持续发展的视角	里斯（1992）	应用"生态足迹"理论，认为城市效率是城市可持续发展能力的反映
价值创造的视角	王嗣均（1994）	主要是从城市创造价值的能力和效率的角度。这种观点认为，如果一个城市在单位时间内，创造出相同的价值所需要的劳动力、资本、能源、资源需求量最低，那么这个城市的生产效率就最高
劳动效率的视角	阿隆索（1997）	这种观点增加了技术进步对投入和产出关系的影响，认为城市在生产过程中，在技术、制度等因素的影响下，相同的投入，产出的效率越高，生产效率就越高，反映出城市的效率也越高
城市功能的视角	葛海鹰（2004）	城市的功能主要体现在就业、居住、交通、游憩，那么城市提供的就业机会越多，居住条件越好、交通便捷性越强、越适合游憩，城市的效率就越高
投入产出的视角	李郇（2005）	根据 DEA 模型的综合效率、纯技术效率和规模效率的高低判断城市的运行效率

本书认为，城市效率是城市作为一个复杂开放巨系统的综合运行的质量的评价，本质上反映的是城市各种生产、生活、生态要素的投入与综合产出之间的比例关系。城市效率包括城市经济运行的效率、城市社会支撑的效率、城市生态保障的效率等各个子系统效率的耦合，其中，基础设施和公共服务设施统一纳入到社会发展效率中进行综合考量。城市效率是包含城市技术装备水平、资源配置方式、社会治理能力、基础支撑能力等要素在内的城市发展"质"与"量"结合

起来的综合反映。

二、城市效率的评价

随着全球城镇化的推进和城市作为区域经济发展的火车头、公共服务的提供站、区域交通的总枢纽等作用的日益增强，城市效率对于区域发展效率、国家整体效率的相关性也逐渐增强。关于城市效率的评价研究也成为国内外专家学者研究的重点领域，纷纷采用多种方式方法来对城市效率的高低进行测度和评价，总结起来国内外的专家学者的评价方法大致可以分为三个大类四个小类。按照三个大类划分，分别是指标评价法、数据包络分析评价法和生态足迹评价法；按照四个小类划分，则将指标评价法进一步细分为单一指标评价法和指标体系评价法。

（一）指标评价法

早期的学者在关注城市某一方面的发展时，用单一指标对城市某一方面的效率进行量化研究。如采用人均地区生产总值来反映城市经济发展水平和效率的高低，用人均公园绿地面积或绿化覆盖率来反映城市绿色发展水平和效率的高低，用人均地区生产总值来反映城市的经济密度，用人均社会消费品零售总额来反映城市居民的消费水平和消费能力，用城市人均道路面积来反映城市基础设施的完善程度，用人均公园绿地面积来反映城市生态建设的成效等。除了各个人均指标之外，也有专家学者用地区生产总值、财政一般预算收入、全社会固定资产投资来反映城市经济总量，用研究投入强度来反映城市创新能力等总量指标。

随着研究的不断深入，专家学者开始用构建指标体系的方法来对城市效率进行评价，具体的思路是把城市作为一个复杂开放的巨系统，分别从城市的经济系统、社会系统、生态系统、基础设施系统、公共服务系统等诸多方面入手来构建指标体系，每个子系统都找出相关具体指标，并按照一定的方法，给予每一个指标赋予相应的权重，然后按照权重计算并予以分析评价。较早采用构建指标体系法来对城市效率进行评价的有王嗣均（1994）的六项指标体系。随后，刘兆德和陈国忠（1998）及宋树龙等（1999）等专家学者沿用指标体系评价法，对不同城市的效率进行评价研究。

（二）数据包络分析评价法

随着数学、运筹学计算机科学和管理科学等学科的发展，运用数据包络分析法对城市效率进行研究成为学术界普遍认可的主流方法。其中，国外有代表性的研究学者和研究成果主要有：Charnes（1989）尝试应用数据包络分析方法，对我国 28 个经济总量大、产业基础好、创新能力强的城市的经济运行情况进行评价，证明了数据包络分析方法能够对相对效率进行评价。Martic（2011）运用数据包络分析方法中的 C_2R 模型，分析了塞尔维亚各地区的资源利用效率。

从国内研究来看，对静态的城市效率进行研究时一般采用数据包络分析的 C_2R、BCC 模型：如傅利平和王中亚（2010）以资源型城市为研究对象，基于 DEA 方法中的 C_2R 模型，尝试对典型资源型城市经济发展效率进行了实证研究；朱艳科（2011）用 C_2R 模型对广东各城市的经济发展相对效率进行了评价。袁晓玲等（2008）应用超效率的数据包络分析方法，把我国副省级城市作为研究对象，评价这些区域性中心城市中哪些效率更高，哪些效率相对较低，并观测其空间分布情况和演变趋势、特征。徐大伟（2009）借助于数据包络分析方法，找到了循环经济与城市效率全新的结合点，兼顾经济社会、资源和环境的协调发展，从循环经济角度来评价城市效率，同时对循环经济发展水平进行有效评估。任世鑫和谢志祥（2017）运用超效率 DEA 模型测得 2004～2013 年中原经济区 30 个省辖市的城市效率水平并对其时空演变特征及区域差异进行了分析。

（三）生态足迹评价法

1992 年，加拿大教授 William 提出生态足迹的概念。我国学者用生态足迹评价法来对城市效率特别是城市的生态效率进行评价。代表性的观点有：吕红亮等（2006）利用多维度的生态足迹构成分析方法，测算了抚顺市从 1996～2005 年的生态足迹需求和供给，进一步解析资源、环境可持续利用中存在的主要矛盾；针对资源型城市的运作特点，将资源输出剥离以后考察城市在产业分工、生活方式等方面存在的问题，并根据能源消耗数据，研究提出工业不发达、产业链级低导致抚顺的生产效率低，从而在政策取向、产业发展、生产生活方式等方面给出改善建议。林宏和岳凌云（2011）把生态足迹分析方法和时间序列模型等研究工具结合起来对浙江的土地综合利用效率进行创新性研究。朱长征和魏倩倩（2015）运用生态足迹理论，构建了交通生态足迹的计算模型和方法，对 2012 年西安城市交通生态足迹、生态效率与环境压力进行了定量分析。结果表明，公交车的生态效率最高，要提高城市的生态效率和交通效率，减少污染物排放，必须坚持以公共交通为导向的发展策略，加快发展大运量的快速交通运输体系，减少私人小汽车的出行，发展绿色交通，提倡自行车出行等，从而提高城市交通的绿色化发展水平。

三、城市效率的影响因素

国外学者主要从生产效率、土地利用、城市形态等角度切入展开，代表性的观点有：Alonso（1964，1971）利用边际成本曲线和边际收益曲线建立了城市最优规模理论模型，研究结果证明随着城市规模的扩大，边际收益呈递减趋势，边际成本呈递增趋势。Fallah（2011）主要是研究城市无序蔓延、城市空间扩张与城市效率的关系，研究证明了，当人口集中和经济集聚导致城市空间过度扩张，甚至是无序蔓延的话，城市效率将会下降，两者之间存在一定的负相关性。

国内学者对于城市效率的研究，主要是以城市总体效率及其影响因素为主，同时，涉及较多的研究领域包括：城市的产业发展效率、生态环境效率、交通运输效率、土地利用效率、能源利用效率，甚至还有城市化效率等，并对这些效率的影响因素进行分析。代表性的观点有：戴永安（2008）、钱鹏升等（2010）认为影响城市效率的主要是纯技术效率和规模效率；刘兆德和徐振兴（2011）认为城市效率与城市行政层级是弱相关。郭琪和贺灿飞（2012）提出对特大城市进行空间管控，推动土地资源集约节约利用，在一定程度上也能够推动城市经济效率的提高。崔俊山和孙华（2013）提出，推动城市空间与城市功能相匹配，可以提高城市的运行效率。魏后凯（2015）提出，特大城市的过度扩张和无序蔓延，将对城市效率产生负面影响。年素英和赵鸿雁（2016）对城市经济效率的相关影响因素进行了实证分析，发现政府对经济的干预程度对城市经济效率的影响显著为负；对外经济开放程度、科技活跃程度、市场化水平和人口规模对城市经济效率则具有显著的正向影响。

第三节　关于特大城市空间增长的研究

第二次世界大战后，随着第三次科技革命成果的广泛应用和世界殖民体系的瓦解，世界经济整体进入黄金发展期，全球经济一体化和区域经济一体化快速推进，引致全球城市化进入快速发展期，不管是发达国家还是发展中国家，城市都在经济社会发展中扮演着越来越重要的角色，城市在人口规模、经济规模不断扩张的同时，城市空间也不断扩展，土地利用的规模也在扩张，土地利用的结构与比例也在发生着变化，从而对城市化地区的经济、人口、社会、环境、地貌等产生较大的影响，也成为国内外从事地理学、经济学、城市规划学、生态学等方面学者研究的热点领域。

一、城市空间形态

城市空间形态是在一定的经济、社会、文化、历史、自然条件、地质条件等因素的影响下，城市各种土地利用类型及其附着物在平面的投影所呈现出来的空间特征。国内外专家学者对城市空间形态的研究主要集中在几个领域：一是对城市空间形态的描述，包括定性的描述和定量的描述，对城市空间形态的形状、紧凑度、碎片化等特点进行定性描述和定量测算；二是对城市空间演变的趋势与动力因素进行研究，也就是说对城市空间发展的驱动力构成及其相互作用关系、对城市空间增长的贡献作用进行研究；三是对城市空间的增长方式进行研究。并且，近年来，随着地理信息技术和空间分析技术的日渐成熟，对城市空间增长与结构特征的研究进一步细化，特别是从时间序列的角度对于土地利用类型和土地覆盖的演变的研究更加深入。

从城市空间的形态上看，国内外有代表性的专家学者主要有：Lynch（1981）、朱锡金（1987）、崔功豪和武进（1990）、刘治彦（2015），这些专家学者的研究成果都从不同角度提出城市的空间形态，但是崔功豪和武进（1990）研究提出的，根据城市伸展轴组合关系、用地聚散状况和平面几何形状，将城市形态细分为块状、带状、星状、双城群组、带状群组、块状群组六种典型形态更加符合我国特大城市空间结构演变的历程①（见表2-3）。

表2-3　国内外学者关于城市空间形态的相关研究成果

学者（时间）	主要观点
Lynch（1981）	九种城市形态类型：放射形、卫星型、线形、棋盘型、格状、轴线型、花边式、内敛式、巢状，并从城市空间组织效率和交通组织方式等方面，分析评价了这些城市形态的优劣
朱锡金（1987）	五大类八种城市空间形态：匀质分布、蛛网、海星状、群体（包括中心城—卫星城、环状、星系、多中心网络等形态）、带状
崔功豪和武进（1990）	根据城市伸展轴组合关系、用地聚散状况和平面几何形状，将城市形态划为集中型和群组型两大类型，细分为六种典型形态，分别为块状、带状、星状、双城群组、带状群组、块状群组

二、城市空间增长的方式

城市空间增长的方式是城市在扩展过程中呈现出来的结构性特点。从国内外已有的研究成果上看，城市空间的增长方式总体上可以概括为紧凑型和松散型两大类，又进一步细分为三种方式、四种方式和五种方式。其中，最经典的理论是在诸多专家学者研究的基础上，归纳出来的同心圆、楔形、扇形三种经典的城市空间增长方式。此外，Berry（1977）、Leorey（1999）、Camagn（2002）、Wilson（2003）、张新生（1996）、杨荣南（1997）、王宏伟（2004）、李翊（2007）、张振龙（2009）、叶昌东（2013）、周春山（2013）、李咏华等（2016）及朱建华等

① 崔功豪，武进. 中国城市边缘区空间结构特征及其发展——以南京等城市为例［J］. 地理学报，1990，57（4）.

（2018）也都对城市空间的增长方式进行了深入研究，取得了较多的成果。比较有代表性的是城市空间增长方式的圈层式、组合式、并排式、独立式、包围式及飞地式。

此外，关于城市空间增长方式的研究，还有一些从效率的高低、平面还是立体、技术方法等角度进行了研究。例如，英国经济学家 Stone（1973）围绕城市空间增长方式是紧凑型效率高还是松散型效率高进行了较为深入的研究，其主要是借助于经济数据，分析两种空间增长方式的成本—收益关系，但是最终没有得出相应的结论。Bourne（1986）也对紧凑型和松散型两种城市空间增长方式的成本—收益关系进行研究，认为紧凑型的城市空间增长方式更容易获得城市政府的认可。我国的于卓（2008）等认为城市空间增长也具有多维性，一方面，城市在进行二维平面扩张与蔓延的同时，也在对城市内部空间结构进行优化与调整，城市空间增长方式具有多维的特点（见表 2 - 4）。

表 2 - 4　国内学者关于城市空间扩展方式的相关研究成果

学者（时间）	主要观点
Berry（1977）	通过大量案例研究，从扩展形态上归纳，认为城市空间扩展有轴向增长、同心圆式增长、扇形扩展及多核增长等多种模式，并认为"圆形城市"是城市扩展的理想模式
Leorey（1999）	提出了紧凑型、边缘或多节点型和廊道型三种空间扩展模式
Camagn（2002）	提出了填充、外延、沿交通线扩展、蔓延和"卫星城"式五种扩展模式
Wilson（2003）	识别出五种类型，即填充式、扩展式、蔓延式、孤岛式和分支式
张新生（1996）	从空间几何特征的角度，将城市空间增长分为平面增长、垂直增长
杨荣南（1997）	提出城市扩展包括集中型同心圆扩张、沿主要对外交通轴线带状扩张、跳跃式组团扩张和低密度连续蔓延四种模式
王宏伟（2004）	将我国城市空间扩展概括为多中心网络式、主—次中心组团式和单中心块聚式三种典型模式
李翅（2007）	基于区域整体视野，采用适度的规模与合理的城市形态，提出三种城市空间开发模式，包括控制型界内高密度开发模式、引导型界外混合开发模式和限制型绿带低强度开发模式
张振龙（2009）	提出 1979 年以来南京都市发展区的空间增长方式主要有：填充式增长、外延式增长、线状增长和聚集式增长四种方式
叶昌东（2013）	研究了广州市空间增长分异规律，认为城市空间在旧城空间、城市外围空间、城市边缘区、区域性空间四个圈层呈现不同的空间增长方式
周春山（2013）	运用空间计量、拓扑结构图示等方法分析了全国特大城市 1990～2008 年的影像图、土地利用现状图，认为 1990 年以来我国特大城市的空间增长方式以轴向式和跳跃式为主导

续表

学者（时间）	主要观点
李咏华、庞海燕、马淇蔚（2016）	以杭州市为例，基于多时相遥感影像数据，采用等扇分析、扩展强度指数和重心转移等定量测度方法，分别地增量高、扩展强度高的高—高模式，用地增量高、扩展强度低的高—低模式，用地增量低、扩展强度高的低—高模式，用地增量低、扩展强度低的低—低模式等四种模式
朱建华、戚伟、修春亮（2018）	提出了我国城市六种空间结构类型：即圈层式、组合式、并排式、独立式、包围式及飞地式，并提出一般演化路径为"独立式—并排式—组合式—圈层式"，圈层式结构会继续优化，通过"内城合并、外城扩张"向第三、第四圈层发展

三、城市空间增长的动力

城市空间增长的动力机制的研究也是国内外在研究城市空间过程中所关注的一个重要问题之一，诸多专家学者都研究城市空间增长的动力源和动力机制。

国外学者研究过程中，代表性的视角和观点有：Form（1954）从市场和政府两种调控经济发展的手段入手，认为影响城市空间增长的动力系统是市场和政府相互作用的结果。Alonso（1964）提出由于种种原因造成经济发展的周期性波动，进而推动了城市空间的周期性扩展。例如，当经济增长速度相对较快时，城市的空间增长也相应地较快，呈现出快速、跳跃式的扩展方式。Harvey（1978）从交通等基础设施供给的角度研究城市空间增长过程，提出当经济相对景气时，政府的财政收入状况一般较好，可以加大对基础设施和公共服务设施的投资力度，社会资本也有能力参与到基础设施和公共服务设施投资中，从而推动城市空间快速地向着基础设施，特别是道路延伸的方向扩展。Stern（1992）则从人口迁移、社会阶层、科技进步、经济发展、政府更迭等方面提出这一系列综合因素都是城市空间增长的动力源泉，都对城市空间增长方式和城市形态的形成起到推动作用。Mc–Neil（1994）则概括性地从经济、社会、政治、环境等方面研究城市空间增长的综合动力机制，研究了政治变革、经济发展、人口集聚与疏散、生态建设和环境容量变化四类驱动因子对城市土地变化的驱动作用。Muller（2004）分析了北美大陆随着交通方式的演变，不同的交通运输方式和出行方式对城市空间增长的影响。综合来看，国内学者对城市空间增长动力机制的研究证明了城市空间增长是综合因素作用的结果，体现了集聚与扩散相对运动的规律。在各种因素综合作用下，经过人类长期空间运动和各类生产、居住、交通、游憩的区位选择而形成。

国内学者对于城市空间增长动力机制的研究可以分为综合因素和单个因素两

大类。其中，综合因素一般包括经济、社会、制度、文化、交通、新城区建设等多个方面，单个因素甚至包括对外开放对我国城市空间增长影响的相关研究。代表性的专家学者有：武进（1990）、杨荣南（1997）、顾朝林（2000）、张庭伟（2001）、鲁奇等（2001）、修春亮等（2005）、侯敏等（2007）、张京祥等（2008）、李开宇（2010）、施一峰和王兴平（2018）等。代表性的观点有自然因素、改革因素、大项目因素、规划引导因素、开放因素等。

四、城市空间增长的测度

传统方法中对于城市空间增长的描述一般采用定性的方法，但是随着计算机技术的应用、地理信息技术的发展、遥感技术的进步，对城市空间增长的测度的方法也随之改进与提高。如 Fultondd（2001）着眼于土地增长与人口增长的关系，采用城市建成区面积增长率与市区人口增长率的比值来对城市空间增长进行测度，判断土地增长是快于人口增长，还是慢于人口增长，从而对城市空间增长是否具有效率。近几年，国内的专家学者们纷纷借助于地理信息技术、遥感技术、网络数据等方法和手段，对城市空间增长情况进行测算。

第四节　关于城市有机疏散的研究

城市有机疏散理论最早的思想起源于英国城市学家霍华德。霍华德针对19世纪下半叶欧洲工业革命以后农民大量涌入城市导致城市的恶性膨胀问题，提出通过构建由若干分散、独立的田园城市环绕大城市所形成的兼有城市和乡村优点的"城乡磁体"来解决大城市的问题。英国建筑学家昂温提出了"卫星城"的概念，并作为对大城市进行有机疏散的一种方式。1917年芬兰著名规划师沙里宁提出了有机疏散理论。他认为，城市是一步一步逐渐离散，新城不是"跳离"母城，而是"有机"地进行着分离运动，即不能把城市的所有功能都集中在市中心区，应实现城市功能的"有机疏散"，多中心地发展郊区的卫星城，把城市的人口和就业岗位分散到可供合理发展的地域，特别是把轻重工业疏散到城市的边缘区，并能使人们居住在一个兼具城乡优点的环境中，从而实现居住与就业的平衡。美国建筑学家赖特（1932）提出了"广亩城市"思想，主张发展一种完全分散的、低密度的生活、居住和就业相结合的城市形式。在城市交通拥堵、环境污染加剧的情况下，有机疏散成为欧美各国大城市建设以及向城郊疏散扩展的理论基础。但是，受制于当时的交通条件，城市有机疏散的空间半径相对较小，部分欧美大中城市不同程度地出现了城区摊大饼式的无序蔓延的状况，造成了土地利用的浪费和小汽车等私人交通工具对石油需求的剧增，有机疏散的效果受到一定影响。但是，随着地铁、轻轨、高速公路等运量大、速度快、土地占用相对较小的快速交通工具的发展，国内外学者开始日益重视对新交通方式引导下大城市有机疏散的研究。

国外学者在诸多研究中，首先，研究了交通工具进步和城市空间形态互动影响的阶段性特征。波兰鲍·马利（1963）提出的"门槛"理论认为，当城市发展到较大规模并需要跨越更高的"门槛"时，可以在普及小汽车和建设快速通道的基础上，通过选择较低"门槛"的方式来实现城市空间的扩展和人口的聚集，如在50~100千米的通勤半径上建设卫星城或另建新城，打造半小时生活圈。为此，罗伯特·费希曼指出"交通是最关键的革新"。其次，国外学者认为快速交通导向下的有机疏散，是大都市人口郊区化的最重要动力。这种观点认为，伴随着交通网络和交通工具的改善，不仅大城市城郊化过程明显加快，而且城镇体系的组织网络更加快捷，推动了大都市区和城市群的形成。西方发达国家的大城市经历了四次从城市中心推向郊区的浪潮，按时间顺序为人口郊区化、制造业郊区化、零售业郊区化和办公就业的郊区化，其动力来源于中心区环境恶化的推动力和郊区良好生活环境的吸引力，在此过程中快速交通对办公就业郊区化的推动效应最为明显。并且，这种郊区化的过程还体现为房地产业、商业服务业、企业、教育科研向周边中小城镇疏散与迁移，对整个都市区的空间结构都产生了巨大的影响。在微观上，国外学者对大城市有机疏散过程中邻近交通场站的街区布局也进行了相关研究。考瑟普（1993）提出了公共交通导向的城市发展思想，其内容主要是依托公共交通，特别是快速交通线路节点和场站，采取宏观疏散与微观紧凑的开发模式，将住宅、商店、公园、办公场所、公共设施布局在公交场站的步行范围内，建立与出行起止点直接相连的友好步行街道，提供不同价格、不同类型和不同容积率的混合居住社区，建设高质量公共空间，以方便居民更加便捷地到达中心城区的各类微型中心商务区和居住区。

国内学者对城市有机疏散的研究，主要集中在五点：一是研究城市快速交通的发展战略，探索快速交通发展与大城市空间结构演化的互动效应。杨荫凯等（1999）对19世纪以来由于交通技术的创新而引起的城市空间形态的变化进行了深入研究，建立了城市空间结构与交通系统空间布局之间的对应关系，认为城市空间结构是城市交通系统发展的基础，而城市交通系统的发展又引导城市的土地利用和空间演化的方向，并且推演至整个城市群。如边经为（2006）研究了汽车、快速轨道交通等现代交通方式对城市群空间结构的影响。二是研究城市土地使用形态与城市有机疏散的关系。陈长伟等（2011）运用有机疏散理论对城市土地利用的微观形态进行了研究，特别举例对有机疏散理论指导下的城市旅游用地加以分析。三是一些学者从实证的角度，对比欧美大城市的有机疏散过程，研究城市有机疏散的机制。孙斌栋和黄鑫楠（2018）研究认为，疏解机制主要分为市场为主、政府搭台和政府积极干预三种。功能疏解与多中心建设的成功需要政府的积极引导。大城市病的问题无法只靠市场机制得到缓解，需要政府通过功能疏解和多中心的建设对市场机制的失灵作出及时调整。四是部分学者从城镇体系的角度，研究大城市有机疏散与区域的协同发展。如于涛和买静（2017）提出大城市病是因为我国城镇体系所形成的"头重脚轻"、人口和产业过度集中所导致的，要从城镇体系合理分工的角度，推进大城市非核心功能的有机疏散。五是一些学者借鉴国外全区城市进行非核心功能有机疏散的经验和教训，研究我国北京、上海等特大城市非核心功能有机疏散的路径。如刘珺（2016）提出城市发展的过程是功能布局重构的过程，需要把最合适的空间留给最需要的功能，从区域尺度上平衡产业价值，充分考虑空间分布效率和交易成本。可以采用的疏解手段包括市场作用、规划引导与管制、行政搬迁、财税政策、土地政策、区域协同发展机制、行政作用等多种类型。

第三章　增长边界政策导向下
我国特大城市的发展特征

改革开放以来，特别是进入 21 世纪以来，我国城镇化进入快速发展阶段，农业转移人口市民化步伐加快，在 2011 年，我国常住人口城镇化率超过 50%，全国有一半的人口在城镇工作、居住、上学，实现了农业型社会为主体的社会向城市型社会为主体的社会的历史性转变。但是，在城镇化和农业转移人口市民化过程中，我国的城市特别是特大城市由于聚集了更多的高端资源，吸引了更多的人口和要素集聚，导致特大城市的市区常住人口纷纷超过 500 万人，各种城市病开始凸显。为此，从 2006 年开始，国家在官方文件中就提出要求城市在发展过程中，考虑城市的边界和建设用地的规模。到 2014 年，正式提出要在 14 个城市开展增长边界划定的试点工作。由于城市增长边界的划定，将对城市的土地利用结构和方式、城市空间结构的组织、城市经济—社会—生态系统的构建都要产生重要影响，必将导致试点城市在城市的运行与组织方面进行调整与优化，这和其他非试点市存在较大差异。从另一个层面而言，14 个试点城市多为国家级城市群的中心城市，或是经济总量、人口规模、创新能力、开放水平都在全国位居前列的城市，在全国城市体系中的功能和地位高于其他城市。为此，结合试点城市名单，结合在全国城市体系的地位和作用，选择北京、沈阳、上海、南京、苏州、杭州、厦门、郑州、武汉、广州、深圳、成都、西安 13 个特大城市作为研究城市。在研究这些城市发展历程，特别是 1978 年至今城市发展与空间扩展的基础上，重点分析 2006 年至今这些城市在增长边界政策导向从"软要求"到"硬约束"的状态下的城市发展特征。

第一节　我国部分特大城市的发展历程回顾

长期以来，北京、南京、上海、广州、成都、武汉、西安等特大城市都是我国重要的生产中心、商贸中心和对外交通中心，但是我国特大城市开始出现质的飞跃发展，是从 1949 年之后开始的，真正开始融入全球化格局和全球城市体系是从 1978 年开始的。第三次全国城市工作会议揭开了我国特大城市加快发展的序幕。特别是从 20 世纪 90 年代开始，随着工业化进程的加快，我国的城市化也进入快速发展阶段，第一产业的就业人口加快向第二和第三产业转移，农业剩余劳动力也开始向城镇转移，农民工大量进城，特大城市人口规模和经济规模不断扩张，城市空间扩展速度加快，特大城市日益成为国家经济社会发展的核心载体。

一、北京城市发展历程

北京作为世界闻名的古都，历史悠久，春秋初期，为燕国的首都，距今 3000 余年。从元代开始，历经明朝、清朝、民国初期，都是作为我国的首都而存在。中华人民共和国成立初期，选择将北京作为新生的中华人民共和国的首都。截至目前，北京不仅是我国的政治中心、文化中心、创新中心、教育中心和国际交往中心，也是我国的交通枢纽、经济中心和创新中心，也是全球城市体系的重要节点城市，是一座拥有超过 2000 万人口的现代化国际大都市。

改革开放之后，我国逐步确立了建立完善社会主义市场经济体制的目标，逐步破解计划经济体制对经济社会发展的束缚作用，户籍制度对人口流动的约束作用逐步放开，农民工进城的限制条件也越来越少，北京作为首都，吸引了全国各地的人口流入，从而进入了城市化高速发展阶段。1979 年，北京的常住人口城镇化率为 56.9%，虽然远高于全国平均水平，但是和发达国家的首都相比，城镇化率还比较低。经过快速城市化的发展阶段，到了 2000 年，北京常住人口城镇化率提高到 77.5%，20 年间提高了 20.6%，年均增速超过 1%。2000 年以后，随着我国社会各界对于新型城镇化的功能、作用的认识不断深化，对新型城镇化的发展思路进行了调整与完善，对大中小城市和小城镇的发展战略也进行了调整，国家开始由限制大城市发展的政策，转变为推动大城市与中小城市协调发展的政策。在此背景下，不仅全国城镇大量的从业人员流向北京，而且大量的农业转移人口也开始流向北京，北京的常住人口城镇化率从 2001 年的 78.06% 提高到 2017 年的 86.5%，2017 年末全市常住人口达到 2170.7 万人，其中常住外来人口 794.3 万人，占常住人口的比重为 36.6%。

改革开放初期，我国对北京作为首都的功能定位还不够清晰，在一定程度上仍然认为北京必须保持一定的工业生产职能，认为工业将为城市居民提供就业岗位，认为经济中心也是北京的核心职能。直到 1992 年，我国明确了建立社会主义市场经济体制的改革目标，从社会主义市场经济体制的视角来分析我国的工业化、城镇化、市场化进程，对北京的城市功能也进行了深入的研究与探索，在这一时期，北京市出台了《北京城市总体规划方案》，确定了首都北京的建设方向，对北京城市的发展具有划时代的意义。《北京城市总体规划方案》对北京作为首都，作为京津冀城市群的核心城市，作为我国对外开放合作的窗口城市，作为全球城市体系的重要节点城市，做出了一系列的安排：

第一，在城市发展的目标导向上，对北京的城市性质做出了科学的界定，并明确提出，北京是我国的首都，是全国的政治中心，是全国重要的教育中心、文化中心、科技中心和国际交往中心，舍弃了按照经济中心的定位来进行规划建设的提法，突出了按照首都城市的功能定位，进而突出了政治中心功能和国际交往中心功能。同时，在《北京城市总体规划方案》中，也对中华人民共和国成立100周年时北京的城市发展目标进行了远景展望，提出将把北京建设成为现代化的国际城市。

第二，确定了和首都功能、全球城市定位相适应的现代产业体系的目标导向。作为首都，经济功能已经位居次要地位，在此导向下，城市将钢铁等具有高污染、高耗能、低附加值的产业逐步搬出北京，加快发展与北京创新能力相适应、能发挥北京创新资源优势的高科技产业，加快发展与国家中心城市综合管理和服务职能相匹配的金融、保险、中介、科技等现代服务业，促进北京制造业的服务化改造，逐步扩大第三产业特别是现代服务业在产业结构中的比重，调整优化产业结构，实现产业结构的绿色化、高端化、现代化、服务化。也明确了建国100周年的时候，按照全球化、国际化、现代化的标准来推进北京的城市建设，让北京真正成为融入全球城市体系的现代化的重要全球城市。

第三，进一步明确北京城市人口规模和对人口流动的政策。北京在制定城市总体规划时，充分借鉴了伦敦、巴黎、东京等国外首都城市的发展经验，提出未来人口将加快向特大城市流动，对北京未来的人口规模进行了预测。同时，根据我国户籍制度的实施情况，第一次提出将流动人口也纳入城市的人口总量，进行适当的控制和引导，从而更好地对城市的基础设施和公共服务设施的需求量进行预测，提高相应的供给能力，缓解基础设施和公共服务设施的供需矛盾，也为城市未来的发展预留一定的空间。

第四，推动北京城市空间结构的优化调整。北京原有的城市空间结构是在二环、三环的基础上大致形成的一个同心圆的发展模式，北部的发展稍微快于南部。制定城市规划总体方案时，为了考虑城市未来的发展空间问题，提出实施两个战略转移的方针，把城市建设的重点逐步从市区向广大郊区转移。通过两个战略转移方针，北京市区的建筑竣工量从北京市总量的80%下降到60%，郊区建筑竣工量从占北京市总量的20%提高到40%。

第五，开始重视历史文化名城的保护。随着改革开放的推进、城市规模的扩大，特别是房地产市场化进程的推进，在旧城改造和房地产开发过程中，历史文化遗址遗存相对被忽略。为了避免北京失去历史文化名城的风采风貌，城市规划总体方案提出，加强历史文化名城保护，推进城市历史文化的传承与创新。在此过程中，提出按照城市历史文化街区、历史文化遗存、历史文物保护单位、历史文化风貌等层次，打造保护城市的中轴线，保护城市的城墙，保护城市的胡同原貌，保护城市的水系系统，保护城市的基本色调，保护城市长期以来形成的公共服务活动空间，从而延续北京的历史文化脉络，延续北京的古都文化风韵，提升北京作为世界闻名古都的文化影响力和历史影响力。

第六，加强城市的基础设施建设和公共服务设施建设。随着北京的人口、经济规模的扩大，北京的基础设施和公共服务设施逐步不能满足人民群众的生产生活需要。为此，提出要加快城市的基础设施和公共服务设施建设，不仅要尽量满足城市原有居民的生产生活需要，而且要满足外来人口、流动人口的基本公共服务需求。

第七，加强北京的环境保护和生态建设，提高城市的安全水平。进入20世纪90年代，北京面临一系列的生态约束和资源约束问题。如沙尘暴、水资源短缺等。因此，城市规划总体方案提出要加快生态建设和环境保护，加强水源地建设和保护，努力把北京建设成为历史文脉得到延续、历史街区得到保护、生态环境优美宜居、国际交往功能突出、交通通信设施完善、水资源供应充足、韧性发展能力十足的现代化历史文化名城。到了2017年，北京综合经济实力进一步提升，三次结构不断优化。实现地区生产总值28000.4亿元。其中，第一产业、第二产业、第三产业分别实现增加值120.5亿元、5310.6亿元、22569.3亿元，三次产业结构比为0.4：19.0：80.6。按常住人口计算，全市人均地区生产总值达到12.9万元。城乡居民收入水平逐步提高，城镇居民和农村居民人均可支配收入分别达到了62406元和24240元，城乡居民收入比达到2.57：1。城市道路里程达到6360千米，城市绿化覆盖率为48.42%。从城市空间扩展看，到2016年，北京市辖区面积达到16411平方千米，建成区面积达到1419.7平方千米，建成区面积占市辖区面积的比重达到8.65%。

二、沈阳城市发展历程

中华人民共和国成立以来，沈阳是我国东部地区的中心城市，全国重要的工业基地，具有经济、社会、文化、交通、开放等方面的综合发展优势，不仅对于辽宁，而且对于整个东北地区都具有强大的凝聚力和辐射力。同时，沈阳也是我国国有经济占比最重的城市。因此，改革开放初期，沈阳承担了进行经济体制改革和城市发展改革创新的双重历史任务。这一时期尽管关于城市发展总的指导方针是控制大城市规模，但是在市场机制与城市发展规律作用下，人口与生产要素仍然向大城市集中。改革开放初期，随着沈阳城市改革进程的推进，城市建设用地的增长速度较快，到了 1995 年，城市建设用地面积已经达到 231 平方千米。同时，由于开发区的出现和发展，城市出现了跳跃式的增长方式。但这一时期的城市空间发展，仍然是单中心的城市空间结构。进入 20 世纪 90 年代中期，随着国有企业改革、房地产市场化、农业转移人口规模扩大和对外开放，沈阳迎来了新一轮的城市扩展阶段，呈现出鲜明的圈层式特征。在国务院批复的最近一版城市总体规划中，将沈阳明确定位为东北地区重要的中心城市、先进装备制造业基地和国家历史文化名城，要求沈阳发挥经济、社会、文化、交通、开放等方面的综合发展优势，不仅对于辽宁，而且对于整个东北地区都要发挥强大的凝聚力和辐射力。目前，中心城区形成了"一主、四副、多中心"的城市空间结构，其中，"一主"是主城区，"四副"分别为蒲河副城、永安副城、铁西产业副城和浑河副城。通过分散组团发展，优化了城市空间布局，避免了城市无序蔓延。由于改革开放相对滞后于其他城市，同时存在路径依赖、结构失衡等其他方面的深层次原因，近年来，沈阳的城市发展总体落后于国内其他特大城市。到了 2017 年，沈阳全年实现地区生产总值仅为 5865 亿元。其中，第一产业、第二产业、第三产业实现增加值分别为 268.2 亿元、2261.4 亿元和 3335.4 亿元，三次产业结构比为 4.6∶38.5∶56.9。按常住人口计算，人均地区生产总值为 70722 元。城镇居民和农民居民人均可支配收入分别为 41359 元和 15461 元，城乡居民收入比为 2.67∶1。从城市空间扩展的角度看，到了 2016 年，市辖区土地面积达到 5116 平方千米，其中，建成区面积达到 588.3 平方千米，建成区面积占市辖区面积的比重达到 11.5%。

三、上海城市发展历程

长期以来，上海一直是我国最大的工商业城市，也是远东地区最重要的航运中心和金融中心。改革开放后，上海制定了经济发展战略汇报提纲并向中央汇报，得到中央批准后，即加快推动上海改革与开放。这一时期，上海的改革与发展体现在城市发展上，主要包括两个方面：一方面是开始引进国际先进的技术装备，推动产业特别是工业生产技术的改造与升级，建设了宝钢等一批大型企业，通过项目的建设也改变了城市的总体框架与布局；另一方面上海实施"双轮驱动"战略，在开展中心城市，也就是老城区更新改造的同时，加快推进卫星城建设，推动上海城市向两翼进行扩展。总体上看，和广东等地区相比，上海的改革开放步伐相对比较缓慢。1990 年 4 月，中共中央、国务院做出了上海推进浦东大开发大开发的重大决策，拉开了上海改革开放加快发展的序幕。这一时期，国家对上海的功能定位明确为经济中心、金融中心和贸易中心，诸多银行的总部一部分职能也迁移到上海，上海证券交易所设立，外贸外资等工作迅速开展，上海的城市功能由原来较多地偏重于工业生产中心的职能转变为具有综合服务功能、偏金融、航运、贸易为主要的国际性大都市，成为全球城市体系的重要节点，也成为长三角地区和长江经济带的龙头，是我国"T"字形开展战略的最重要的支撑点，根据城市职能定位的转变，上海市的产业结构、空间结构都积极做出调整，如跨过黄浦江，实现由老城区向浦东新区的跨越。1991年开始，由于长期以来城市发展欠账较多，上海围绕优化市域城镇体系布局，提出了城市发展的基本方针，即对于老城区，要做到扩大、调整、提升，加快老城区的功能完善和空间扩展；对于浦东新区，要加快形成大开发、大开放的格局，加快发展，要让其成为上海城市发展的增长极和火车头；对于郊区，要按照中心城市城镇体系节点的功能定位，加快完善功能，提升综合承载能力，为上海市域城镇体系的建立和完善提供支撑①。1996年，上海市在制定《国民经济和社会发展第九个五年计划》时强调，要围绕打造具有世界一流城市的发展目标，坚持推进主城区扩容提质发展，推进辅城加快发展，尽快成长为上海新的增长中心，郊区城市要积极承接主城区转移出来的人口和产业，提升承载能力。2001年，上海市制定了新一轮的城市总体规划，提出上海的城市性质是：国家重要的经济中心、航运中心，国家历史文化名城，在考虑城市发展方向时，充分考虑到我国城镇化进程的加快和融入国际化、全球化的趋势，提出上海城市发展方向是社会主义现代化的国际性大都市，以及国际经济中心、国际金融中心、国际贸易中心、国际航运中心。②

上海新一轮城市总体规划是中央城市工作会议召开以来首个获批启动的超大城市总体规划，在城市规划的范式、理论、程序、形式上都取得了一系列重大创新，特别是根据人口规模、建设用地规模、生态环境底线和城市安全底线，按照"底线约束、内涵发展、弹性适应"的发展原则，在全国率先开始探索经济高密度、人口高密度、建筑高密度和开发高强度的超大城市可持续发展的新模式，在城市空间格局上，构建由"主城区—新城—新市镇—乡村"组成的城乡体系和"一主、两轴、四翼；多廊、多核、多圈"的空间结构，为城市的功能优化和空间布局优化指明了方向。经过中华人民共和国成立以来特别是改革开放以来上海的快速发展，到2017年上海实现生产总值30133.86亿元，在我国660多个城市中位居第一。其中，第一产业、第二产业、第三产业分别实现增加值98.99亿元、9251.40亿元、20783.47亿元，三次产业结构比为0.03:30.7:69.0。全市常住人口总规模达到2418.33万人，其中，户籍常住人口1445.65万人，占常住人口的比重约为60%；外来常住人口972.68万人，占常住人口的比重约为40%。

---

①②《上海城市总体规划》（2000年）。

这一人口总规模已经接近城市总体规划所确定的 2500 万人的人口天花板。2017年，上海城镇常住居民和农村常住居民的人均可支配收入分别达到 62596 元和 27825 元。人均公园绿地面积达到 8.02 平方米。到 2016 年，上海市辖区面积达到 6341 平方千米，建成区面积达到 998.7 平方千米，建成区面积占市辖区面积比重达到 15.7%。

四、南京城市发展历程

改革开放以来，南京作为长三角地区的副中心城市，城市发展的重心围绕如何承担起副中心的功能，和上海一起辐射带动长三角地区发展。1980～1990年，南京提出的是按照江苏省省会进行城市功能定位，和多数省会城市一样，主要突出省会职能，如作为全省的经济中心、政治中心、文化中心、科技中心、贸易中心，同时强化自己的产业优化，提出打造石油化工、电子仪表和汽车制造三大产业基地。在空间布局上，仍然按照同心圆的发展模式，按照城乡分离的发展理念，提出五个圈层式空间布局。1990～2007年，随着国外先进城市发展理念逐步传入我国，南京和其他特大城市一样，开始对城市规划的理念进行更新，站位城市—区域协调发展的视角，从长三角城市的角度，从中心城市突出引领发展的角度，提出城市的功能定位是我国东部地区重要的中心城市，弱化省会城市功能，突出创新、文化、科技等方面的职能，按照功能分区，提出中心城市以高端金融、商贸、物流、信息、科技等现代服务业为发展重点，都市圈以制造业、物流仓储为发展重点，同时强调生态建设和环境保护的重要性，强化绿色生态空间的构建。从 2007 年开始，南京开始按照长三角一体化发展的思路来进行定位，将自身确定为长三角城市群的副中心城市，强调与上海、杭州、合肥等城市的分工与合作，强调现代服务中心城市、先进制造中心城市、综合交通枢纽城市、创新创业中心城市的功能定位，并在空间上开始跨江发展，打造"跨一江两核心八片区"的发展格局（见表 3-1）。2017 年，南京全年实现地区生产总值11715.10 亿元，其中，第一产业、第二产业和第三产业分别实现增加值 263.01亿元、4454.87 亿元和 6997.22 亿元。按常住人口计算的人均地区生产总值为141103 元。三次产业结构调整为 2.3∶38.0∶59.7。年末全市常住人口 833.50 万人。从城市空间扩展和土地利用情况看，到 2016 年，南京市辖区面积达到 6587平方千米，建成区面积达到 773.8 平方千米，建成区面积占市辖区面积的比重为 11.7%。

表 3-1 改革开放以来南京城市发展战略简要情况

时间	目标导向	总体定位	空间布局
1981~2000 年	把南京建设成为文明、洁净、美丽的园林化城市	"两个中心"：江苏省的政治、经济、文化中心，在科技、文化上成为国际活动中心之一 "三个基地"：以电子仪表、石油化工、汽车制造和建筑材料工业为主的现代化工业基地，科研教育基地和外贸出口基地	圈层式布局构架：以市区为中心，把市域分为各具功能又相互有机联系的五个圈层，即主城—蔬菜副食品基地、近郊风景区—卫星城—农田、山林—远郊小城镇
1991~2010 年	城市—区域协调发展	江苏省省会、东部地区重要的中心城市、国家历史文化名城、全国重要的科研教育基地和综合交通枢纽	包括城市规划区—都市圈—主城三个层次。城市规划区即市域范围；都市圈是规划修编的重点地域，构筑形成"以长江为依托，以主城及外围城镇为主体，以绿色生态空间相间隔，以便捷的交通相联系的高度城市化地区"；主城是指长江以南、绕城公路以内的地域，要以内涵发展为主，强化金融、贸易、科技、信息、服务职能
2007~2020 年	迈向区域协调、城乡统筹、和谐发展的新都会	国家历史文化名城、国家综合交通枢纽、国家重要创新基地、区域现代服务中心、长三角先进制造业基地、滨江生态宜居城市	分为江北新区、江南主城两大区域。其中，江南主城由"一核六片"组成，一核为老城、紫金山和玄武湖构成的古都文化核，六片分别为仙林、麒麟、河西、城南、东山、铁北片区。江北新主城由"一核两片"组成，包括江北新区核心以及大厂高新片区和浦口三桥片区

五、苏州城市发展历程

1978 年开始实施改革开放，苏州进入工业化、城镇化、现代化和国际化快速发展时期。1984 年，苏州进入城市和国有企业改革的新时期。1985 年，苏州召开了中华人民共和国成立后的第一次城市建设工作会议，将"保护古城、建设新城"作为城市发展的战略方针，提出既要加快经济建设，又要保持历史文化名城风貌，还要注重保持著名旅游城市的地位。在此城市发展方针的指导下，苏州城市的空间扩展形态主要是围绕古城，向周边进行摊大饼式的蔓延。苏州工业园区开始建设后，苏州城市的空间发展模式之间演变为老城区和新城区共同发展的"双核心"模式，同时，城市形态也有摊大饼式的单中心圈层结构演变为东西扩展的轴向发展模式。通过这种模式，一方面，以苏州工业园区为代表的开发区承担了加快工业化进程的主要任务，成为工业项目建设的主要载体，并且随着与生产相配套的生活设施的逐渐完善，逐步发展成为新的城区，缓解了项目建设给土地供给带来的需求压力和人口增长带来的压力。另一方面，旧城区立足于城市历史文脉保护的同时，推进城市的更新改造。随着对外开放步伐的不断深入和经济、社会、文化发展水平的提高，苏州的经济总量、人口规模、城市建设用地面积等有较大增长，甚至超过城市总体规划确定的人口规模、建设用地规模的控制指标，并推动了城市空间结构的变化，由"一体两翼"变成了"四面开花"的发展结构，城市发展出现四大特征：第一，城市规模迅速扩大，包括经济规模、人口规模、城市建设用地规划；第二，虽然居住用地面积增长较快，但是苏州的外来人口较多，居住用地的增长速度赶不上人口的增长速度；第三，工业用地增长的速度最快，占建设用地面积的比重迅速增加；第四，城市形态发生改变，由"一体两翼"转为"五组团"，即苏州新区、工业园区、吴县市区、浒墅关新区、古城。2017 年，全市实现地区生产总值 1.73 万亿元，位居全国地级城市的第一位；年末全市常住人口达到 1068.4 万人，其中城镇人口 810 万人；城镇常住居民和农村常住人口人均可支配收入分别达到 58806 元和 29977 元。从城市空间扩展和土地利用情况看，2016 年，苏州市辖区面积达到 4653 平方千米，建成区面积达到 461 平方千米，建成区面积占市辖区面积的比重为 9.91%。

六、杭州城市发展历程

杭州作为浙江省省会城市、历史文化名城、长三角重要的副中心城市，围绕经济建设和社会主义现代化建设的战略目标，于中共十一届三中全会结束伊始，即开始启动杭州市第三轮城市总体规划。在第三轮城市总体规划的制定和实施过程中，杭州主要立足于经济发展对于城市空间资源和土地资源的需求，按照"摊大饼"式的发展模式，把上城区、下城区、江干区、西湖区和拱墅区作为城市发展的拓展区域，工业项目、房地产项目、基础设施和公共服务设施项目加快布局，推动了城市规模的扩大。这一时期，杭州城市扩展还有两个重要特征：第一个特征是城市的规划建设围绕原有的城市发展格局，没有在根本上实现城市空间形态的转变，城市向东、西、南三个方向都进行了扩展；第二个特征是城市在发展过程中，受到既定的围绕西湖进行规划建设的思路没有得到调整，就是城市的规划建设仍然围绕西湖进行，导致城市的交通组织效率、空间组织效率和产业组织效率都受到影响。为此，在杭州市第四轮城市总体规划的制定过程中，就提出要打破这种思维惯性和城市发展的路径依赖，确定了以主城区为基础，向东"沿江发展""跨江发展"的轴线发展模式。2001 年，萧山余杭两市撤市设区，杭州市辖区的境域再次得到进一步扩张。2014 年，撤销富阳市，设立富阳区，杭州市区扩展到九个区的空间范围。除了中心城区的主城、江南城、临平城及下沙成之外，在绕城周边还规划了良渚、塘栖、余杭、临浦、瓜沥和义蓬六大外围组团。在城市发展过程中，杭州尝试划定城市开发边界，确定各类土地开发利用结构比例，将适建区、限建区、禁建区的结构比例确定为 35：10：55，力求城镇建设用地控制在 729 平方千米，中心城区城市建设用地控制在 430 平方千米。经过中华人民共和国成立以来特别是改革开放以来的发展，杭州的经济建设和城市建设都取得了重大成就。从经济社会发展上看，2017 年杭州全年实现地区生产总值 12556 亿元，其中第一产业、第二产业和第三产业分别实现增加值 312 亿元、4387 亿元和 7857 亿元。全市常住人口人均 GDP 为 134607 元，三次产业结构调整为 2.5：34.9：62.6。年末全市常住人口 946.80 万人，其中城镇人口 727.14 万人，占常住人口的 76.8%。城镇居民和农村居民人均可支配收入分别达到 56276 元和 30397 元，城乡居民收入比为 1.85：1。市区人均公园绿地面积达 13.4 平方米。从城市空间扩展和土地利用上看，到 2016 年，市辖区面积达到 4876 平方千米，建成区面积达到 541 平方千米，建成区面积占市辖区面积的比重达到 11.1%。

七、厦门城市发展历程

厦门城市发展始于第一次鸦片战争后，作为我国的开放口岸，初步奠定了工商业、对外贸易和城市发展的基础。中华人民共和国成立后，厦门是我国福建东南沿海重要的工商业港口城市。1980 年 7 月，中央在厦门设立经济特区，是我国的五大经济特区之一，这让厦门的城市发展进入了新的历史时期，也推动了厦门的城市发展。厦门城市发展历程经历了三个阶段：第一阶段是厦门本岛发展时期。从改革开放初期到 20 世纪 90 年代初厦门主要是依靠厦门本岛进行发展，还没有向岛外进行扩展。第二阶段是厦门本岛向海湾扩展时期，主要是 20 世纪 90 年代初期到 21 世纪初。第三阶段是厦门本岛和海湾一体发展时期，主要是按照中心组团的发展模式，推动厦门本岛和海湾进行一体化发展。

在第一阶段，厦门的城市建设主要集中在厦门本岛，在岛上以老城区和湖里经济特区为双核心，承担了厦门的城市核心功能。此外，在岛外也形成了杏林、集美等小规模的分散组团，承担了城市的部分职能。这一时期，受到交通条件的制约，岛内与岛外的交通互联互通能力相对较差，也影响了岛内与岛外在诸多生产要素上的交流与经济发展的互动。到 1991 年，建成了本岛与杏林、集美、同安交通联系的厦门大桥，增强了岛内与岛外的经济社会联系。同时，这时期，由于岛内经济建设项目过多，人口集中过快，土地的供需矛盾突出，生态环境约束压力加大。在此背景下，厦门开始考虑岛内外的统筹协调发展，将岛内的某些功能加快向岛外疏散。同时，提出城市空间布局与城市形态的调整与优化。1995年，厦门新一版的城市总体规划开始制定与实施，科学确定城市的性质，将城市的性质确定为"我国经济特区、东南沿海重要的中心城市、港口和风景旅游城市"①。围绕城市的性质，提出城市空间调整与优化问题，推动城市空间的科学合理增长。

在第二阶段，提出将厦门从侧重于本岛发展的"海岛型城市"，逐步加快推进西海湾的开发与建设，从而推动厦门逐步发展为"海湾城市"。到 1999 年 12月，新建的海沧大桥顺利通车，厦门本岛与岛外的联系更加方便快捷，在有效扩大厦门城市发展空间的同时，也推动了岛外组团的基础设施、公共服务设施的完善以及产业发展、人口集聚。随着城市规模的进一步扩大，2005 年版的厦门市城市总体规划中，提出城市职能向综合化方向发展，除了港口、旅游等基本职能外，增加综合化的服务海西地区，加强对外开放的职能，将厦门定位为高新技术生产基地、对台交流合作基地和航运物流中心、金融贸易中心、旅游会展中心和文化教育中心，形成具有强大竞争力、服务能力和集聚扩散能力的区域性中心城市。

在第三阶段，推动城市发展空间由厦门本岛、环西海域向厦门本岛、环西海域、环东海域发展，形成"一心两环，一主四辅"的空间发展格局。其中，"一心"指的是厦门本岛为中心，"两环"指的是环西海域和环东海域。"一主"指的是厦门本岛为主城区，"四辅"指的是海沧、集美、同安和翔安为副中心发展区域。

经过改革开放以来的发展，厦门的城市发展主要体现在：第一，从经济社会发展上看，2017 年厦门全年实现地区生产总值 4351.18 亿元，其中，第一产业增加值 23.23 亿元，第二产业增加值 1815.92 亿元，第三产业增加值 2512.03 亿元，三次产业结构为 0.5：41.7：57.8。按常住人口计算的人均地区生产总值 109740元。城镇居民人均可支配收入达到 50019 元，农村居民人均可支配收入 20460元。第二，在城市建设上，人均公园绿地面积达到 13.07 平方米。从城市空间扩展和土地利用来看，到 2016 年，厦门市辖区面积达到 1699 平方千米，建成区面

---

① 《厦门城市总体规划》（1995 年）。

积达到 335 平方千米，建成区面积占市辖区面积的比重达到 19.7%。

八、郑州城市发展历程

党的十一届三中全会提出将党和国家的工作重心转移到经济建设上来。郑州城市发展的历史也掀开了新的篇章。中华人民共和国成立初期到 1978 年，郑州的工业主要以纺织等轻工业为主，城市布局围绕京广、陇海两大铁路干线展开，两大铁路干线穿城而过，对城市形成分割，两大铁路干线的交汇点，形成了郑州城市的中心区域，整体上城市发展较为缓慢。改革开放后，郑州开始对原有的工业进行改造提升，同时，加快吸引一大批新的企业，推动工业门类不断完善，形成了一批大中型骨干企业，使省会城市的经济职能不断得到强化。

进入 20 世纪 90 年代以后，随着郑州交通区位优势的逐渐凸显，加之河南地处中原，九省通衢，人口众多，市场广阔，郑州商贸业逐渐发展起来，城市对外交通出口附近逐步形成集中的商业批发市场区，市区内形成以二七广场为主，包括步行街、金博大在内的集中商业区和以紫荆山百货为主，包括紫荆山路、人民路等众多店铺在内的集中商业区，改变了城市原有的空间布局结构。到 1991 年，郑州城市建成区面积扩大到 90 平方千米，城市非农业人口增加到 118 万人，按照当时的标准，郑州是我国中西部地区较早地跨入特大城市行列的省会之一。到 20 世纪 90 年代初，郑州根据自己的发展优势和产业基础，确定了建设社会主义现代化商贸城市的目标，将郑州打造成为国家区域性中心城市。并且国家区域性中心城市的目标，一直持续到 2016 年 12 月底国家明确支持郑州建设国家中心城市的目标。为了实现上述功能定位，郑州确定了对老城区进行更新改造，加快推进城市向外扩展的指导方针。中心城区实施"退二进三"发展策略，加快将原有的工业企业搬迁出中心城区，将工业用地转变为服务业用地，加快推进商品市场和要素市场建设，形成二七广场、火车站、碧沙岗、紫荆山等市级商业中心。与此同时，城市的外围组团建设也开始提速。

从 2003 年开始，在河南省委省政府的推动下，郑州开始建设郑东新区，并且从最初 3 平方千米的规划面积，逐步扩展到 150 平方千米，力图再造一个新郑州。河南作为一个人口大省、农业大省、农村人口大省，在城镇化推进过程中，郑州作为中原城市群的核心城市，越来越多的省内外人口向郑州集聚，郑州的人口规模迅速扩大，同时，随着郑东新区的加快建设，金融、保险、科技、创意等中心城市的职能也加快推进，高新区、经济开发区等外围园区的建设迅速展开，功能日益完善，由此郑州多中心、组团式的城市发展格局基本形成，郑州作为国家级城市群的中心城市功能逐步完善。2013 年，国务院批准建设郑州航空港经济综合实验区，规划面积超过 400 平方千米，相当于再建一个新郑州，郑州形成了"一主、一城、两轴多心"的城市空间布局。其中，"一主"为郑州主城区；"一城"为航空城，即郑州航空港经济综合实验区；"两轴"即南北向城市发展轴和东西向城市发展轴。南北向发展轴主要是中州大道—机场高速构成的南北向发展轴，东西向发展轴主要是建设路—金水路—郑开大道构成的东西向发展轴①。

2016 年 12 月 26 日，国家发展改革委正式发布《促进中部地区崛起"十三五"规划》，在这个文件中，根据郑州的交通区位、产业基础、人力资源、文化底蕴等优势，立足于全国区域协调发展，明确提出支持郑州与武汉一样，承担起带动中部崛起的职能，加快建设国家中心城市。至此，郑州发展的战略目标从国家区域性中心城市，调整为国家中心城市。从郑州建设国家中心城市的基础条件看，2017 年，郑州全年完成地区生产总值 9130.2 亿元，人均生产总值达到93143 元。其中，第一产业、第二产业和第三产业分别实现增加值 158.6 亿元和4247.5 亿元、4724.1 亿元，三次产业结构比为 1.7∶46.5∶51.8。城镇居民和农村居民人均可支配收入分别达到 36050 元和 19974 元，城乡居民收入比为 1.80∶1。从城市空间扩展和土地利用的角度看，2016 年，市辖区面积达到 1010 平方千米，建成区面积达到 422.4 平方千米，提前超过了到 2020 年中心城区城市建设用地控制在 400 平方千米以内的规划目标，建成区面积占市辖区面积的比重达到41.8%，在 13 个特大城市中郑州的开发强度仅次于深圳，位居第二。

九、武汉城市发展历程

1959 年，武汉制定并实施了新一版的城市总体规划。但是，在 1959 年之后，受当时国内政治经济发展大环境的制约，城市总体规划一直没有进行修订，也没有启动新一轮的城市总体规划编制，直到 1978 年党的十一届三中全会后，为了适应以经济建设为中心的党和国家工作重心的转移，武汉将城市的规划、建设与管理工作提上日程，并在 1979 年成立了武汉市城市规划管理局，开始启动新一轮的城市总体规划的修编工作。在新一轮的城市规划修编过程中，武汉根据历史发展历程和现实发展基础，提出武汉的城市功能定位不仅是湖北省的政治、经济、科学、文化中心，而且也是全国重要的交通枢纽、重要工业基地。在城市空间布局的规划中，武汉根据城市总体功能定位，突出工业生产的导向，充分尊重自然地理特征，提出了"中心组团式"的发展模式，即坚持分类发展的基本原则，以武昌为发展工业的重点区域，以汉口为旧城改造的重点区域，加大了汉口的产业布局支持力度。

---

① 《郑州市城市总体规划》（2010—2020 年）（2017 年修订）。

20 世纪 90 年代以后,武汉城市发展的外部环境发生了深刻的变化。1996 年编制的武汉城市总体规划,在武汉的城市功能定位时,把视角从全省放大到华中地区和全国,从国家区域性中心城市的总体功能中对武汉具体的功能定位,进一步明确武汉的具体功能是华中地区的中心城市、全国主要的工业制造业基地、全国首要的交通通信枢纽城市。在城市总体规划中,除了坚持中心组团式的发展思路外,提出了"环状放射""卫星城建设"等新的城市规划。按照这一规划思想,武汉在城市建设的过程中,充分考虑利用自然水体和山体的自然分隔作用,将城市核心区分为南北两个片区,主城的边缘布置十个综合组团,形成"核心区—中心片区—综合组团"的圈层结构,圈层之间通过轨道交通、城市快速路及主次干路相联系①。2006 年,武汉市又对城市总体规划进行了修改,提出中央活动区的概念,并将范围界定在三环以内,构建"1 个主城 + 11 个新城"总体空间布局。

经过多年来的发展,武汉市经济、社会、生态、城市建设等方面都取得了巨大成就。从经济和社会发展看,2017 年武汉全年实现地区生产总值 13410.34 亿元,其中,第一产业、第二产业和第三产业分别实现增加值 408.20 亿元、5861.35 亿元和 7140.79 亿元,三次产业构成为 3.0∶43.7∶53.3。按常住人口计算,全市人均地区生产总值达到 123831 元。全市常住人口 1089.29 万人,其中城镇人口 871.87 万人,占常住人口的比重为 80.04%。建设绿地面积达到 860 公顷。从城市空间扩展和土地利用程度来看,2016 年,市辖区面积达到 1738 平方千米,建成区面积达到 585.6 平方千米,建成区面积占市辖区面积的比重达到 33.7%,超过了国际城市开发强度的警戒线。

十、广州城市发展历程

广州自古以来就是我国南方地区的重要城市。明清时期,广州一直是我国对外通商的主要口岸。第一次鸦片战争后,广州作为被迫开放的通商口岸,是我国南方地区重要的商贸中心、航运中心和工业中心。1978 年改革开放以后,广东作为我国改革开放的前沿,广州改革开放的力度、广度和深度都走在全国前列,广州城市建设进入快速发展时期。特别是随着经济规模、人口规模的扩大,广州开始在旧城区的边缘大规模扩展城市建设用地,城市总体上呈现出同心圆式的扩张边界。到 20 世纪 80 年代末 90 年代初,在经济结构调整和城市经济现代化发展进程中,广州城市建设进入的新的发展阶段,开始推进中心城市土地利用结构的优化与升级,推进工业逐步从中心城区退出,搬迁至城市边缘区的各个组团,

---

① 《武汉城市总体规划》(1996 年)。

服务业在中心城区加快发展起来，同时，在三次产业结构占比中，服务业占比逐步超过第二产业，在国民经济中处于主导地位。广州的服务业发展，不仅服务于广州自身，而且服务于整个珠三角、广东甚至我国南方广大地区。在经济快速发展的过程中，老城区开始局部修补转向全面更新改造，经过改造提升，在老城区的东部形成了大量的高层建筑，出现了服务业聚集区，形成了新的城市中心。同时，中心城市的边缘区也出现了大量的流动人口，在天河区形成了新的人口集聚中心，引起了广州城市人口分布的重心向东移动。经过这一时期的发展，广州形成了带状组团式的空间发展格局，城市主要沿珠江向东发展，基本上形成了以居住、就业、游憩为主要功能的中心城区；以文化、文教、体育、科研为主要功能的天河区；以工业生产、港口码头、仓储物流为主要功能的黄埔区三个组团，以及番禺市桥镇、花都新华镇两个卫星城的城市总体空间结构，不仅城市的空间结构得到优化，而且城市的功能实现了相对合理的分布。这一时期，总体上看，广州在城市发展过程中，主要是按照生产效率高的布局去考虑，还没有考虑生产、生活、生态空间的协调发展问题，规划的指导思想和发展方向仍然存在相对混沌的因素。如20世纪90年代初，提出城市向东发展、与东莞对接；向南沿珠江发展的发展方向。在新机场的选址与建设过程中，又考虑城市向机场方向发展，即向北发展对接机场、对接清远的发展方向，城市的空间组织效率受到了较大的影响。

　　进入21世纪后，广州城市规划建设的思路有了新的积极的调整与变化。例如，2001年广州在制定城市建设总体战略概念规划纲要时，提出了"山、城、田、海"统筹发展的指导思想，提出了"南拓、北优、东进、西联"的城市总体空间发展战略，对我国的城市规划理论与实践都进行了积极的探索。在随后制定的《广州市城市总体规划（2001—2010）》和《广州市近期建设规划（2002—2005）》中，又对"南拓、北优、东进、西联"的空间发展策略进行布局与研究，重点开发建设南部的南沙地区、广州大学城以及东部的天河—黄埔—新塘地区等新区。广州亚运会的举办，推动了广州初步形成"一主三副两组团"的城市空间布局。2012年完成的《广州城市总体规划（2011—2020）》，提出继续实施十字方针发展战略，促进城市形成"一个都会区、两个新城区、三个副中心"的多中心网络型城市空间结构。改革开放以来，广州的经济社会发展取得了巨大成就，从经济和社会发展上看，2017年广州市实现地区生产总值21503.15亿元，其中，第一产业增加值233.49亿元，第二产业增加值6015.29亿元，第三产业增加值15254.37亿元。第一、第二、第三次产业增加值的比例为1.09∶27.97∶70.94，人均地区生产总值达到150678元。年末常住人口1449.84万人，城镇化率为86.14%。城市常住居民和农村常住居民人均可支配收入分别达到55400元、

23484 元，城乡居民收入比为 2.36∶1。从城市空间扩展和土地利用程度看，到 2016 年，广州市辖区面积达到 7434 平方千米，建成区面积达到 1249.1 平方千米，建成区面积占市辖区面积的比重达到 16.8%。

十一、深圳城市发展历程

深圳是我国实行改革开放后兴起的一座新城，是我国在社会主义市场经济体制下进行先行先试的示范城市。因此，深圳的城市发展历程具有鲜明的改革特征和新城特征。这和其他特大城市有所不同，多数特大城市都具有悠久的历史，拥有城市历史文脉，拥有具有传统特色的老城区，也都需要在城市发展过程中统筹考虑城市发展与旧城保护、新城开发与旧城协调等问题，但是深圳作为改革开放后兴起的新城，完全从新而建，从一开始就按照高起点规划、高标准建设的要求来推进城市的发展。1980 年，特区正式成立。同年，编制了《深圳市城市建设总体规划》，和其他特大城市从建国就开始编制的城市总体规划不同，这是深圳第一版城市总体规划。1982 年，深圳市又编制实施了《特区发展纲要》。对于深圳来讲，这是两个纲领性的文件，为深圳城市的发展和空间结构的布局确定了明确的指导思想和发展方向。从城市性质上和功能定位上看，深圳是我国的经济特区，是我国对外开放的窗口，是出口加工产业基地，并成为新兴移民城市；在城市形态和空间结构上，深圳在第一版城市总体规划中，考虑避开传统城市摊大饼式的圈层式扩张方式，提出"带状组团发展"的空间布局构想，根据深圳面海靠山、地形狭长、土地资源紧缺的自然条件，规划建设罗湖、蛇口和沙头角三个功能组团。深圳设立特区后，发展速度大大超越了原定的目标，形成了具有自身特色的"深圳速度"，经济增长速度、人口增长速度、开发建设速度都远远高于预期的水平。在此背景下，深圳在 1986 年未雨绸缪，即按照特大城市的标准进行规划，并制定了《深圳经济特区总体规划（1986—2000）》，率先在城市总体规划中提出对交通、供水、供气、供电、排水、垃圾处理、生态建设、污水处理等基础设施和公共服务设施进行大规模的弹性预留。1988 年，深圳将原特区外的发展纳入规划范围，提出了"全境开拓、梯度推进"的空间发展策略。

进入 21 世纪后，深圳经历了 20 年的高速增长，人口、经济、资源、环境矛盾日益尖锐，城市迫切需要进行空间结构的重组，提高城市运行效率，克服"四个难以为继"的严峻挑战。在深圳对 2030 年发展目标进行远景展望的规划中，将城市的性质确定为建设可持续发展的全球先锋城市，同时提出城市发展要贯彻落实精明增长的城市发展理念，这是我国特大城市中第一次鲜明提出精明增长的城市发展理念。在 2010 年城市发展战略中，将城市的空间格局确定为"三轴两带多中心"。其中，建立三级城市中心体系，包括两个城市中心、五个城市副中心，八个组团中心。两个城市中心，即福田中心和前海中心；五个城市副中心，即龙岗中心、龙华中心、光明新城中心、坪山新城中心、盐田中心；八个城市组团中心，即航空城、沙井、松岗、观澜、平湖、布吉、横岗、葵涌[①]。深圳从特区设立到今天，城市建设、经济建设都取得了巨大的成就。以经济总量为例，1979 年，深圳地区生产总值仅为 1.97 亿元，人均地区生产总值仅为 606 元；2017 年全年全市实现地区生产总值 22438.39 亿元，其中，第一产业增加值 18.54 亿元，第二产业增加值 9266.83 亿元，第三产业增加值 13153.02 亿元。第一产业增加值占全市生产总值的比重为 0.1%，第二产业增加值比重为 41.3%，第三产业增加值比重为 58.6%。人均生产总值达到 183127 元。全市年末常住人口 1252.83 万人，其中常住户籍人口 434.72 万人，常住非户籍人口 818.11 万人。居民人均可支配收入达到 52938.00 元。建成区绿化覆盖率达到 45.1%。从城市空间扩展和土地利用程度看，到 2016 年，市辖区面积达到 1997 平方千米，建成区面积达到 923 平方千米，建成区面积占市辖区面积比重为 46.2%。

十二、成都城市发展历程

中华人民共和国成立初期至改革开放，成都和我国其他大中城市一样，城市在空间发展过程中都呈现出摊大饼式单核心圈层发展态势，并且在圈层式扩充过程中，沿着城市核心区沿着主干路、次干路以及城市边缘区沿着国道、省道向外拓展。改革开放后，成都作为四川省的省会城市和经济、政治、文化、交通中心，由于四川省人口众多，重庆在设立为直辖市之前一直是我国人口最多的省份，大量的农业人口转移到成都，在四川省内形成了"一城独大"的发展趋势。

随着改革开放进程的加快，成都的经济总量迅速扩大，第二产业和第三产业在国民经济中的比重不断提高，工业企业、服务业业态在城市建设用地的比重也不断增长。1982 年成都城市性质确定为"四川省省会、历史文化名城、科学文化中心"，围绕这一城市功能定位，成都的发展呈现出鲜明的特征：第一，确立了在对城市进行开发建设的同时，加强历史文化遗址遗存的保护。特别是保护宽窄巷子、锦里等具有古都风貌特色的民居街巷，保护杜甫草堂、武侯祠等历史文化遗存与建筑群，保护历史文化街区。第二，城市指向性规律更加明显。成都在发展过程中，加快建设放射状辐射的交通干线，带动城市由同心圆式的空间扩展形态向楔形城市空间扩展性形态转变，在车站和换乘人流密集的地区形成了新的城市次中心，城市多中心的空间结构形态初步形成。第三，教育科研文化用地向

---

① 《深圳城市总体规划》（2010 年）。

外疏散。成都作为我国西南的地区的高等教育中心,在建国初期就集中了大量高等教育资源,随着改革开放进程的加快,高等教育招生规模也在不断扩大,这一时期,高校和科研院所纷纷在城市新的建设用地范围内建设新校区,从而带动了城市空间结构的优化调整。1978~1992年,成都城市建成区面积扩张了1倍,超过了100平方千米,奠定了作为我国西南地区中心城市发展的基础。

到20世纪90年代中期,成都开始考虑制定新一轮的城市总体规划。在确定城市性质和功能定位的过程中,成都被确定为我国大西南地区的金融、科技、信息、交通和旅游中心。同时,新的一轮城市总体规划在规划理念上也有了新的发展,特别是在城市空间结构的布局方面,能够科学全面地认识到摊大饼式的城市扩展方式对于城市交通组织、经济布局、生态建设、土地利用造成的弊端,强调要突破摊大饼式的城市发展模式,要沿着主要交通干线、生态廊道等在某些方向上优先发展,强调城市副中心的建设,推动城市整体空间形态向多中心过渡发展。2007年6月,成都被批准为全国统筹城乡综合配套改革试验区,"全域成都"的概念凸显出来。在2016年对城市总体规划进行修编的过程中,成都对城市的性质和功能定位进行界定,即分为四川省、国家和国际三个层次,其中,从四川省的层面来讲,成都的总体定位是四川省的省会城市,具体定位为四川省的经济、政治、文化、科技、交通中心。从国家的层面来讲,国家在颁布《成渝城市群发展规划》时明确,根据成渝城市群双核心的发展思路,提出成都要和重庆一起,带动我国西南地区乃至整个长江流域发展,要以建设国家中心城市为目标,进而促进东中西部和东北地区的协调发展,并在某些方面在全国具有领先地位。从国际层面来讲,成都的具体发展目标突出两个方面的内容:一是从交通物流的角度,定位是国际门户枢纽城市;二是从历史文化的角度,定位是世界文化名城,利用丰富的历史文化资源,加快历史文化资源的开发与利用。按照这一功能定位,按照城乡融合发展的原则,按照"全域成都"的理念,成都提出要构建"双心、双轴、多点"的中心城区空间结构,其中,"双心"是指老城区和天府新区,"双轴"是指南北城市中轴、东西城市轴线,"多点"是指集中承载国家中心城市核心功能的主中心、副中心和片区中心[1]。

当前,成都的国家中心城市建设和统筹城乡发展试验区建设都取得了巨大的成就。从经济和社会发展上看,2017年全市实现地区生产总值13889.39亿元,其中,第一产业、第二产业和第三产业分别实现增加值500.87亿元、5998.19亿元和7390.33亿元。按常住人口计算,人均地区生产总值到86911元,三次产业比例结构调整优化为3.6:43.2:53.2。年末全市常住人口达到1604.5万人,全市

---

[1] 《成都城市总体规划》(2016年)。

城镇化率达到71.9%；城镇居民人均可支配收入达到38918元，农村居民人均可支配收入达到20298元，城乡居民收入差距进一步缩小。建成区绿化覆盖率41.6%，人均公园绿地面积13.7平方米。从城市空间拓展和土地利用程度上看，到2016年，市辖区面积达到3677平方米，建成区面积达到837.3平方千米，建成区面积占市辖区面积的比重达到22.8%。

十三、西安城市发展历程

西安是我国著名的古都之一，曾被评为世界十大古都之一，拥有着5000多年文明史、3100多年建城史、1100多年的建都史，西周、秦、西汉、隋、唐等对我国具有重大影响的朝代曾在西安定都，因此，中华人民共和国成立之前，西安的城市空间结构是按照汉唐时期形成的中轴线进行布局。改革开放以来，西安的城市迅速增加，城市产业快速发展，城市的工矿企业数量明显增多，城市的整体实力显著增强，城市空间不断向外扩展，虽然城市总体结构也和其他城市一样，呈现为"摊大饼"式的发展趋势，但是西安在总体上也对城市的发展方向做出了规划与安排，例如，依托高新技术产业开发区，推动城市西南地区形成了工业生产中心，并逐步完善生活和服务业发展措施；依托经济技术开发区、曲江池旅游度假区、农业技术开发区，加快推进多种形态的生产方式在城市北部地区发展，依托高教园区建设推动城市向南部郊区发展，以此分别在城市的西南、北部和南部形成三个次一级中心区域，初步形成城市多中心空间结构的雏形。

进入21世纪以后，为推动城市规模拉大框架，西安开始推动城市行政中心区域向城市北部地区发展，2000年后，西安城市行政中心北迁，极大地促进了城市北部板块的加快发展。《西安市城市总体规划（1995~2010年）》，提出西安要注重历史文化名城的保护，保护自己的古都风貌，又要加快把西安建设成为国际化的文化旅游名城，提出"保护古城、降低密度、控制规模、节约土地、改善中心、发展组团"的发展思路，推动西安城市空间布局结构形态由摊大饼式的空间扩展模式向城市建成区边缘区跳跃式组团布局的发展模式转变①。2008年，西安市根据新的发展形势和发展要求，开始对城市总体规划进行修编和调整，在这次修编和调整过程中，首先，将老城区作为中心集团，强调历史文化名城的开发保护与综合利用。其次，是根据上一版城市总体规划的空间布局状况，在西南部、南部、北部组团发展的基础上，强调功能组团由单一功能向综合功能发展。再次，强调遵循交通指向性规律，推动城市形成发展轴，以此推进城市的开发与扩展。在城市发展轴基础上，推动城市形成组团与带状发展根据。其中，注重历

---

① 《西安城市总体规划》（1995年）。

史文化名城保护和古都特色的维护，凸显"九宫格局、棋盘路网、轴线突出、一城多心"的布局特色，加强城市文脉的保护、传承与创新，加强城市肌理的延续，注重城市风貌的保持，加快推进城市基础设施的更新与改造，加快完善城市公共服务设施，提高城市的综合承载能力，推进城市品质提升，彰显千年古都底蕴，建设中华民族共有精神家园标识地。2017 年，西安全年实现地区生产总值7469.85 亿元，其中，第一产业增加值 281.12 亿元，第二产业增加值 2596.08 亿元，第三产业增加值 4592.65 亿元。三次产业构成为 3.8 : 34.7 : 61.5。按常住人口计算，全年人均生产总值 78346 元。年末全市户籍总人口 905.68 万人。城镇常住居民人均可支配收入达到 38536 元，农村常住居民人均可支配收入达到16522 元。市区人均公园绿地面积达到 12.31 平方米。从城市空间扩展上看，到2016 年，市辖区面积达到 3873 平方千米，建成区面积达到 517.7 平方千米，建成区面积占市辖区面积的比重达到 13.4%。

第二节　城市增长边界政策导向下
特大城市总体发展概况

　　虽然长期以来"小城镇论""大城市论"，以及随后派生了"中等城市论""大中小城市论"处于专家学者们的不断争论之中，但是改革开放特别是进入 21世纪以来，随着工业化、信息化、城镇化进程的加快，我国中心城市的发展遥遥领先于其他城市。其中，北京作为京津冀城市群的核心城市，上海作为长三角城市群的中心城市，南京、杭州、苏州作为长三角城市群的副中心城市和重要的节点城市，沈阳作为辽中南城市群的中心城市和东北地区传统的经济、文化、政治中心城市，厦门作为海峡西岸城市群的中心城市，武汉作为长江中游城市群的中心城市，郑州作为中原城市群的中心城市，广州和深圳作为珠三角城市群的中心城市，成都作为成渝城市群的中心城市，西安作为关中城市群的中心城市，这些中心城市都是特大城市，这些特大城市不仅在人口规模、经济总量方面在区域发展中处于领先地位，而且都是区域甚至是全国的政治中心、金融中心、文化中心、信息中心、创新中心、开放引领中心，对于全国和区域发展具有重要的辐射带动作用，并越来越多的代表区域参与到国内外竞争和合作发展的大格局中，是我国参与国际竞争的重要载体和平台。2006 年至今，我国特大城市发展呈现出如下基本特征：

一、经济总量持续扩大

2006～2017年，特大城市在我国经济社会发展的带动性持续增强，高端要素不断聚集，经济总量持续扩大。13个特大城市的地区生产总值从2006年的46521.0亿元增长到2017年的180669.5亿元，增长了3.88倍；占全国城市市辖区经济总量的1/3。全社会固定资产投资总额从2006年的16915.7亿元增长到2017的75859.8亿元，增长了4.48倍。社会消费品零售总额从2006年的16915.7亿元，增长到2017年的75859.9亿元，增长了4.48倍，社会消费品零售总额从2006年的16915.7亿元，增长到2017年的75859.8亿元，增长了4.48倍，2006～2015年，占全国城市市辖区社会消费品零售总额的比重保持在30%以上。财政一般预算收入从2006年的4958.4亿元，增长到2017年的25278.8亿元，增长了5.1倍；占全国城市市辖区财政一般预算收入的比重保持在45%左右（见表3-2和表3-3）。

表3-2　2006～2017年13个特大城市市辖区主要经济指标合计

年份	地区生产总值（亿元）	占全国比重（%）	全社会固定资产投资（亿元）	占全国比重（%）	财政一般预算收入（亿元）	占全国比重（%）	社会消费品零售总额（亿元）	占全国比重（%）
2006	46521.0	32.6	16915.7	35.6	4958.4	45.6	16915.7	35.6
2007	54633.7	32.3	20288.3	36.0	6585.2	46.8	20288.3	36.0
2008	63495.5	31.8	24400.0	35.4	7830.0	46.4	24400.0	35.4
2009	70526.8	31.7	28421.6	35.3	8637.3	45.4	28421.6	35.3
2010	82419.0	31.3	33813.2	34.9	10535.7	44.2	33813.2	34.9
2011	96366.2	32.9	38962.8	34.2	13070.0	43.3	38962.8	34.2
2012	108467.4	33.1	44253.9	33.9	14560.6	42.1	44253.9	33.9
2013	120491.5	33.2	49936.2	33.6	17115.6	43.2	49936.2	33.6
2014	133600.4	33.7	57086.1	33.7	18210.3	42.5	57086.1	33.7
2015	145232.7	32.0	63150.2	33.2	21359.9	43.0	63150.2	33.2
2016	159395.2	—	69049.6	—	23708.2	—	69049.6	—
2017	180669.5	—	75859.8	—	25278.8	—	75859.8	—

资料来源：《中国城市统计年鉴》（2007～2018）。

我国特大城市效率的评价与提升研究

表3-3 13个特大城市市辖区主要经济指标2017年比2006年增长倍数

城市	地区生产总值	人均地区生产总值	全社会固定资产投资	社会消费品零售总额	财政一般预算收入
北京	3.62	2.48	2.40	3.51	4.91
沈阳	2.26	1.63	0.91	3.93	3.26
上海	2.99	2.14	1.75	4.03	4.25
南京	4.58	2.86	3.74	5.12	5.39
苏州	4.21	1.74	3.58	5.70	6.03
杭州	4.24	2.24	4.35	5.58	5.73
厦门	3.73	2.19	3.26	4.59	5.12
郑州	6.08	2.76	8.47	4.63	5.99
武汉	5.99	2.72	4.47	5.41	24.21
广州	3.81	2.24	3.63	4.58	3.80
深圳	3.87	2.65	3.20	3.60	6.65
成都	5.72	2.64	4.28	6.85	5.52
西安	5.42	3.40	4.88	6.00	3.97

注：全社会固定资产投资增长倍数为2006~2016年数据。

资料来源：《中国城市统计年鉴》（2007~2018）。

二、城市人口持续增长

由于特大城市在政治、经济、文化、科技、教育、医疗、交通等方面具有的巨大优势，从改革开放初期开始，我国户籍制度改革逐步推进，人口流向呈现出三大趋势：其一，人口从中部、西北、西南向东部地区流动。主要是安徽、河南、湖南、四川、陕西、贵州等地的人口向长三角、珠三角、京津冀地区流动。其二，农业剩余劳动力由农业领域向非农业领域。包括长三角、珠三角，特别是以苏南地区为代表的农村工业化较早的地区人口从农业向农村的第二、第三产业流动，也包括农村人口向城镇流动，就近就地城镇化和向县域以外、市域以外，甚至是省外城市转移。其三，人口在城市体系内部的流动。包括人口从小城镇向中小城市的流动，中小城市向大城市流动，大城市向特大城市的流动，其中向特大城市流动的人口平均规模都超过了其他城市。这是由于特大城市的公共资源较多，就业机会较多，收入水平较高，各类资源加速向特大城市集聚，造成城镇体

·58·

系 "两极分化", 特大城市发展的速度远远超过其他中小城市。北京、上海、广州等地的人口增长连续超过城市总体规划确定的预期人口, 深圳作为新兴城市, 城市人口的增长速度也远远超过同其他城市。2006～2016 年, 13 个特大城市的市区平均人口从 6877 万人增长到 8930 万人, 11 年间净增 2053 万人, 平均每个城市增加了 160 万人。2016 年, 13 个特大城市市区户籍人口达到 1.08 亿人, 常住人口总量比户籍人口多出 20% 以上; 其中, 户籍人口总数占全国 660 多个城市的户籍人口总数的比重达到 24.3%, 优势明显; 在 13 个特大城市中, 沈阳、北京、广州、成都等城市净增户籍人口均超过 200 万人, 其余城市净增户籍人口也都在 100 万人以上。从人口净增比例上看, 深圳、沈阳、成都、苏州增长比例最高, 都超过 40%。

三、社会发展不够均衡

在我国特大城市发展过程中, 随着城市人口的增加, 教育、医疗等公共资源也出现明显的不足。例如, 2006～2016 年, 北京市辖区的在校小学生与小学教师的比例从 9.64∶1 提高到 16.36∶1。从每百人公共图书馆藏书 (册、件) 指标上, 2105 年全国城市市辖区平均是 132.99 本, 北京、上海、杭州、厦门、武汉、广州、深圳等城市在该项指标上远远超过全国平均水平, 但是, 郑州、西安、南京、苏州等城市低于全国平均水平, 反映出我国部分特大城市在经济快速增长的同时, 社会公共服务事业同步增长, 历史欠账较多 (见表 3-4)。

表 3-4　2015 年全国和 13 个特大城市每百人公共图书馆藏书情况

单位: 册, 件

全国	北京	沈阳	上海	南京	苏州	杭州
132.99	435.1	213.7	532.8	79.97	114.3	319.2

厦门	郑州	武汉	广州	深圳	成都	西安
247.6	97.19	235.16	276.8	920.03	186.97	109.6

资料来源:《中国城市统计年鉴》(2016)。

四、市区面积持续扩大

随着特大城市经济的发展和人口的集聚, 特大城市人口土地资源紧缺, 人口密度过大、交通运输拥堵、房价居高不下等矛盾更加突出, 不可避免带来城市的扩张。并且在扩张过程中, 特大城市占用郊区土地的速度相当快, 土地增长率快于人口增长率，土地城镇化快于人口城镇化，城镇空间形态和土地利用方式不断向周边区域扩展。在此过程中，县改区成为特大城市扩张的一种重要方式。在13个特大城市中，只有郑州一个城市没有进行县改区的调整，长期以来一直管辖金水区、二七区、中原区、管城区、惠济区、上街区。但是，郑州依托经济技术开发区、高新技术开发区和郑州航空港经济综合实验区进行城市的扩张。其中，郑州航空港经济综合实验区面积就超过400平方千米，郑州城市也按照"一主一城"的框架进行建设，"一主"即中心城区，包括金水区、二七区、中原区、管城区、惠济区、上街区、经济技术开发区、高新技术开发区；"一城"即郑州航空港经济综合实验区。北京和广州也是近十年特大城市中新扩市区面积最大的两个城市。北京将平谷、大兴、怀柔、密云、延庆改为市辖区，广州将从化市改为从化区。2006～2016年13个特大城市市区扩大了19435平方千米，其中北京、广州、南京、苏州、杭州五个城市市区新扩面积达到15000平方千米，占13个城市的比例达到77.2%（见表3-4）。

五、产出效率持续上升

特大城市能够吸引人口的一个重要因素就是运行效率相对较高，在政治、文化、科技、创新、管理、医疗、教育、交通等基础支撑条件都具有明显优势的前提下，特大城市的集聚效应更加明显，在户籍制度改革的作用下，农业剩余人口，甚至是在其他大中城市就业的各类人口都被吸引到特大城市，再加上大量的流动人口为城市的基础服务提供了廉价充足的劳动力，特大城市在各种资源集聚的作用，生产效率不断提高。2006～2016年，13个特大城市的地均产出和人均产出增速分别达到8.4%和9.3%，是全国所有城市地均产出的4.1倍和人均产出的1.7倍，占全国城市生产总值的比重超过32%。在经济高效率、高质量发展的同时，13个特大城市并未像人们传统认识中那样牺牲环境用地来保障产业发展用地，2006～2011年，13个特大城市的人均绿地面积年均增速达到4.2%，增速不仅高于自身土地面积增速，而且人均绿地面积是全国全部城市平均水平的1.6倍（见表3-5和表3-6）。

表3-5　2006～2016年13个特大城市主要地均和人均指标与
全国城市平均水平的比值

年份	地均产出	人均产出	人均道路面积	人均绿地面积
2006	4.65	1.87	1.45	2.00
2007	5.48	2.22	1.18	1.67

续表

年份	地均产出	人均产出	人均道路面积	人均绿地面积
2008	4.50	1.79	1.25	1.62
2009	5.00	1.99	1.24	1.90
2010	4.32	1.80	1.18	1.92
2011	4.34	1.70	1.11	1.81
2012	—	1.78	1.17	1.84
2013	5.56	2.08	1.20	1.98
2014	4.50	1.84	1.11	1.78
2015	4.00	1.81	1.08	1.78
2016	4.13	1.78	—	1.61

资料来源:《中国城市统计年鉴》(2007~2017)。

表3-6 2006~2016年13个特大城市市区面积扩展倍数

年份\城市	北京	沈阳	上海	南京	苏州	杭州	厦门
2006	12187	3945	5155	4223	1650	3068	1569
2016	16411	5116	6341	6587	4652	4876	1699
扩展倍数	1.35	1.30	1.23	1.56	2.82	1.59	1.08
年份\城市	郑州	武汉	广州	深圳	成都	西安	
2006	1010	1615	3843	1953	2176	3582	
2016	1010	1738	7434	1997	3677	3873	
扩展倍数	1.00	1.08	1.93	1.02	1.69	1.08	

资料来源:《中国城市统计年鉴》(2007、2017)。

六、用地效率有待提高

从我国城镇化发展历程看,土地城镇化快于人口城镇化,土地利用增长速度快于经济增长速度,成为我国城镇化发展长期存在的问题。相比较于其他中小城市和小城镇,特大城市的用地效率相对较高。但是,与国际上同等类型的城市相比，我国特大城市用地效率相对较高的上海、深圳等城市，地均产出仍然不足东京、纽约、伦敦等国际上特大城市地均产出的1/5，不足首尔等新兴国际特大城市地均产出的1/3。从土地和人口增速的对比情况看，2006~2016年城市土地面积年均增速为3.3%，而人口增速年均为2.4%，土地扩展速度快于人口增速，也就是说我国城镇化过程中土地城镇化快于人口城镇化的问题在特大城市中也有显现。虽然地均产出和人均产出都以高于8%的速度增长，但是和全国所有城市相比，特大城市地均产出、人均产出的效率优势在逐年缩小，人均绿地面积也从2006年相当于全国平均水平的2倍下降至2016年的1.61倍。反映出我国特大城市用地效率在近十年仍然不高，存在一定的改进空间。按照国际惯例，用土地开发强度，也就是建设用地总量占行政区域面积的比例来作为开发强度的衡量指标，其中，30%被认为是城市开发强度的警戒线。一些发达国家和地区的大都市，为确保城市经济社会生态等子系统的协调运行，开发强度一般都控制在较为合理的区间。从国际城市的对比情况看，通常我们认为巴黎、伦敦、东京的开发强度高于我国特大城市，但是从巴黎、伦敦、东京整个地区的情况看，大巴黎地区的土地开发强度为21%，大伦敦土地开发强度为24%，东京土地开发强度为29%，而我国的郑州、武汉、深圳等城市的开发强度也都超过了这一标准，这意味着我国特大城市在发展中出现了开发强度过大与土地资源开发后利用不充分的双重矛盾（见图3-1）。

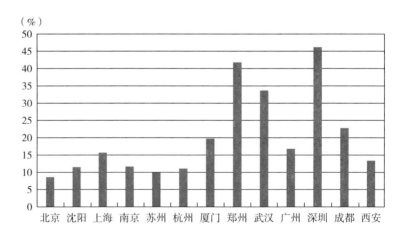

图3-1　2016年13个特大城市建设用地占市辖区土地面积比重

资料来源：《中国城市统计年鉴》（2017）。

第三节　改革开放以来我国特大城市
增长的动力机制分析

改革开放以来特别是进入20世纪90年代以来，我国特大城市增长的速度超过了全国城市平均水平，推动我国特大城市增长的因素主要包括经济、社会、交通、规划、政策、大型项目建设等方面。

一、城市经济高速发展

城市经济迅猛增加，推动了城市扩展的步伐，城市生产总值的增长和城市面积的扩张之间有着较为密切的关系。城市是经济活动的重要空间，优越的区位、丰富的资源、发达的交通运输条件、已形成规模的工业、繁荣的商贸活动、多样便捷的服务和科技、教育、文化的发展等因素综合作用形成一个强大的引力场，吸引着各种生产要素向城市集聚，当这种集聚达到不经济时，便会引起各种生产要素向周边地区的扩散。而无论是集聚还是扩散都将对城市建设用地产生新的需求，带来城市空间的扩展。城市空间的扩展是在集聚力和扩散力的共同作用下进行的。同时经济发展的周期性决定了城市空间扩展速度和扩展形式的周期性变化。从工业革命以来世界各大城市不同时期的空间扩展情况看，城市空间扩展是非匀速推进的，表现出加速与减速的交替过程，直至进入稳定期。当经济高速发展时，城市建设投资增加，城市空间扩展加速，反之则放缓。经济发展还影响着城市空间扩展的形式。当经济处于高速增长阶段时，城市空间扩展形式主要表现为外延式水平扩展，城市建设用地比较粗放、松散，紧凑度指数下降。当经济处于稳定增长或缓慢增长阶段时，城市空间扩展则转为内涵式垂直空间扩展，以内部填充、改造为主，建筑密度加大，紧凑度指数明显上升。城市空间扩展速度的周期性与经济发展速度的周期性相吻合。

从经济增长和城市建设增长周期上看，1982年至今可以划分为几个阶段：第一阶段（1982～1988年），这一时期我国经济平均增速保持在10%以上，城市建成区面积随着我国经济的高速增长也保持了较高的增长速度。第二阶段（1989～1990年），这一时期受国内外各种因素的影响，我国经济增长暂时出现了低谷，城市建设也受到了影响，增长相对较为缓慢。第三阶段（1991～2011年），这一时期虽然我国在经济增长过程中出现了短暂波动，但是每年都保持了9%左右的高速增长，城市建成区虽然在个别年份和经济增长速度出现了背离，但是总体上保持了较高的增速。第四阶段（2012年至今），随着我国经济发展进入新常态，进入高质量发展阶段；常住人口城镇化率也超过50%，实现了以农业型社会为主体社会向城市型社会为主体的社会的历史性转变，城市由外延式增长向内涵式发展转变，城市建成区面积进入稳定增长阶段（见表3-6和图3-2）。

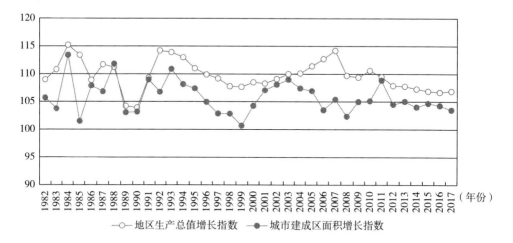

图3-2　1982~2017年我国经济增长与城市建成区面积增长对比情况

资料来源：根据《中国统计年鉴》（2018）和《中国城市统计年鉴》（2018）整理。

二、城市人口急剧增加与城市家庭结构的转变

快速城市化时期大量农村人口涌进城市，导致城市住房需求猛增。新增人口中的低收入群体通常在市区的边缘地带栖身，由于边缘区的土地价格较低、交通便利、房租较低、管理松散，同时建造商在郊区建设新屋的成本也较低，城市空间以空前的速度向外扩展。另外，城市中的高收入群体，不满于中心区的喧闹、拥挤和环境的日益恶化，纷纷向郊区迁移，追求更加宽敞、更接近自然的舒适居住环境，这就要求有更多的土地空间作保障。与之相适应，部分产业向这些地区的迁移以及配套服务设施的兴建，又进一步增加了对土地的占用城市人口的增加对城市化和城市变化产生最直接的影响，城市人口对空间的需求是城市扩张的最初动力。城市人口的增加必然表现为：城市居民对住房、交通和公共设施等方面的需求加强。另外一个非常值得考虑的因素就是，随着经济条件和观念的变化，而产生的家庭结构的变化，传统家庭模式已经被逐渐取代，对城市住房有更大需求，城市居住用地不断外扩，是导致城市建设用地不断增加的另一个原因。从单个家庭单元的规模来讲，一个家庭单元平均人数的减少，意味着对住房更大的需求，也同时意味着对城市居住的土地需求更大。例如，2017年，我国家庭平均

人口为 3.03 人/户，相比于 1999 年的 3.63 人/户，平均每个家庭的人口下降了 0.6 人。

三、城市交通引导城市空间发展

铁路、高速铁路、高速公路、地铁、轻轨等交通设施的建设，极大地加强了城市的对内对外联系，大大提高了城市空间的扩展速度并改变着城市空间的扩展方式。由于便捷的交通可以降低企业的生产成本并给居民的工作、生活、出行带来方便，因此，在重要的交通站点会形成新的集散中心，并沿主要交通干线轴向扩展。在城市规划中，西方的大城市运用优先轴的发展战略，以轨道交通等快速轴线作为城市空间扩展的主要方向，通过轴线来引导城市居住、工作、交通等各项功能的空间有机分布。实施优先轴发展战略，合理组织城市高密度发展，在发展轴两侧布置住宅和就业岗位，通过轴向的有限延伸，避免新城区的圈层式发展，打破"摊大饼"式的传统城市发展结构。

城市土地沿着交通轴线开发，将增强客流的吸引率，可为客运交通走廊的形成和发展提供良好的条件，交通接驳设施的完善也为 TOD 模式的规划设计和空间布局奠定了良好的基础，逐步形成快速交通在交通体系中的核心地位，实现其与城市发展、产业布局、土地利用和人口分布之间的良性互动。城市交通枢纽为中心促进新城区有机生长。快速交通发展前期，市区中心能够保持较强的发展活力，但必然也会导致人口过分密集，光、水和噪声污染严重，并且中心区交通拥挤，市中心地价过高，反过来又抑制了中心区的发展，所以城市空间扩展可选择的一种现实方案是推进城市新区或副中心的有机生长。快速交通系统的完善和发展，提高了流动性和快捷性，增加了不同经济活动的畅通性，为促进城市与外围地区的发展，尤其是主城与新城区、卫星城镇之间的连接提供了便利条件。利用快速交通开发可能的城市新区，将促进人口和产业加速向具有一定区域优势和发展潜力的地区集聚，进而促进城市新区和边缘区卫星城镇的城市化进程和经济发展，同时也为城市主城区的人口和产业的转移提供了落脚点，从而起到疏散城市人口的作用，使得单中心结构向多中心结构转化，使城市空间结构得到优化。

快速交通也能促进多中心的产生，随着副中心交通可达性的增加，由于其较低的房价和较高的环境质量，吸引受主城区高房价、恶劣环境、交通拥塞之苦的居民转而向城市新区和外围卫星城镇迁移，寻求更大的土地需求、廉价劳动力和便捷的交通，随着人口、经济活动的集聚，这些城市副中心的工业、商业、服务业和住宅建设会互动发展起来，城市多中心布局会进一步凸现，不同功能和特色的城市副中心，在集聚扩散效应作用下，与其周围的城镇、农村协调发展，会形成合理的城镇体系和新型城乡关系。以城市交通站点为依托规划城市街区。依据快速交通线路和换乘中转场站建设，以适宜的步行距离为半径，设计从车站到街区步行五分钟的距离内，以步行取代私人汽车在城市中的主导地位。在这个半径范围内建设中高密度住宅、混合住宅及配套的公共用地、就业、商业和服务等多种功能设施，能够有效地达成复合功能的目的。以快速交通站点为中心规划设计城市微观空间，需要注意四个问题：

第一，形成吸引人的、以步行为主的公共领域。只有在轻松的步行过程中，人们才能最大限度地感受到社区居住环境的幽雅，也能促进社区社会活动和交流，会增加社区的舒适感和亲切性。各种生活和服务设施坐落于轻松的步行范围内，可以降低交通费用，改善环境。第二，在平行主干道上，机动车可以发挥速度优势，但是在社区空间尺度内，机动车速度低、交通量小、没有交通堵塞问题。发展公共交通并提供多种交通工具的选择，创造步行为主的社区、网状道路结构、混合的土地使用，以缩短居民日常生活、工作的通勤时间。第三，通过快速交通对区域可达性的增强作用，努力为各收入阶层的居民提供合适的住房，将单一家庭住宅和多家庭住宅相混合，不同的住宅形式相混合，支持社区内人口的多样化，实现不同阶层家庭的更公平的分配，建设和谐社区，防止经济社会空间分异的进一步强化。第四，建立有活力的社区服务中心，在服务中心周围设立服务设施、广场和公园等，以及公共设施和小品、艺术品，将人们吸引到社区的公共空间来，增强社区凝聚力的同时促进社区服务业的发展水平。

四、行政区划调整与行政中心迁移

城市空间是地理意义上空间上的实体存在，行政意义的城市空间是从政府管理角度对城市范围的界定，在快速城市化发展时期，资源、要素、产业要素等在城市空间聚集和分散更加急剧，不同的行政区范围由于其长期计划经济体制下各自为政的弊端，城市发展某种意义上只能存在行政区划所界定的范围之内，这显然已经阻碍了生产力的发展，在快速城市化的今天严重影响阻碍了城市区域发展。20 世纪 90 年代以来，我国许多大城市在政府主导和市场共同作用下都进行了行政区划改革的调整。通过行政区划，可以增强区域内资源要素的流动和提高资源要素的利用效率。行政区划调整是城市发展到一定阶段为实现城市资源要素空间的优化整合的必然要求。在快速城市化发展时期，行政区划调整的实施主要目的是打破城市行政界线，增大城市空间，地区之间的竞争日益体现为以大城市为主体的区域性竞争，打破其发展过程中资源要素的瓶颈，通过调整城市行政区划，从而实现区域内部各种资源要素的重新优化配置和重组整合，其本意是增加城市区域发展的竞争力。例如，北京在 2001 年将平谷、大兴、怀柔三个县改为区之后，2015 年撤销密云县、延庆县，设立密云区、延庆区。广州在 2014 年撤县级从化市设从化区、撤增城市设增城区，市辖区面积增加了3591平方千米。北京和广州也是近十年时间里特大城市中新扩面积最大的两个城市。总体上看，2006～2016年13个特大城市市辖区面积扩大了19435平方千米，其中北京、广州、南京、苏州、杭州五个城市市辖区新扩面积达到15000平方千米，占13个城市总量的77.2%。

五、城市规划对城市空间发展的影响

城市规划是作为城市公共政策来指导城市空间资源配置和城市空间发展的重要手段，根据城市现状的合理分析对未来的城市发展制定出详细发展战略的一项科学性、技术性和严谨性的工作。城市规划是城市基于国民经济社会发展的长远目标而确定的城市发展战略以及产业发展战略、人口政策等，从而影响城市在大范围内的总体布局、功能定位、发展规模、空间扩展速度和城市形态。各地城市政府根据本城市的功能定位、经济总量和增长速度、人口规模、产业基础、资源和技术条件、外部环境等对城市未来发展趋势作出预测，确定发展目标，并依此制定近、中、远期发展规划，影响最大的就是城市空间。

六、国家宏观政策、地方政策的空间发展方向指引

城市从来都不是物质空间，城市是经济、社会、文化和政治的载体。城市发展是政府政治意识的体现。以西安为例，1992年江泽民同志在视察西安市时提出西安的城市建设目标定位："以科技、旅游、商贸为先导，把西安建成一个社会主义的外向型城市"，该时期西安市设立高新技术开发区及经济技术开发区的建立也作为城市空间扩展的重要增长极。城市规划显示西安未来的发展反复跳跃式发展、沿城市轴布点和带型发展模式，城市中心组团发展的模式。1999年国家实施大开发政策、2002年国家西咸一体化经济区的出台、2009年关中天水一体化的出台都影响了西安城市结构的演变与扩展。

七、体制与制度创新

城市经营理论下的城市土地使用制度的建立和房地产市场的繁荣，使得城市空间急剧发展，城市土地使用制度划分为两个阶段：城市土地使用费阶段、城市土地使用税阶段。第一阶段：1978年实施改革开放以后，由于城市在发展建设过程中资金长期短缺，为了解决这资金长期短缺难题，最初在深圳对中外合作企业征收土地费用，随后全国土地使用费用开始征收，我国城市土地从无偿使用向有偿使用转变。第二阶段：1988年国务院颁布《中华人民共和国城镇土地使用税暂行条例》，该条例规定城镇土地按照不同等级征收相应的土地税，也推动了

城市土地利用方向结构的变化。

八、自然条件制约

地理位置、地质构造、地形地貌、资源状况、气候和水文条件、是否具有天然水陆运输之便等自然因素，不仅决定城市能否形成，而且直接影响城市的发展潜力、土地开发的密度、空间扩展的方向、速度及各类城市空间的布局和结构。城市建设必须与自然环境的承载力相适应，防止由于过度无序的开发带来自然资源的浪费和过快枯竭、地质灾害的发生和对生态环境的破坏，以实现城市的可持续发展。

第四章　增长边界政策趋紧导向下 我国特大城市的效率评价

城市经济发展的过程需要多种人力、资金、土地、能源等生产要素投入，城市空间扩展也是经济发展、社会变革、体制机制创新、技术创新、自然条件突变、大型项目建设、规划理念调整等因素综合作用的结果。在诸多影响城市经济发展和城市空间扩展的因素中，土地资源是最特殊的生产要素，是所有城市进行基础设施建设、公共服务设施建设、经济项目建设、城市居民居住项目建设的基础性物质支撑，尤其是我国当时实行最严格的耕地保护政策，在城市总体规划、土地利用规划中划定"三区三线"，对城市的建设用地和空间扩展进行限定和约束，从而让城市能够投入到生产、生活、生态中的土地，除了自身自然属性所具有的不可再生性之外，还不能像水资源一样通过南水北调跨流域方式进行调控，从而具有较强的不可流动性；同时，在城市增长边界政策导向日益趋紧的背景下，土地对城市空间扩展的约束性也逐步加强，对特大城市的约束性更是超过其他中小城市。在分析改革开放以来北京、沈阳、上海、南京、苏州、杭州、厦门、郑州、武汉、广州、深圳、成都、西安 13 个特大城市发展历程和特征的基础上，运用数据包络分析方法的静态效率分析方法和动态效率分析方法，分别对 2006 年以来增长边界政策导向趋紧下，我国 13 个实行城市增长边界试点的特大城市的经济、社会、生态所构成的城市效率分为静态效率和动态效率进行测算和评价。

第一节　增长边界政策演进趋势及实践

城市增长边界的概念与政策从国外的思想渊源开始，到具体政策在美国波特兰市的具体实践，经历了较长时期。但是在我国，由于传统的城市规划建设思想未必涉及城市增长边界，因此，20 世纪 90 年代城市增长边界的概念传入我国后，引起了社会各界对城市增长边界的内涵概念、功能作用、政策导向、划定方法、效应评估等研究领域都进行了深入广泛的研究与探讨。随着特大城市无序蔓延等问题日益严重，政府管理部门开始考虑对特大城市增长边界划定工作进行试点，也积极吸收学术界研究的相关成果与政策建议，从 2006 年开始，我国国土资源部、国家发展改委员会、住房和城乡建设部等政府管理部门积极推动对城市增长边界的政策制定从"软要求"转向"硬约束"。

一、增长边界政策的演进趋势

从 2006 年开始，原国土资源部、住房和城乡建设部、国家发展改革委等部门开始研究在城市总体规划、土地利用规划、环境保护规划的过程中，逐步推进城市增长边界的内涵、功能、划定方法与划定要求等相关内容更加清晰化、具体化、应用化。从时间上看，我国关于城市增长边界的政策导向演进趋势大致可以分为三个阶段：第一阶段为"软要求"阶段，主要是要求在城市相关规划中，要在前期加强对城市增长边界的研究。2006 年 4 月，我国颁布实施的《城市规划编制办法》明确规定，要在制定中心城区规划中，加强对中心城区空间增长边界的研究，其目的是更好地确定城市发展的方向，确定建设用地的规模。第二阶段为"软要求"向"硬约束"的转型阶段，主要是在规划要求中，将建设用地的规模从研究的"软约束"转变为城乡建设用地扩展控制的"硬约束"，主要文件依据是 2008 年国务院批准的《全国土地利用总体规划纲要》。第三阶段为"硬约束"试点实施阶段至今，主要是开展城市试点边界试点，并提出具体要求。标志性事件是 2014 年，住房和城乡建设部、国土资源部确定了全国部分城市开展划定城市增长边界的试点工作。

二、增长边界划定的政策实践

从试点示范的过程看，特大城市划定增长边界时，都以"精明增长""紧凑城市"的理念为引领，一般包含以下城市、镇、村庄的增长边界这几种管控对象。其中，市辖区范围是特大城市行政管辖范围内的核心区域，是城市建设用地的主体区域，是城市经济社会活动的密集区域，也需要为人类活动留下开放性的自然空间，属于城市增长的要素组成部分。特大城市在试点工作，对城市增长边界的概念内涵、模式设计、具体方法上看，存在一定的差异。从概念内涵的认知上看，代表性的有：北京在划定城市增长边界过程中，认为城市增长边界是满足城市发展战略需要、适宜进行城市开发建设的空间范围，边界内既包括已经进行城市开发的建设用地和未来可以进行城市开发的建设用地，也包含符合生态要求、适宜作为生态用地和农用地等耕地、林地非建设用地；上海则认为划定的城市增长边界，是已经建设区和拟拓展的建设用地范围。杭州主要是根据区域的主体功能属性和承担的主要功能，依托现有开发密度、资源环境承载力、开发潜力和城市发展方向等内容，将空间区域划分为严格保护区、控制发展区和空间拓展区，其中控制发展区和空间拓展区的边界就是城市的增长边界。西安提出城市增长边界是城市行政辖区内划分可进行城市开发建设和不可进行城市开发建设的空间界线。从模式设计上，试点城市进行了三种增长边界的探索：第一种是三线型，涉及建设用地增长边界控制线、建设用地规模控制线、产业区块控制线；第二种是双线型：主要是城市建设规模控制线和有条件建设区域控制线；第三种是单线型。单线型划定的城市增长边界，保留绿地、耕地等限制开发的空间。从增长边界的具体管控对象看，试点城市划定增长边界包含以下几种管控对象：第一种是中心城区及组团；第二种是中心城区及城市边缘区城镇建设用地的增长边界；第三种是城乡所有建设用地的边界。如北京、上海、广州、深圳、武汉、南京、厦门开展全市域划界，苏州、沈阳、郑州、贵阳、杭州在中心城区涉及的规划区内划线，西安、成都采取中心城区和重点规划控制片区划界的做法①。

本书认为，城市作为一个复杂的开放巨系统，其增长过程与多种土地利用类型相关，城市增长边界的划定需要考虑以下几个方面的因素：

第一，特大城市仍然保持了对高端要素较强的集聚效应。改革开放以来，随着我国工业化、城市化的加快推进，特大城市保持了较高的扩展速度。特别是1990年后，我国对特大城市发展的限制性政策逐步取消，户籍制度改革开始推进，与户籍制度相伴的各项福利性制度开始放松，特大城市的增长明显快于中小城市，特大城市的人口占全部城镇化人口的比重不断上升。这是经济社会规律作用的必然结果。在经济社会发展规律作用下，我国特大城市仍将保持一定的增长速度，因此，城市增长边界的划定，不能仅仅局限于现有的建设用地范围，需要遵循客观规律，在科学预测城市发展规模的前提下，对建设用地规模以及其他用地规模进行预测。

第二，城市空间结构的组团化发展趋势明显。从1990年、1995年、2000年、2005年、2010年、2015年六个时间段对我国12个特大城市的空间拓展影像资料以及总体规划的空间发展指导思想看，我国特大城市逐步从单中心的空间结构向多中心、组团式的空间结构演进。国内外城市发展的实践也证明了，多中心、组团式的空间结构能在一定程度上缓解人口、产业过度集中带来的交通、环境等压力。因此，特大城市增长边界的划定，就其管控对象来讲，要将组团包括在内。

第三，城市发展需要多种土地利用类型的投入。从1898年霍华德提出田园城市的概念以来，诸多专家学者对田园城市进行诠释和扩展研究，概括起来可以

① 林坚、乔治洋、叶子君. 城市开发边界的"划"与"用"——我国14个大城市开发边界划定试点进展分析与思考［J］. 城市规划学刊，2017（3）.

认为，城市在发展过程中，要为人类活动留下开放性的自然空间。城市增长边界的划定，要适当考虑基本农田、林地、耕地等非建设用地因素。

第四，城市增长边界的调控传统。目前，按照行政管理体制，我国城市管理过程中依据两条边界：第一条是市域边界，包括中心城区、新城、镇、独立建成区以及广大农村地区；第二条是市区，主要包括中心城市以及部分新城和独立建成区。相比较而言，市区是特大城市的核心区域，是城市建设用地的主体区域，属于城市增长的要素组成。因此，本书将城市增长边界政策影响的空间范围确定为城市市辖区的空间范围进行考察。

第二节　增长边界政策导向趋紧下我国特大城市效率评价

DEA 方法具有不需预估指标权重、不需事先设定输入输出间的显式函数关系、算法简单、评价结果丰富等诸多优点，其特别适合多输入多输出复杂系统的相对有效性评价。静态效率采用逐年分析的方式，考虑如何从投入的角度进行资源优化配置，提高整体效率，采用 DEA – Output 模型，以期更好地反映规模效应。动态效率分析采用 DEA – Malmquist 生产率指数方法，通过面板数据进行决策单元的动态效率的纵向比较，获得更加完整的全要素生产率变化情况，并进一步分解为技术效率变化指数和技术进步变化指数。为了保证投入与产出指标的充分相关性，运用 SPSS19.0 软件中的 Pearson 相关性检验进行双侧检测并通过，说明指标的选取具有合理性，符合"同向性"原则①。

一、特大城市效率评价指标体系的构建

运用 DEA 方法对特大城市效率进行评价，关键是指标体系的选取，另外 DEA 将限制输入和输出指标的数量，既不能过细，又不能过粗，既要避免产生大量有效的决策集合，又要避免决策信息的失真。因此，在选择指标的过程中一定要遵循紧扣研究的目的，体现城市系统发展思想，选择具有代表性的指标，同时，合理把握指标数量与研究特大城市数量的关系等基本原则。

城市不仅是一个生产性的城市，而且是一个生活性的城市，最近召开的中央城市工作会议明确提出，城市还要建设成为生态城市。为此，研究过程中，从经济、社会、生态三个子系统三个角度对城市的综合效率进行评价。因此，在指标

---

① 王新涛，李响. 河南城市规模效率与吸纳农业转移人口数量评价［J］. 城市，2014（11）.

体系选取过程中，结合评价的目的，选取市辖区土地面积、市辖区人口和市辖区固定资产投资作为投入指标，选择市辖区生产总值、市辖区道路面积、市辖区绿化面积作为产出指标。在指标选定后，由于城市相关数据滞后性和可获得性，因此选择2006～2016年作为评价期。其中，静态评价重点考察2006～2016年我国特大城市土地作用投入要素是否具有冗余，动态评价主要考察2006～2016年土地作为约束性投入要素的情况下我国特大城市整体运行效率的变化情况。在分析动态效率过程中，不仅将土地作为重要的投入指标，而且将其设置为约束性指标，根据柯布—道格拉斯生产函数的约束条件进行标准化处理。所有数据来自2007～2017年《中国城市统计年鉴》，其中缺失的五个变量用线性插值法进行估算。

（一）静态评价模型

根据 DEA 建模的一般理论，建立测算 DEA 模型（C2GS2）进行截面数据的 DEA 分析，即将每一个待评价城市视为一个决策单元（Decision Making Unit，DMU），假设有 n 个 DMU，每一个 DMU 具有 m 种输入因素和 n 种输出因素，那么第 j 个决策单元 DMU_j 的输入输出数据可以用向量表示为：$X_j = (x_{1j}, \cdots, x_{mj})^T > 0$ 和 $Y_j = (y_{1j}, \cdots, y_{sj})^T > 0$，$j = 1, \cdots, n$。其中：$x_{ij}$ 表示第 j 个决策单元 DMU_j 的第 i 种输入的量，y_{rj} 表示第 j 个决策单元 DMU_j 的第 r 种输出的量。设第 j0 个决策单元 DMU_{j0} 为被评价决策单元（为简便记 DMU_{j0} 为 DMU0，下同），其输入输出向量分别为 X_0 和 Y_0，那么 DMU0 基于输入的相对有效性评价 DEA 模型为（C2R 模型）：

$\min\theta$

s. t.

$$\sum_{j=1}^{n} \lambda_j X_j + S^- = \theta X_0 \qquad\qquad (4-1)$$

$$\sum_{j=1}^{n} \lambda_j Y_j - S^+ = Y_0$$

$\lambda_j \geq 0$；$j = 1, \cdots, n$；$S^- \geq 0$；$S^+ \geq 0$

根据 DEA 理论，设上述线性规划（1）的最优解为 λ^*，S^{-*}，S^{+*}，θ^*，那么：

（1）若 $\theta^* = 1$，则 DMU0 为弱 DEA 有效（C2R）。

（2）若 $\theta^* = 1$，且每个最优解 $S^{-*} = 0$，$S^{+*} = 0$，则 DMU0 为 DEA 有效（C2R）。

上述 DEA 模型（C2R）假设城市在规模收益不变的情况下经营，得出的最优值 θ^* 为城市的总技术效率，它可以分解为纯技术效率和规模效率。纯技术效率反映了城市当前的生产点与规模收益变化的生产前沿之间技术水平运用的差距，而规模效率则反映了规模收益不变的生产前沿与规模收益变化的生产前沿之间的距离。为计算纯技术效率，在式（4-1）中加入约束条件 $\sum \lambda_j = 1$（该约束条件允许了规模收益变化的出现）而得到 DEA（C2GS2）模型，如式（4-2）所示：

$$\min\sigma$$

s. t.

$$\sum_{j=1}^{n} \lambda_j X_j + S^- = \sigma X_0$$

$$\sum_{j=1}^{n} \lambda_j Y_j - S^+ = Y_0 \qquad\qquad (4-2)$$

$$\sum \lambda_j = 1$$

$$\lambda_j \geqslant 0; j = 1, \cdots, n; S^- \geqslant 0; S^+ \geqslant 0$$

根据 DEA 理论，设规划问题（2）的最优解为λ^*，S^{-*}，S^{+*}，σ^*，设$P^* = \frac{\theta^*}{\sigma^*}$，其中，$\sigma^*$表示决策单元的纯技术效率，$P^*$表示决策单元的规模效率，那么：

（1）若$\sigma^* = 1$，则 DMU0 为弱 DEA 有效（C2GS2）；

（2）若$\sigma^* = 1$，且每个最优解$S^{-*} = 0$，$S^{+*} = 0$，则 DMU0 为 DEA 有效（C2GS2）；

（3）若$\theta^* = \sigma^* = 1$，则 DMU0 为 DEA 技术有效；

（4）若$P^* = 1$，则 DMU0 规模收益不变；

（5）若$P^* < 1$，且$\sum_{j=1}^{n} \lambda_j < 1$，则 DMU0 规模收益递增；

（6）若$P^* < 1$，且$\sum_{j=1}^{n} \lambda_j > 1$，则 DMU0 规模收益递减。

（二）动态评价模型

利用 DEA – Malmquist 生产率指数方法来研究特大城市的效率，主要有四个方面的优点：第一，可以利用多种投入与产出变量进行效率分析，且不需要相关的价格信息；第二，适用于面板数据分析，能够考察 2006～2016 年特大城市效率的动态变化特征；第三，可以进一步分解为技术效率变化指数和技术进步变化指数两个部分；第四，不需要特定的生产函数和生产无效率项的分布假设。

Malmquist 指数最初由 Malmquist（1953）提出，Caves 等（1982）首先将该指数应用于生产率变化的测算，此后与 Charnes 等建立的 DE 理论相结合，在生产率测算中的应用日益广泛。Malmquist 指数以 t 时期技术 T_t 为参照，基于产出角度的 Malmquist 指数可以表示为式（4-3）：

$$MO_t(x_{t+1}, y_{t+1}, x_t, y_t) = dOt(x_{t+1}, y_{t+1},)/dO_t(x_t, y_t) \qquad (4-3)$$

类似的，以 t+1 时期技术 T_{t+1} 为参考，基于产出角度的 Malmuquist 指数可以表示为式（4-4）：

$$MO_{t+1}(x_{t+1}, y_{t+1}, x_t, y_t) = dO_{t+1}(x_{t+1}, y_{t+1},)/dO_{t+1}(x_t, y_t) \qquad (4-4)$$

为避免时期选择的随意性可能导致的差异，仿照 Fisher 理想指数的够早方法，Caves 等用式（4-3）和式（4-4）的几何平均值即式（4-5），作为衡量从 t 时期到 t+1 时期生产率的变化的 Malmuquist 指数。该指数大于 1 时，表明从 t 时期到 t+1 时期全要素生产率是增长的。

$$M_0(x_{t+1}, y_{t+1}, x_t, y_t) = \left[\left(\frac{d_0^t(x_{t+1}, y_{t+1})}{d_0^t(x_t, y_t)} \times \frac{d_0^{t+1}(x_{t+1}, y_{t+1})}{d_0^{t+1}(x_t, y_t)} \right) \right]^{1/2} \qquad (4-5)$$

其中，(x_{t+1}, y_{t+1}) 和 (x_t, y_t) 分别表示 t+1 时期和 t 时期的投资和产出向量，$d0_t$ 和 $d0_{t+1}$ 分别表示以 t 时期技术 T_t 为参照，时期 t 和时期 t+1 的距离函数。根据上述处理所得到的 Malmquist 指数具有良好的性质它可以分解为不变规模报酬假定下技术效率变化指数（Ech）和技术进步指数（Tch），其分解过程如式（4-6）所示：

$$_0(x_{t+1}, y_{t+1}, x_t, y_t) = \frac{D'_0(x_{t+1}, y_{t+1})}{D'_0(x_t, y_t)} \left[\frac{D'_0(x_{t+1}, y_{t+1})}{D'_0(x_t, y_t) \mid C} \times \frac{D'_0(x_t, y_t)}{D_0^{t+1}(x_t, y_t)} \right]$$

$$(4-6)$$

其中，技术效率变化指数（Ech）还可以进一步分解为纯技术效率（Pech）和规模效率指数（Sech），即式（4-7）：

$$Ech = \frac{d_0^{t+1}(x_{t+1}, y_{t+1})}{d_0^t(x_t, y_t)} = \frac{SE_0^{t+1}(x_{t+1}, y_{t+1})}{SE_0^t(x_t, y_t)} \times \frac{d_0^{t+1}(x_{t+1}, y_{t+1} \mid v)}{d_0^t(t_t, y_t \mid v)} \qquad (4-7)$$

从而：$MO_t(x_{t+1}, y_{t+1}, x_t, y_t) = TEPch = Tch \times Sech \times Pech = Tch \times Ech$。

即技术效率为纯技术效率与规模效率的乘积，全要素生产率（Tfpch）为技术效率与技术进步的乘积。与单纯的截面数据 DEA 分析相比，Malmquist 指数分析将技术进步因素剥离。

二、特大城市静态效率分析

运用 DEA 对特大城市 2006~2016 年的截面数据进行分析，逐年评价特大城市整体效率的运行情况，其中重点关于土地作为生产的基础性物质资料，土地的利用是否充分，是否存在浪费情况。

（一）特大城市整体效率情况

2006~2016 年，我国北京、上海、广州、武汉、郑州等 13 个特大城市的综合技术效率均值为 0.678，这表明，处于我国城市体系中塔尖地位的特大城市，虽然在直观感受中和统计性描述中，特大城市的运行效率要高于全国城市的平均水平，但是我国特大城市整体效率仍然不高，还能够通过调整产业结构、加强技术创新、优化组织管理、提高投资效率、更好发挥人力资本优势、推动土地资源的节约集约利用等方式，来提高城市效率。

从年度分析的情况看，虽然 2006~2016 年我国特大城市整体效率相对不高，但是从逐年的情况分析，特大城市的效率还处于积极改进的态势，运行效率不断提高。从纯技术效率方面看，2006~2016 年，纯技术效率的均值为 0.843，并且呈现出不断提高的特征；从规模效率方面看，2006~2016 年的 11 年间，规模效率的均值为 0.808，但是，总体趋势上看，规模报酬递增的城市不断减少，规模报酬递减的城市逐年增加。从 DEA 有效城市个数所占比例的情况看，除了 2013 年和 2016 年，总体上，DEA 有效城市相对较少，DEA 有效城市个数所占比例较低（见表 4-1）。

表 4-1　2006~2016 年我国部分特大城市效率总体情况

年份	综合技术效率	纯技术效率	规模效率	DEA 有效城市个数	规模报酬递增城市个数	规模报酬递减城市个数	DEA 有效城市个数所占比例（%）
2006	0.569	0.726	0.819	1	6	6	7.70
2007	0.631	0.803	0.805	2	7	4	15.40
2008	0.639	0.829	0.779	1	9	3	7.70
2009	0.664	0.849	0.786	1	9	3	7.70
2010	0.644	0.859	0.754	2	9	3	14.30
2011	0.67	0.853	0.787	1	9	3	7.70
2012	0.62	0.84	0.74	1	10	2	7.70
2013	0.907	0.944	0.961	8	4	1	61.50
2014	0.6	0.83	0.73	1	10	2	7.70
2015	0.658	0.831	0.795	1	4	8	7.70
2016	0.856	0.92	0.931	5	3	5	38.50

（二）各个特大城市效率值

从单个特大城市的情况看，深圳城市效率最高，无论是综合技术效率、纯技术效率，还是规模效率，深圳都是最有效的城市。从综合技术效率看，除深圳之外，广州综合技术效率相对较高，与此相对比的是，北京、沈阳、杭州、厦门、西安等城市的综合技术效率相对较低；从纯技术效率看，郑州、上海、广州、厦门、南京、北京的纯技术效率在特大城市中位列前茅，其余城市纯技术效率也处于较高水平，这反映出我国特大城市在管理和创新方面具有较强能力；从规模报酬来看，成都、西安、苏州等城市较为突出，城市在各种投入要素的配置方面具有较高效率，北京、厦门在各种投入要素上的配置效率相对较低。从规模效率看，随着我国特大城市在人口规模、经济规模、建设用地规模以及经济、社会、生态总体发展水平的不同，13 个特大城市所处的规模报酬阶段呈现出不同的阶段性特征。13 个特大城市中，北京、沈阳、上海、广州、南京、成都等特大城市由于长期以来在我国城市体系中处于塔尖的位置，分别在全国或者在东北、东部、西部、南部等地区中处于中心城市的地位，城市的总体规模一直较大，因此，在 2006 年的时候就已经处于规模报酬递减状态，并且持续处于这种状态。杭州和西安两个城市是近年来发展较快的城市，集聚效应大于扩散效应，在 2006 ~ 2008 年相应的规模报酬呈递增的状态。2008 年，经历了城市快速发展阶段后，杭州和西安的城市规模迅速扩大，由于技术等因素并未出现明显进步，因此，随着城市规模的扩大，城市开始进入规模报酬递减阶段，城市效率的提升也受到影响。郑州和厦门两个城市持续处于规模报酬递增状态（见表 4 - 2）。

表 4 - 2   2006 ~ 2016 年我国部分特大城市的效率值

北京	综合技术效率	纯技术效率	规模效率		郑州	综合技术效率	纯技术效率	规模效率	
2006 年	0.516	0.892	0.579	drs	2006 年	0.603	1	0.603	irs
2007 年	0.331	0.902	0.367	drs	2007 年	1	1	1	—
2008 年	0.52	0.999	0.52	drs	2008 年	0.733	1	0.733	irs
2009 年	0.531	0.979	0.542	drs	2009 年	0.679	1	0.679	irs
2010 年	0.392	0.965	0.406	drs	2010 年	0.697	1	0.697	irs
2011 年	0.525	0.92	0.571	drs	2011 年	0.73	1	0.73	irs
2012 年	0.507	0.936	0.542	drs	2012 年	0.663	1	0.663	irs
2013 年	0.796	0.961	0.828	drs	2013 年	1	1	1	—
2014 年	0.491	0.937	0.524	drs	2014 年	0.709	1	0.709	irs
2015 年	0.546	0.936	0.584	drs	2015 年	0.788	1	0.788	irs
2016 年	0.816	1	0.816	drs	2016 年	0.85	1	0.85	irs

沈阳	综合技术效率	纯技术效率	规模效率		武汉	综合技术效率	纯技术效率	规模效率	
2006 年	0.314	0.359	0.876	drs	2006 年	0.466	0.553	0.842	irs
2007 年	0.344	0.503	0.684	drs	2007 年	0.509	0.533	0.954	drs
2008 年	0.297	0.507	0.585	drs	2008 年	0.513	0.658	0.78	drs
2009 年	0.341	0.567	0.601	drs	2009 年	0.562	0.746	0.754	drs
2010 年	0.366	0.603	0.607	drs	2010 年	0.607	0.8	0.758	drs
2011 年	0.394	0.632	0.623	drs	2011 年	0.624	0.817	0.764	drs
2012 年	0.36	0.601	0.599	drs	2012 年	0.624	0.833	0.749	drs
2013 年	0.796	0.827	0.963	drs	2013 年	1	1	1	—
2014 年	0.456	0.666	0.686	drs	2014 年	0.561	0.732	0.766	drs
2015 年	0.595	0.715	0.832	drs	2015 年	0.578	0.63	0.918	irs
2016 年	1	1	1	—	2016 年	0.979	1	0.979	irs
上海	综合技术效率	纯技术效率	规模效率		广州	综合技术效率	纯技术效率	规模效率	
2006 年	0.668	1	0.668	drs	2006 年	0.966	1	0.966	drs
2007 年	0.417	1	0.417	drs	2007 年	0.944	1	0.944	drs
2008 年	0.66	1	0.66	drs	2008 年	0.915	1	0.915	drs
2009 年	0.701	1	0.701	drs	2009 年	0.899	1	0.899	drs
2010 年	0.496	0.999	0.497	drs	2010 年	1	1	1	—
2011 年	0.696	1	0.696	drs	2011 年	0.928	1	0.928	drs
2012 年	0.679	1	0.679	drs	2012 年	0.922	1	0.922	drs
2013 年	1	1	1	—	2013 年	1	1	1	—
2014 年	0.673	1	0.673	drs	2014 年	0.845	1	0.845	drs
2015 年	0.737	1	0.737	drs	2015 年	0.879	1	0.879	drs
2016 年	1	1	1	—	2016 年	1	1	1	—
南京	综合技术效率	纯技术效率	规模效率		深圳	综合技术效率	纯技术效率	规模效率	
2006 年	0.662	0.699	0.947	drs	2006 年	1	1	1	—
2007 年	0.748	0.882	0.849	drs	2007 年	1	1	1	—
2008 年	0.777	0.978	0.794	drs	2008 年	1	1	1	—
2009 年	0.768	0.998	0.769	drs	2009 年	1	1	1	—
2010 年	0.72	1	0.72	drs	2010 年	1	1	1	—

南京	综合技术效率	纯技术效率	规模效率		深圳	综合技术效率	纯技术效率	规模效率	
2011 年	0.704	1	0.704	drs	2011 年	1	1	1	—
2012 年	0.637	1	0.637	drs	2012 年	1	1	1	—
2013 年	0.767	1	0.767	drs	2013 年	1	1	1	—
2014 年	0.597	1	0.597	drs	2014 年	1	1	1	—
2015 年	0.732	1	0.732	drs	2015 年	1	1	1	—
2016 年	0.971	1	0.971	drs	2016 年	1	1	1	—
苏州	综合技术效率	纯技术效率	规模效率		成都	综合技术效率	纯技术效率	规模效率	
2006 年	0.571	0.635	0.899	irs	2006 年	0.378	0.379	0.998	drs
2007 年	0.878	0.945	0.929	irs	2007 年	0.531	0.585	0.906	drs
2008 年	0.893	1	0.893	irs	2008 年	0.559	0.619	0.904	drs
2009 年	0.931	1	0.931	irs	2009 年	0.651	0.705	0.924	drs
2010 年	0.89	1	0.89	irs	2010 年	0.676	0.718	0.942	drs
2011 年	0.833	0.907	0.917	irs	2011 年	0.678	0.732	0.927	drs
2012 年	0.639	0.716	0.893	drs	2012 年	0.644	0.697	0.924	drs
2013 年	1	1	1	—	2013 年	1	1	1	—
2014 年	0.337	0.517	0.652	drs	2014 年	0.585	0.63	0.929	drs
2015 年	0.75	0.769	0.976	irs	2015 年	0.482	0.617	0.781	drs
2016 年	1	1	1	—	2016 年	0.663	0.742	0.893	drs
杭州	综合技术效率	纯技术效率	规模效率		西安	综合技术效率	纯技术效率	规模效率	
2006 年	0.526	0.547	0.961	irs	2006 年	0.346	0.376	0.92	irs
2007 年	0.514	0.516	0.997	irs	2007 年	0.562	0.57	0.985	irs
2008 年	0.463	0.488	0.949	drs	2008 年	0.482	0.534	0.902	drs
2009 年	0.476	0.501	0.95	drs	2009 年	0.447	0.546	0.82	drs
2010 年	0.474	0.521	0.909	drs	2010 年	0.41	0.56	0.734	drs
2011 年	0.457	0.518	0.884	drs	2011 年	0.443	0.557	0.795	drs
2012 年	0.381	0.495	0.771	drs	2012 年	0.379	0.571	0.664	drs
2013 年	0.721	0.746	0.968	irs	2013 年	0.715	0.737	0.97	drs
2014 年	0.337	0.517	0.652	drs	2014 年	0.352	0.566	0.622	drs
2015 年	0.384	0.531	0.722	drs	2015 年	0.469	0.604	0.776	drs
2016 年	0.534	0.565	0.945	drs	2016 年	0.62	0.653	0.95	drs

厦门	综合技术效率	纯技术效率	规模效率		厦门	综合技术效率	纯技术效率	规模效率	
2006 年	0.386	1	0.386	irs	2012 年	0.622	1	0.622	irs
2007 年	0.428	1	0.428	irs	2013 年	1	1	1	—
2008 年	0.495	1	0.495	irs	2014 年	0.539	1	0.539	irs
2009 年	0.651	1	0.651	irs	2015 年	0.61	1	0.61	irs
2010 年	0.645	1	0.645	irs	2016 年	0.696	1	0.696	irs
2011 年	0.694	1	0.694	irs					

从城市发展历程看，厦门虽然一直是我国东南沿海的重要城市，但是受制于自然环境条件以及所处的地理位置，近年来厦门才开始逐渐发力，城市仍然处于快速发展阶段。郑州作为河南的省会城市，近年来随着中原经济区上升为国家战略，中原城市群成为国家级城市群，郑州也成为国家支持建设的中心城市之一，航空港经济综合实验区等一系列重大的国家战略规划与战略平台的叠加实施，郑州实现了生产总值跨越万亿的大关，但是，和其他特大城市相比，郑州还存在经济总量小、产业层次低等短板和不足，仍然处于规模报酬递增阶段。从具体指标上看，2016 年郑州和厦门的市区户籍人口均低于 350 万，常住人口刚突破 500 万人的规模，地区生产总值分别为 4609.7 亿元和 3884.4 亿元，这三项主要指标均在 13 个特大城市中位列最后两位。

在研究过程中，鉴于城市增长边界政策的导向，重点对城市的土地利用效率进行考察，特别是在土地、资金、人力资源投入过程中，城市的产出和这些投入的匹配程度如何，以及 2006～2016 年这些特大城市的投入要素中，是否存在土地投入冗余的情况。经过 DEA 方法对静态效率的评价，发现特大城市都存在土地投入冗余的情况，这和我国土地城镇化的速度长期快于人口城镇化的速度都是一致的。另外，13 个特大城市的 11 个年份中有 8 个年份的土地投入冗余都在 10000 平方千米以上，2016 年土地投入冗余下降至 2006.5 平方千米。从存在土地冗余的城市数量看，2006 年和 2007 年存在土地冗余的城市均为 7 个，随后存在土地冗余的城市数量不断下降（见表 4-3）。为此，对这两个年份进行了分析，发现当年存在行政区划调整情况，比如县改区等会对当年的土地投入冗余值有较大影响，但是行政区划调整带来的土地投入冗余很快能够被吸收和消化，这在一定程度上也反映出我国特大城市仍处于快速扩张的阶段，空间扩展的速度非常快，虽然土地利用效率未必明显改善，但是产出和投入的匹配度有所提高，且这种趋势和土地的高效利用并不一定冲突。因此，特大城市在考虑划定城市增长边界时，要把促进城市土地的集约利用和确保城市具备一定的发展空间有机结合起来。

表4-3　2006~2016年我国部分特大城市存在土地投入冗余情况

年份	2006	2007	2008	2009	2010	2011
土地投入冗余值	-14037.8	-12647.6	-10915.7	-10448.5	-10317.7	-9056.9
年份	2012	2013	2014	2015	2016	
土地投入冗余值	-10488.8	-7265.3	-11908.2	-15500	-2006.5	

三、特大城市动态效率分析

在使用 DEAP 2.1 的过程中，消掉了 2006 年的值，因为每一个 Malmquist 生产率值都是表示其相对于上一年度的增长或下降。2006~2016 年，我国对城市增长边界的管控日渐趋紧，但是特大城市全要素生产率变化相对稳定，波动较小，且处于小幅稳定增长状态，说明城市增长边界的划定和用地规模的管控对于特大城市的运行效率并无显著影响。13 个特大城市的综合技术效率年均增速为 2.63%，技术进步负增长，表明全要素生产率的提高主要是综合技术效率进步的结果，也是纯技术效率和规模效率作用的结果（见表4-4 到表4-6）。这反映出在土地投入要素约束不断强化的过程中，特大城市生产要素配置和利用水平变化虽然有所提高，但是并不显著。未来这些特大城市要提高运行效率，还需要努力提高生产要素配置和利用水平。

表4-4　2006~2016年我国13个特大城市全要素生产率指数

年份	2007	2008	2009	2010	2011	2012	2013	2014	2015	2016
综合技术效率	1.198	0.999	1.052	0.993	1.007	0.96	1.182	0.836	0.993	1.119
技术进步	0.848	0.943	0.954	1.051	0.906	1.06	0.804	1.264	0.99	0.999
纯技术效率	1.073	0.972	1.026	0.979	0.983	0.98	1.108	0.881	0.986	1.097
规模效率	1.116	1.027	1.025	1.014	1.024	0.98	1.067	0.948	1.007	1.02
全要素生产率	1.016	0.942	1.003	1.044	0.912	1.02	0.95	1.056	0.983	1.117

表4-5　2006~2016年13个特大城市全要素生产率指数年均增速

城市	综合技术效率	技术进步	纯技术效率	规模效率	全要素生产率
北京	1	1.034	1	1	1.03
沈阳	1.10	1.016	1.09	1.01	1.12

城市	综合技术效率	技术进步	纯技术效率	规模效率	全要素生产率
上海	1.00	0.995	1	1.00	1.00
南京	1.03	1.002	1	1.03	1.03
苏州	1.06	0.928	1.03	1.02	0.98
杭州	1.01	0.999	0.97	1.04	1.01
厦门	1.06	0.923	1	1.06	0.97
郑州	0.98	0.939	0.93	1.05	0.92
武汉	0.98	0.939	0.93	1.05	0.92
广州	1	0.999	1	1	1.00
深圳	1	0.957	1	1	0.96
成都	1.05	0.939	1.05	1.00	0.99
西安	1.05	0.950	0.95	1.10	0.99

表4-6　2006~2016年各城市全要素生产率指数

北京	综合技术效率	技术进步	纯技术效率	规模效率	全要素生产率
2007 年	1	0.891	1	1	0.891
2008 年	1	1.094	1	1	1.094
2009 年	1	1.036	1	1	1.036
2010 年	1	1.022	1	1	1.022
2011 年	1	1.026	1	1	1.026
2012 年	1	1.006	1	1	1.006
2013 年	1	1.012	1	1	1.012
2014 年	1	1.078	1	1	1.078
2015 年	1	1.003	1	1	1.003
2016 年	1	1.198	1	1	1.198
沈阳	综合技术效率	技术进步	纯技术效率	规模效率	全要素生产率
2007 年	1.28	0.773	1.25	1.02	0.99
2008 年	0.96	1.05	1	0.96	1.006
2009 年	1.14	1.014	1.12	1.02	1.155
2010 年	1.06	1.018	1.06	1.01	1.083
2011 年	1.02	1.063	1.02	1	1.088
2012 年	0.97	1.109	0.97	0.99	1.071

续表

沈阳	综合技术效率	技术进步	纯技术效率	规模效率	全要素生产率
2013 年	1.35	0.854	1.34	1.01	1.156
2014 年	0.86	1.253	0.82	1.05	1.078
2015 年	1.06	1.01	1.06	1	1.072
2016 年	1.45	1.094	1.43	1.02	1.586
上海	综合技术效率	技术进步	纯技术效率	规模效率	全要素生产率
2007 年	0.78	0.863	1	0.78	0.669
2008 年	1.13	0.95	1	1.13	1.07
2009 年	1.08	0.992	1	1.08	1.075
2010 年	0.94	1.152	1	0.94	1.079
2011 年	1.13	0.933	1	1.13	1.053
2012 年	1	1.014	1	1	1.014
2013 年	1	1.001	1	1	1.001
2014 年	1	1.044	1	1	1.044
2015 年	1	0.963	1	1	0.963
2016 年	1	1.07	1	1	1.07
南京	综合技术效率	技术进步	纯技术效率	规模效率	全要素生产率
2007 年	1.26	0.823	1	1.26	1.039
2008 年	1.04	1.03	1	1.04	1.066
2009 年	1	0.974	1	1	0.974
2010 年	1	0.965	1	1	0.965
2011 年	1	1.026	1	1	1.026
2012 年	1	1.059	1	1	1.059
2013 年	1	1	1	1	1
2014 年	1	1.083	1	1	1.083
2015 年	1	1.066	1	1	1.066
2016 年	1	1.022	1	1	1.022
苏州	综合技术效率	技术进步	纯技术效率	规模效率	全要素生产率
2007 年	1.54	0.626	1.41	1.09	0.962
2008 年	1.02	0.95	1	1.02	0.966
2009 年	1.04	0.882	1	1.04	0.92
2010 年	0.96	0.887	1	0.96	0.848

续表

苏州	综合技术效率	技术进步	纯技术效率	规模效率	全要素生产率
2011 年	0.94	0.926	1	0.94	0.866
2012 年	1	1.101	1	1	1.102
2013 年	1.2	0.802	1	1.2	0.962
2014 年	0.85	1.233	1	0.85	1.046
2015 年	0.96	0.997	1	0.96	0.962
2016 年	1.22	1.009	1	1.22	1.234
杭州	综合技术效率	技术进步	纯技术效率	规模效率	全要素生产率
2007 年	1.01	0.98	0.78	1.3	0.993
2008 年	0.95	1.005	0.95	1	0.956
2009 年	1.03	0.954	1.05	0.99	0.985
2010 年	1.02	0.971	0.88	1.16	0.987
2011 年	0.99	0.971	0.98	1	0.958
2012 年	0.92	1.104	0.92	0.99	1.011
2013 年	1.49	0.696	1.46	1.02	1.034
2014 年	0.78	1.431	0.81	0.96	1.118
2015 年	0.97	1.015	0.94	1.03	0.984
2016 年	1.06	1.006	1.04	1.02	1.061
厦门	综合技术效率	技术进步	纯技术效率	规模效率	全要素生产率
2007 年	1.11	0.86	1	1.11	0.952
2008 年	1.16	0.95	1	1.16	1.099
2009 年	1.32	0.882	1	1.32	1.16
2010 年	0.99	0.887	1	0.99	0.878
2011 年	1.08	0.924	1	1.08	0.995
2012 年	0.9	1.081	1	0.9	0.968
2013 年	1.61	0.609	1	1.61	0.979
2014 年	0.54	1.579	1	0.54	0.851
2015 年	1.13	0.877	1	1.13	0.993
2016 年	1.09	0.832	1	1.09	0.908
郑州	综合技术效率	技术进步	纯技术效率	规模效率	全要素生产率
2007 年	1.66	1.713	1	1.66	2.84
2008 年	0.73	0.486	1	0.73	0.356
2009 年	0.91	0.882	1	0.91	0.801

续表

郑州	综合技术效率	技术进步	纯技术效率	规模效率	全要素生产率
2010 年	0.86	0.887	0.75	1.16	0.766
2011 年	0.92	0.924	0.83	1.11	0.848
2012 年	0.81	1.081	0.81	1.01	0.878
2013 年	1.34	0.59	1.16	1.15	0.789
2014 年	0.64	1.575	0.64	1	1.006
2015 年	1.14	0.953	1.16	0.99	1.086
2016 年	1.14	0.924	1.13	1.01	1.055
武汉	综合技术效率	技术进步	纯技术效率	规模效率	全要素生产率
2007 年	1.66	1.713	1	1.66	2.84
2008 年	0.73	0.486	1	0.73	0.356
2009 年	0.91	0.882	1	0.91	0.801
2010 年	0.86	0.887	0.75	1.16	0.766
2011 年	0.92	0.924	0.83	1.11	0.848
2012 年	0.81	1.081	0.81	1.01	0.878
2013 年	1.34	0.59	1.16	1.15	0.789
2014 年	0.64	1.575	0.64	1	1.006
2015 年	1.14	0.953	1.16	0.99	1.086
2016 年	1.14	0.924	1.13	1.01	1.055
广州	综合技术效率	技术进步	纯技术效率	规模效率	全要素生产率
2007 年	1	1.001	1	1	1.001
2008 年	1	0.972	1	1	0.972
2009 年	1	0.971	1	1	0.971
2010 年	1	2.8	1	1	2.8
2011 年	1	0.374	1	1	0.374
2012 年	1	0.979	1	1	0.979
2013 年	1	0.947	1	1	0.947
2014 年	1	1.048	1	1	1.048
2015 年	1	1.021	1	1	1.021
2016 年	1	1.009	1	1	1.009
深圳	综合技术效率	技术进步	纯技术效率	规模效率	全要素生产率
2007 年	1	0.839	1	1	0.839
2008 年	1	0.995	1	1	0.995

郑州	综合技术效率	技术进步	纯技术效率	规模效率	全要素生产率
2009 年	1	0.942	1	1	0.942
2010 年	1	1.005	1	1	1.005
2011 年	1	0.96	1	1	0.96
2012 年	1	1.028	1	1	1.028
2013 年	1	0.695	1	1	0.695
2014 年	1	1.479	1	1	1.479
2015 年	1	0.932	1	1	0.932
2016 年	1	0.859	1	1	0.859
成都	综合技术效率	技术进步	纯技术效率	规模效率	全要素生产率
2007 年	1.35	0.65	1.4	0.96	0.876
2008 年	1.15	0.961	1.13	1.02	1.108
2009 年	1.04	0.936	1.01	1.03	0.971
2010 年	1.04	0.936	1.01	1.03	0.971
2011 年	1.01	0.97	0.99	1.02	0.976
2012 年	0.94	1.076	0.99	0.95	1.009
2013 年	1.24	0.761	1.17	1.06	0.944
2014 年	0.75	1.28	0.75	0.99	0.957
2015 年	1.04	0.988	1.01	1.02	1.023
2016 年	1.12	0.965	1.17	0.96	1.076
西安	综合技术效率	技术进步	纯技术效率	规模效率	全要素生产率
2007 年	1.67	0.638	1	1.67	1.064
2008 年	0.96	0.971	0.58	1.65	0.933
2009 年	0.97	0.95	0.94	1.03	0.924
2010 年	0.99	0.95	1.02	0.97	0.942
2011 年	0.99	0.95	1.02	0.97	0.942
2012 年	0.97	1.056	1.01	0.96	1.021
2013 年	1.25	0.815	1.28	0.98	1.022
2014 年	0.79	1.257	0.76	1.03	0.987
2015 年	1.07	1.026	1.06	1.01	1.096
2016 年	1.02	1.012	1.05	0.97	1.032

第三节　增长边界政策趋紧导向下我国
特大城市提升效率的对策取向

　　2006～2016 年，我国 13 个特大城市在增长边界政策导向从"软约束"到"硬要求"背景下，综合各个特大城市的经济、社会、生态指标变化情况，以及运用 DEA 评价放大对特大城市效率的静态分析与动态分析的评价结果，得出如下结论：一是我国特大城市的效率高于全国城市平均水平。通过考虑地均产出、人均产出、主要经济发展指标、社会发展指标和生态建设指标，13 个特大城市的经济、社会、生态等方面的增长效率高于全国城市平均水平。二是从 2006～2016 年，13 个特大城市中除了厦门和郑州之外，都已经进入规模效应递减区间。北京、上海、广州、深圳、成都、武汉等特大城市长期以来都是我国的经济、政治、文化、创新中心和对外开放的门户城市，城市规模持续扩张，先后进入规模效应递减区间。郑州、厦门两个城市由于原来城市规模相对较小，近年来对高端要素的集聚效应持续增长，城市经济、社会、生态建设快速发展，仍然处于规模效应递增阶段。三是 2006～2016 年，13 个特大城市的生产要素配置和利用水平没有较大提高。在集聚效应作用下，我国 13 个特大城市由于处于城市体系的顶端，加上拥有巨大的政治优势和体制优势，所以对高端要素的集聚能力较强，由此推动了特大城市在经济社会等方面形成了巨大的发展优势，但是特大城市在生产要素配置和利用水平上并没有明显提高。这将导致城市增长边界划定后，土地投入要素约束不断强化，将影响特大城市整体效率的提升。四是特大城市效率呈现出一定的分化特征。从全要素生产率指数分解情况看，北京、上海、广州、南京、杭州、沈阳等特大城市在 2006～2016 年全要素生产率处于持续增长状态，而其他特大城市的全要素生产率则明显下降。这也反映出我国特大城市也要从创新的视角，包括科技创新、管理创新、制度创新等角度来推进城市效率的提升，未来特大城市的职能重点也应该突出创新引领作用。

　　从对我国特大城市发展历程、主要经济社会生态发展指标的统计性描述和 DEA 分析结论来看，影响我国特大城市效率提升的主要因素包括：

　　第一，城市空间结构不尽合理。中华人民共和国成立后，我国特大城市进入快速发展阶段，但是受制于当时的规划思想、交通组织方式等主客观条件的制约，我国特大城市主要采取摊大饼的城市空间扩展方式，城市的生产、生活、生态空间组织效率相对较低，从而影响了整个城市空间组织效率的提升，影响了城市整体效率的提升。

第二，城市区域联动发展效应不强。在集聚规律作用下，大量的人口、资金等生产要素都持续向特大城市流动，在推动特大城市经济社会快速发展的同时，也造成了特大城市出现各种"城市病"，先后进入规模报酬递减阶段，但是由于城市与周边腹地之间的作用通道不够完善，城市无法进行城市非核心功能的有机疏散，城市各种职能仍然高度集中，影响了特大城市规模效率的发挥，影响了城市效率的提升。

第三，城市创新能力不高。尽管特大城市是我国各类创新的策源地，但是从评价分析过程来看，我国特大城市的发展仍然更多的是依靠生产要素的增长，是外延式的增长，技术进步对特大城市运行效率特别是经济效率的提高贡献度相对较小，迫切需要推动特大城市发展方式的转变。从目前的情况来看，影响我国特大城市创新发展不仅在于技术进步，提高产业发展效率，而且要推动城市管理方式的创新、城市各项制度的创新，提高城市发展的软实力。

第四，城市土地利用方式不合理。当前，随着我国城镇化发展进入2.0时代，人口、产业、交通、资金、信息等各类生产要素将加速向城市群、都市圈地区集中，13个特大城市作为城市群的中心城市和现代化都市圈发展的重点区域，各种生产要素将会持续集聚，在此背景下，推动特大城市划定城市增长边界，将导致特大城市面临城市规模持续扩张与可利用空间资源相对有限之间的矛盾，迫切需要提高城市土地的利用效率，既包括在平面上，也包括在立体上；既包括城市的新扩展空间，也包括城市的更新改造。

第五，城市生态系统的构建效率不高。长期以来，我国特大城市的发展重生产、轻生活、无生态的思维模式，在各种规划中强调围绕生产转，强调生活为生产配套，忽视了生态建设，导致特大城市的生态系统缺乏统一科学的规划，从而影响了城市整体生态功能的发挥，影响了城市生态效率的提高。

提升我国特大城市效率，要推动城市产业高端化发展、城市区域协同化发展、生态系统精细化提升、城市空间集约化利用、城市社会创新化治理。其中，产业高端化发展，就是通过科技创新，大力发展都市型产业，构建高精尖的产业体系，提高单位土地产出效率，实现产业空间减量、产业发展增速的目标；城市区域协同化发展，就是以构建现代化大都市圈为目标，在都市圈的空间范围内来推动特大城市的职能布局优化，促进城市—区域的协同增长和持续发展；生态系统精细化提升就是统筹协调特大城市与自然山水的关系，按照后工业化时代的要求适时调整"三生"空间组合布局，扩大生态空间，服务群众生活；城市空间集约化利用就是开辟城市空间资源利用新渠道，创新城市空间利用方式，使城市发展在空间上趋向立体化、集约化，提高城市空间利用效率；城市社会创新化治理就是通过创新城市治理方式，提高城市的管理效能，提高对各种城市资源的动员和组织效率。

第五章　我国特大城市的产业结构升级策略

现代化都市型产业体系是特大城市经济系统的重要体现和基础支撑，产业效率的高低决定着经济效率的高低，并对特大城市的整体效率有着直接影响。从整体运行效率上看，我国特大城市生产要素配置效率还需要进一步提高，特别是产业生产要素的配置效率需要进一步提高。只有提高产业生产要素配置效率，充分发挥高新技术产业、高等科研院校、功能型服务业在特大城市高度集聚的优势，才能充分发挥特大城市在科技创新、科技成果转化方面的引领作用，推动特大城市率先建成实体经济、科技创新、现代金融、人力资源协同发展的现代产业体系，才能推动我国现代化经济体系的建立。

第一节　产业升级对特大城市效率提升的作用机制

特大城市的产业结构是影响城市在全球或全国城市体系中的地位和作用的重要因素，是城市功能诸多因子的重要组成部分。通过产业结构调整优化，推动产业效率提升，必将带动城市效率的提升。在我国，特大城市的人口密度大，各类经济活动密集，在集聚效应、规模经济、创新网络化发展的趋势下，企业和劳动者的生产效率更高，生产优势更加突出。由于特大城市产业发展处于我国产业链、价值链的顶端，产业结构调整优化的过程，也是要素组合结构、资源配置结构、创新能力发挥作用结构的过程，产业结构调整中推动供给结构和需求结构优化，实现资源优化配置与再配置，从而实现产业结构高度化和合理化发展，推动特大城市产业生产效率和整体城市运行效率的提高。

一、产业结构升级推动城市经济组织效率提升

特大城市的产业在生产组织过程中，各种要素组合是相互作用、相互制约、相互影响、相互统一的，且这种产业间的经济关系和组织结构不断地进行动态调整和演变发展，不断经历从低级到高级、从简单到复杂、从单一到综合的调整优

化过程。在这个过程中，由于不同产业之间存在产出效率差异，人力资本、资金、技术等生产投入要素从边际产出率低的行业流向边际产出率高的行业，资源配置效率提高，将带来一部分产业效率的提升；另外，在生产率相对较低的产业，由于要素的流出，边际产出会相应地上升，也会带来一部分产业效率的提升。两部分之和即为产业结构调整所带来的"结构红利"。在特大城市，产业结构优化升级通过两种途径来实现：第一种是产业结构的合理化，即提高产业之间的协调程度和关联水平；第二种是产业结构的高级化，即推动产业向价值链、供应链、创新链前端并努力在国际分工中占据明显优势的方向发展。

产业结构升级包括产业结构的合理化和产业结构的高级化。产业结构合理化是产业之间的聚合质量，一方面是产业间协调程度和关联水平的反映，在特大城市市辖区范围内突出反映为二产与三产的协调程度、制造业与服务业的协调程度；另一方面是资源有效利用程度的反映，即要素投入结构与产出结构耦合程度的衡量。产业结构变迁可以通过市场配置与政府引导两种方式来完成。如果地方政府的产业发展规划与城市资源禀赋结构、市场需求结构相协调，则政府推动的产业结构变迁与基于市场需求和技术积累内生的产业结构变迁方向一致。服务业在国民经济中的比重不断增加是产业结构高级化的一种重要表现。

产业结构高级化通过两种途径对特大城市的经济效率产生促进效应：第一，发展高端服务业促进了服务业自身的增长。高端服务业具有知识密集型和专业化程度高的特点，其科技含量与创新能力领先，自身具有较高的增长效率，从而推动城市经济效率的提升。第二，服务业会带动其他产业生产率提高，从而实现整体经济效率的提升，即生产性服务业通过技术溢出和外部性特征促进制造业的转型升级与效率提升，特别是制造业服务化进程的加快，推动城市产业效率的整体提升。特大城市人口规模作为一个城市的显著特性，其很大程度上是上述诸多制约因素的外部表现，与结构红利效应的发挥存在关联。特大城市由于聚集了大量的高端人才，具有发展高端服务业的外部基础条件，资源和要素集中于高效率的服务业，从而提高城市的整体经济效率。

二、产业结构升级提高城市土地产出效率

土地不仅是特大城市产业发展的生产要素之一，而且还是产业发展的重要物质基础，是产业发展的空间与载体。土地利用结构不但会影响城市产业结构的优化升级，而且土地利用结构自身就是城市产业结构在空间上的投影与反映。伴随着城市产业结构的调整与升级，产业发展对城市土地的需求总量与需求结构都会发生相应的调整，而且不同产业对城市不同土地类型与区位的需求也不相同，从而影响了城市土地的利用结构和空间布局，进而对城市增长边界约束下的土地利

用效率产生影响，影响到城市运行效率的提升。在划定城市增长边界的背景下，如何实现产业结构和土地利用结构的"双优化"已成为增长边界政策导向下特大城市提高运行效率必须关注的核心问题。

根据区位理论和级差地租原理，城市土地级差收益的客观存在和市场经济的调节，吸引各类空间经济要素向特大城市的中心区域集聚，从而导致特大城市中心区域和其他区域的土地供求关系发生深刻变化，供不应求的区域，级差地租随之产生；不同的区位，级差地租也不相同。级差地租的存在，对于城市土地利用强度、利用方式和利用结构都会产生较大的影响：不同类型的土地使用者，会根据自身对价格的承受能力、自己的成本和收益选择不同的区位，从而客观上起到对城市空间结构和土地利用方式、利用强度起到调节与调控作用，推动城市土地利用效率明显提高，让城市能够在有限的空间范围内，更好地满足自身需求，满足发展需要。

当前，按照经济发展阶段来划分，我国特大城市的第三产业在三次产业中所占的比重，都大大超过了工业，这标志着特大城市普遍进入了后工业化时代。进入到后工业化时代后，城市的产业结构必将发生深刻的变革，产业对土地区位的选择也将产生新的法则。特别是以"互联网＋""工业4.0""智能制造""制造业服务化"等为代表的新技术、新趋势、新业态、新模式大量涌现，特色楼宇、特色小镇等一些产业发展的新型载体也逐步成熟，原有的工业区、开发区、商贸区、科教园区等单一功能的土地利用模式和相对分割的空间布局结构已经不能适应发展需求，迫切需要特大城市从传统的发展思路中转变过来，实行产业发展用地性质的兼容与转换机制，从"优化存量"来寻找突破，通过产业结构的调整优化来推动城市土地利用效率的提升。

三、产业结构升级提高城市能源利用效率

产业结构的调整与优化有利于城市能源利用效率的提高。虽然各城市产业结构差异与能源效率差异有较高吻合度，但是从根本上来看，通过提高城市产业结构合理化和高级化程度可以有效地推动能源效率的提高。新常态下，我国特大城市的发展将会面临越来越严重的能源环境约束问题。从城市能源消耗结构的角度来看，城市能源消耗相当一大部分是产业特别是工业消耗的，城市居民生活和生态消耗的能源无法实现大规模减排，也就是说，如果不进行产业结构的调整与优化，通过进一步优化能源消耗结构来实现节能减排的空间已不大。因此，推进产业结构的调整与优化，才是我国特大城市进一步提高能源利用效率最直接、最现实的途径。

特大城市通过产业结构的调整与优化过程来实现能源利用效率的提高，会带

来两个方面的正效应：第一，从产业梯度差和产业梯度转移的视角，特大城市处于产业链、价值链、创新链的最高位置，其产业结构的调整与优化，是自身产业高级化的过程，高级化的过程往往带来低消耗、低污染、高技术、高附加值的产业，从而实现城市能源利用效率的提升；第二，特大城市在产业结构调整与优化的过程中，也将自身原有的产业转移到周边区域或者其他区域，带动了周边区域和其他区域的产业升级，推动了周边区域或其他区域能源利用效率的提升。

对于我国特大城市来讲，其所承担的核心功能，决定了产业结构调整优化的方向必须是生产性服务业。在产业结构调整过程中，生产性服务业能够通过知识密集型、技术密集型等发展模式，通过专业化集聚、多样化集聚等发展路径，有效破除原有的工业化发展模式，实现能源利用效率的提升。以北京为例，进入21世纪以来，随着城市经济的发展，北京开始把钢铁、化工、机械制造等工业行业逐步搬迁到京津冀其他地区，推动第三产业在地区生产总值中的占比从2001年的58.9%，提高到2017年的80.2%；相应地，2011～2017年北京的地区生产总值年均增长度达到了7.3%，但是能源消耗的增速仅为1.7%，万元地区生产总值的能耗大大降低，带动了能源利用效率的提升。

四、产业结构升级提高城市全要素生产效率

全要素生产效率可以分解为技术进步、技术效率、规模效率。从技术进步来看，技术进步对全要素生产效率提高的贡献主要在于技术进步实质是提高了单位生产要素的生产效率，即投入一单位的生产要素，生产出来的产品或服务的数量得到了提高，从而提高了全要素生产率。从规模效率上看，产业结构调整升级实质上是人力、资本、土地、技术等各类生产要素在不同产业业态之间的重新组合和优化配置的过程，在这个过程中，有些产业能够实现规模报酬正效应；有些产业因为配置的资源的数量较少，达不到规模效率最优；有些产业因为边际收益较高，生产要素向其流动的过多，造成规模报酬递减。这三种产业业态在产业结构调整优化的过程中，逐步实现生产要素的最优配置，从而每一个行业都达到最佳的规模效应，从而实现生产要素配置效率的最高。从技术效率上看，产业结构调整优化的过程，其实质上是产业结构的高技术过程，在此过程中，生产型服务业融入到产业结构的调整优化中，并带动其他产业的加快发展，从而带动整个产业体系生产效率的提高，从而推动区域和全国全要素生产率的提高。从产业分工的角度看，产业分工实质上是让产业生产的每一个环节更加细化、更加专业化、更加熟练化，从而带来生产效率的提高。

产业结构调整过程中的要素配置优化促进要素利用效率提升。产业结构升级的重要表现之一就是劳动、资本、土地等生产要素在产业之间的转移和重新配

置，从而引起产业间产出的变动和差异。在达到经济均衡增长之前，不同的产业之间存在产出效率的差异，当生产要素从生产效率较低的行业转移到生产效率较高的行业，这种再配置会促进经济的增长，钱纳里称之为"总配置效应"，认为这是全要素生产率增长的重要原因。按照"结构红利理论"，当产业结构变动，要素从生产率较低的产业流入生产率较高的产业时，会带来总生产率的提升和经济增长，这被称为"结构红利"；若要素从生产率较高的产业流入生产率较低的产业，则会使总生产率降低，导致"结构负利"。因此，产业结构升级引致的要素重置效应会影响全要素生产率的增长。

产业结构调整过程中的溢出效应促进技术效率提升。产业结构升级蕴含着高附加值、高技术产业比重上升的特定内涵，产业结构的高级化的特征之一就是要使具有技术密集程度强、产业关联度高、生产率水平高的产业成为经济中的主导产业。技术密集型产业和生产性服务业的发展具有较强的技术溢出效应，对其他产业能产生较强的关联作用，有助于其他产业提升管理能力、优化技术使用，从而促进技术效率的提升，提高生产效率和技术水平，促进地区全要素生产率。

产业结构调整中的分工专业化促进规模效率提升。从经济学始祖亚当·斯密时期开始，分工就是促进经济增长的重要来源。随着经济的发展，原本的生产要素演变成产品到达消费者的途径被拆分为越来越间接的生产环节，使分工越来越细，于是大量原先不存在的产业得以分离，并引入逐渐提高的生产技术，从而促进生产率的提高。由于产业结构升级过程中的分工专业化效应，生产过程中不同环节的专业化得以加强。每一生产环节为了追求自身利润最大化，都会追求生产环节所需的产业技术的提升和创新，从中寻求交易成本的降低和生产效率的提高。生产环节的分工细化加强了专业化，促进了规模报酬递增，也在熟练作业中积累知识和技能，从而提高产业的规模效率。

五、产业结构升级提高城市人力资本使用效率

从世界产业结构发展演进的规律来看，产业结构调整升级的过程，遵循一个基本的规律，那就是沿着资源密集型—劳动密集型—资本密集型—技术密集型—知识密集型这样一条路径进行演进，发达国家的产业结构调整优化路径如此，发展中国家发挥后发优势，推进产业结构调整优化的路径也是如此。在此过程中，技术密集型和知识密集型产业的过程都吸收了人力资本带来的红利，发挥了人力资本红利的效应，从而充分发挥了人力资本的积累对产业结构调整优化升级的促进作用。从另一个角度来看，产业结构的调整优化也会推进人力资本的积累。国内外发展的实践证明，当一个区域或国家产业发展基础相对较好的时候，产业的比较收益相对较高，财政收入状况相对较好，这个区域或国家就能够从财政收入

中拿出更多的资金进行教育和培训，从而提高基础教育和高等教育水平，提高劳动者素质，提高员工的培训水平，提高知识转化为生产力的水平，进而推动产业结构尽快地从依赖劳动力、资源资本的发展模式转化为依赖技术、知识的发展模式。

第二节　特大城市产业发展的现状

北京、上海、沈阳、南京、苏州、杭州、厦门、郑州、武汉、广州、深圳、成都、西安 13 个特大城市不仅是全国或者区域的政治中心，更是这些区域的产业创新中心、产业组织中心、产业服务中心。为了适应特大城市辐射带动能力的需要，特大城市的产业结构都倾向于向服务化方向发展，第三产业在产业结构中所占的比重不断上升，金融保险、现代物流、科技创新、文化创意、会议会展等生产性服务业和医疗卫生、文化教育等公共服务业的比重逐步提高，从而呈现出新的特征。这些特征也符合国际上全球城市的发展规律和发展轨迹。

一、第三产业占比突出，产业结构高端化发展

一个城市的产业结构比例，特别是三次产业内部结构比例，能够很好地反映城市的产业发展质量和城市的整体竞争力。我国特大城市在产业结构调整与优化过程中，实质上就是推动产业结构按照后工业化时代的发展形势和发展要求，推动制造业与服务业融合发展，推动产业向中高端迈进，产业结构在合理、协调的基础上，其素质和效益不断向更高层次进化，具有非农化、服务化特征。从 13 个特大城市的三次产业结构来看，2017 年第一产业增加值占比最高的城市为沈阳，达到 2.62%；第二产业增加值占比最高的城市为苏州，达到 46.02%；第三产业增加值占比最高的为北京，达到 80.23%。结合特大城市的功能定位，三次产业结构既和特大城市的历史发展基础密切相关，也和特大城市在功能定位调整过程中有目标、有方向地进行产业结构调整有关。以北京为例，北京市产业结构中第三产业占比在 13 个特大城市中最高，达到 69.78%（见表 5-1）。从功能定位上看，《北京城市总体规划（2016—2035 年）》明确，北京是全国的政治中心、文化中心、国际交往中心和科技创新中心。这就要求北京的各项工作都要服务于、服从于这一功能定位，产业发展的方向和重点也不能例外，也必须服从于、服务于这一功能定位。因此，北京市产业结构调整优化的重点，首先，不能发展高污染、高耗能、高耗水的产业，像钢铁、化工、有色金属开采与冶炼、造纸、水泥、玻璃等，这些行业的存在，将影响城市功能的持续发挥，这是必须禁止

的。其次，不能发展夕阳产业和低端产业。虽然北京侧重于政治、文化和国际交往功能，但是北京同时是我国高等教育资源最为密集的城市，也是科技创新资源最为密集的城市，承担着全国的科技创新资源，如果发展夕阳产业、低端产业，实质上就是割裂了产学研链条，不能发挥北京的科技创新资源丰富的优势。最后，北京不能发展资源密集型产业。由于人口众多，北京需要投入大量的土地、水、能源来进行基础设施建设和公共服务设施建设，来维持基础设施和公共服务设施运转，特别是维持政治功能、文化功能、对外交往功能的正常运转。如果在产业发展中，过多的挤占土地、水、能源等基础性支撑，那么也将影响城市整体定位的实现。因此，北京要构建高精尖经济结构，实施工业用地减量提质实施计划。以苏州为例，苏州是 13 个特大城市中第三产业占比最低的城市，也是第二产业占比最高的城市。

《苏州市总体规划（2011—2020）》明确城市的功能定位为国家历史文化名城、风景旅游城市、国家高新技术产业基地，长三角城市群重要的副中心城市之一。其中，长三角城市群重要的副中心城市之一的重要体现是高新技术产业中心，更高级别的生产性服务业相关职能由上海、杭州、南京等城市来承担。城市在城市体系中的分工与职能作用于城市产业结构的调整方向（见表 5 – 1 和图 5 – 1）。

表 5 – 1　2017 年 13 个特大城市三次产业占比表　　　　单位:%

城市	第一产业比重	第二产业比重	第三产业比重
北京	0.51	19.26	69.78
上海	0.39	29.83	57.43
沈阳	2.62	39.95	57.43
南京	2.4	39.2	58.39
苏州	1.01	46.02	52.97
杭州	1.73	34.64	63.63
厦门	0.61	40.82	58.57
郑州	0.71	41.42	57.87
武汉	0.25	41.29	58.47
广州	1.22	29.42	69.35
深圳	0.04	39.91	60.05
成都	1.66	43.12	55.22
西安	2.58	37.50	59.92

资料来源:《中国城市统计年鉴》(2018)。

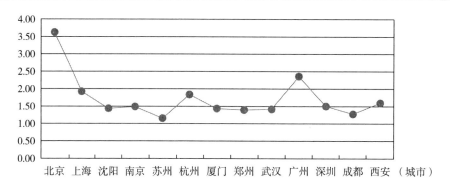

图 5－1 2017 年我国 13 个特大城市经济服务化指数

从 13 个特大城市经济服务化指数来看，北京、上海、广州、杭州等城市经济服务化水平较高，沈阳、苏州、厦门、成都等城市经济服务化水平较低，反映出我国部分特大城市在中心城区内仍然存在相当比重的制造业，影响了特大城市产业结构的高级化程度，也影响到特大城市产业效率乃至于经济效率的提高。从土地利用方式上看，第二产业的土地利用集约节约水平不如第三产业高。

二、低端产业加快疏解，高精尖产业规模扩大

我国特大城市都是处于国家城镇体系塔尖的城市，其产业发展处于产业链和价值链的顶端，在增长边界政策导向趋紧的背景下，处于规模报酬递减的特大城市数量逐年增多，在此状况下，特大城市面临一个突出问题，就是如何解决城市内在增长的动力机制与城市规模效应递减规律之间的矛盾。从产业结构的角度看，就是从区域或全国的视角来审视产业分工体系，特大城市要把自身定位于区域或全国产业发展的发动机、产业创新的策源地、产业组织的中心地等角色，疏散生产功能，强化服务功能。随着中国进入中国特色社会主义新时代，特大城市的产业发展更要适应国家战略新要求、国际竞争新格局、科技发展新进步、人民就业新需要、城市发展新要求，更好地依托于创新资源，强化创新优势发挥，建设现代化国际化都市型现代化产业体系，增强产业竞争力、产品创造力、品牌影响力，尤其要注重发挥在产业选择和人才吸引上的优势，集中发展高端产业。从工业方面来看，以北京市为例，2017 年北京高技术制造业、现代制造业、战略性新兴产业增加值分别增长 13.6%、5.0% 和 12.1%，电力、热力生产和供应业，汽车制造业，医药制造业，金融业，信息传输、软件和信息技术服务业以及科学研究和技术服务业已经成为北京六大支柱产业。对于第三产业占比非常高的北京来说，精细化、高端化的产业结构将有助于其持续提升城市竞争力。以苏州为例，国内外发达城市的经济发展规律和三次产业结构演进规律表明，当经济发展达到一定水平时，第三产业在产业结构中将占有较大比重，超过第二产业，并呈现出制造业和服务业融合发展趋势，第二产业的发展将更加依赖于第三产业。然而，近几年，虽然苏州经济总量快速增长，地区生产总值位居全国地级市第一，但是，苏州的第三产业增加值占地区生产总值的比重却长期保持在37%左右，第二产业增加值占地区生产总值的比重接近60%，工业城市的特征较为鲜明。在长三角城市群内部，苏州第三产业所占比重，不仅低于上海、杭州、南京等城市，而且低于无锡、常州等城市。苏州作为特大城市，第三产业长期占比小，从整体上影响了苏州产业结构向高端化、智能化、绿色化、服务化方向的发展，工业的产业层次也无法得以提升。与之相反的是北京、成都等城市，在服务业特别是生产性服务业的带动下，工业的结构与层次也得到了提升，高新技术产业的增速明显快于传统制造业。以成都为例，在2018年的前三季度，规模以上工业增加值增长8.0%。但是，电子信息产品制造业、医药制造业等产业的增长速度分别达到30.6%、21.4%，高新技术产业生产的产品呈现出更快的增长速度，太阳能电池、工业机器人分别增长了186.4%、50.0%，在这些产业的带动下，高新技术产业增加值的增速远远高于有色金属压延冶炼业、食品饮料产业、机械制造业等传统产业的增长速度，高新技术产业增速整体高于规模以上工业增速5个百分点。

　　上海是我国服务业发展水平较高的城市。上海在构建现代产业体系的过程中，紧扣城市发展的总体定位和上海在全国、全球城市体系中的位置及其要承担的职能，把金融业率先发展、加快达到国际金融中心作为提升服务业发展层次、提升产业整体竞争力的重要抓手，坚持改革和开放双轮驱动，加快完善金融市场体系建设，加快推进金融业发展的体制机制改革，加快推进金融机构体系完善，加快推进金融产品创新，进一步拓展金融市场的广度和深度，丰富金融产品和工具，着力提升金融业对全国经济发展的支撑作用。由于上海坚持发挥金融业的引领作用，带动了整个服务业发展的规模、速度、水平和可持续发展能力的提升。以2017年为例，2017年上海在推动金融业现代化、国际化发展方面，采取了以下三个方面的措施：第一，率先成立上海金融法院，努力化解金融案件"案多人少""案多庭少"的困境，推动金融案件结案时间大大缩短、结案效率持续提升；第二，推动原油期货成功上市，增强了配置全球金融资源的功能和服务国家经济社会发展的能力；第三，推动中国人寿上海总部、建信金融科技等总部型功能性机构在上海落户，进一步完善了上海的金融机构体系。通过一系列举措，全年上海实现金融业增加值5781.63亿元。北京现代服务业实现增加值16963.8亿元，占地区生产总值比重达到60.6%，其中，信息服务业实现增加值3666.7亿元，占地区生产总值比重达到 13.1%；文化创意产业实现增加值 4000.6 亿元，占地区生产总值比重达到 14.3%，信息服务业和文化创意产业相加占到地区生产总值达到 27.4%，占第三产业比重接近一半。

三、企业分布比较集中，产业集聚效应逐渐凸显

由于特大城市的产业业态以服务业为主，能够体现特大城市职能，具有较强的辐射带动能力和发展潜力的是服务业中的生产性服务业。因此，特大城市产业的集聚效应归根到底是生产性服务业的集聚效应。生产性服务业在城市空间上的分布，具有较强的集聚性特征，这是因为现代社会随着信息通信和交通技术的进步，信息传播速度较快，更新速度较快，生产性服务业在进行区位选择时，首先考虑的是能够享受到知识的溢出效应，也就是企业与企业之间能否获得直接的面对面、短距离的交流与沟通，分享创新成果的便利性，享受人力资源的"蓄水池"。因此，特大城市在发展过程中，享受到了两种红利：第一种红利是高端人才以及与此相伴而来的高端要素集聚的红利。特大城市作为我国政治资源、经济资源、公共服务资源特别是医疗卫生、文化教育资源都较为丰富的城市，能够吸引国内外的高端人才在这些城市聚集，这些人才的集聚优势又吸引其他高端要素向特大城市集聚，从而形成了明显的要素集聚优势。第二种红利是企业的集聚红利效应。人才和高端要素的集聚是生产性服务业成长的重要基础。由于人才和高端要素在特大城市集聚，生产性服务业为了获取这些高端生产要素，也向特大城市集聚，并且企业在区位选择过程中，为了更加有效地获取商务、创新、公共服务方面的便利性，也倾向于集聚，从而形成了较为明显的产业集聚效应。

以郑州为例，从国家对郑州的定位可以看出，郑州是正在建设的国家中心城市，是中原城市群的核心城市，也是河南的省会城市，承担着辐射带动中原城市群乃至中部地区北部板块的功能。这样，郑州市生产性服务业的选择，不仅仅局限于一般的为郑州自身发展提供金融保险、会议会展、中介服务、信息服务、法律服务、物流仓储等行业，而应该着眼服务于包括河南、河北、安徽、山西、山东等省份在内的广大地区，生产性服务业发展的重点包括：充分体现中心城市所必须具备的以总部经济、会展业为主的管理服务业，以科学研究、教育文化为主的社会服务业，以信息、技术服务为主的知识服务业，以银行、担保为主的金融服务业和以会计、法律为主的中介服务业。因此，郑州生产性服务业在空间形态上按照"两轴八片多中心"的城市空间总体规划布局，依托交通路网和现有产业密集区域，形成了四大产业集群。金融保险业的集群发展在空间上，郑州中央商务区、郑东新区 CBD 商圈、曼哈顿商圈已经初步形成了三个微型金融业产业聚集区，具有金融保险业集群发展的良好基础，可以采取更为宽松优惠的政策吸

引、集聚金融企业、金融中介组织，建立以产业集群为基础的金融科技创新平台，形成具有较强创新能力的金融创新网络体系，并努力整合区域金融资源，推进郑州市中心城区的金融保险业产业集群融入全国产业价值链体系。现代物流业的集群发展主要依托郑州航空港经济综合实验区郑州新郑综合保税区、郑州新郑国际机场以及郑州铁路集装箱中心站、郑州国家一类铁路口岸等陆海空物流港口和枢纽，在空间上集中于郑州新客运东站、小李庄仓储物流区等区域。文化创意业的集群发展主要集中在郑东新区 CBD 商圈附近，以艺术中心、中原文化艺术学院为中心的区域范围内。会展业的集群发展主要集中在郑东新区，强化会展和旅游、文化、商贸、体育等产业的互动，推动会展业、商贸业和旅游业、信息服务业等其他生产性服务业的融合发展，形成互相促进、相辅相成的集群协同发展有机体系（见表 5－2）。

表 5－2　郑州市生产性服务业及空间分布

产业集群	空间分布	发展方向
金融保险业集群	郑州中央商务区、郑东新区 CBD 商圈、曼哈顿商圈三个微型金融业产业聚集区	具有金融保险业集群发展的良好基础，可以采取更为宽松优惠的政策吸引、集聚金融企业、金融中介组织，建立以产业集群为基础的金融科技创新平台，形成具有较强创新能力的金融创新网络体系，并努力整合区域金融资源，推进郑州市中心城区的金融保险业产业集群融入全国产业价值链体系
物流仓储业集群	郑州新客运东站、小李庄仓储物流区	依托郑州航空港经济综合实验区郑州新郑综合保税区、郑州新郑国际机场、郑州铁路集装箱中心站、郑州国家一类铁路口岸等陆海空物流港口和枢纽以及郑州国际综合交通枢纽建设
文化创意业集群	郑东新区、郑州国际文化创意产业园	以广告设计、时尚设计、工业设计、服装设计和动漫设计等为主的创意设计产业；以表演艺术、视觉艺术和艺术创作等为主的文化艺术产业；文化软件、文化网络和文化研发等为主的文化科技产业；以博物展览、艺术品交易和图书档案等为主的文教博览业；以生态休闲体验、养生娱乐等为主的休闲娱乐业；以湿地生态游、农业生态游为主的生态旅游业
会议会展业集群	郑东新区 CBD 商圈	强化会展和旅游、文化、商贸、体育等产业的互动，推动会展业、商贸业和旅游业、信息服务业等其他生产性服务业的融合发展，形成互相促进、相辅相成的集群协同发展有机体系

同时,特大城市在生产性服务业发展上,也倾向于按照产业功能区进行布局。以成都为例,构建了六个市级战略功能区以推动生产性服务业的集聚集群发展(见表5-3)。

表5-3 成都市产业功能区发展指引

产业功能区	发展指引
天府新城高新技术产业区	信息服务、数字娱乐、商务、物流等产业
金融总部商务区	金融业发展和金融机构聚集的核心承载区
文化创意产业综合功能区	文化创意产业为主的现代服务业
现代商贸综合功能区	以国际商贸为主的现代服务业和城市商业副中心
现代服务业综合功能	以现代服务业为主的产业功能
"198"生态及现代服务业综合功能区	以文化创意、文博旅游、总部经济为主的高端现代服务业

四、单位产出不断提高,产业质量效益逐步提升

随着特大城市产业结构高度化、产业发展服务化进程的加快,单位产出不断提高,产业质量和效益逐步上升。2006~2016年,13个特大城市市辖区的地均产出和人均产出增速分别达到8.4%和9.3%,是全国所有城市地均产出的4.1倍和人均产出的1.7倍(见表5-4)。

表5-4 2017年特大城市市辖区主要经济产出指标

城市	市区平均人口(万人)	市区面积(平方千米)	地区生产总值(亿元)	地均产出(亿元/平方千米)	人均产出(元/人)
北京	1354	16411	25669	1.564	189579
沈阳	862	5116	4922.6	0.962	57107
上海	1446	6341	28178.7	4.444	194873
南京	658	6587	10503	1.595	159620
苏州	348	4652	8008.5	1.722	230129
杭州	545	4876	9835.5	2.017	180468
厦门	221	1699	3784.4	2.227	171240
郑州	349	1010	4609.7	4.564	132083
武汉	517	1738	9630.6	5.541	186279

续表

城市	市区平均人口 （万人）	市区面积 （平方千米）	地区生产 总值 （亿元）	地均产出 （亿元/平 方千米）	人均产出 （元/人）
广州	862	7434	19547.4	2.629	226768
深圳	385	1997	19492.6	9.761	506301
成都	774	3677	9685.6	2.634	125137
西安	609	3873	5527.7	1.427	90767

资料来源：《中国城市统计年鉴》（2018）。

从单个城市来看，深圳的地均产出达到了 9.761 亿元/平方千米，是全国平均水平的 16.5 倍；人均产出达到 50.6 万元，是全国平均水平的 5 倍；从税收上看，2018 年深圳一般公共预算收入达 9102 亿元，平均每平方千米产出财税收入 4.6 亿元，在全国大中城市中居于首位。辖区一般公共预算收入中，中央级收入 5564 亿元，增长 5.1%，地方级收入 3538 亿元，增长 6.2%，地方财政收入中税收占比稳定在 80% 以上。与辖区经济发展直接相关的税收（剔除海关关税和代征两税、证券交易印花税）增长 7.5%，增速与 GDP 基本保持同步，每平方千米财税收入相当于实现地区生产总值的比重达到 47.1%，远远高于全国平均水平。同时，从工业和服务业的发展效益上看，2018 年全市规模以上工业企业实现主营业务收入 29114.74 亿元，增长 9.4%；利润总额 2024.21 亿元，增长 13.6%；工业经济效益综合指数 265.73%，比上年提升 25%；全市规模以上服务业营业收入 8330.3 亿元，增长 21.1%，营业利润 2078.1 亿元，增长 37.2%。

五、吸纳就业持续增加，高端人才需求保持旺盛

特大城市重点发展高端产业和产业高端业态，这些产业的核心是高新技术，需要高端人才来支持。为了推动经济的高质量发展，各个特大城市都围绕自身的功能定位和要发展的产业重点，加快吸引与产业发展方向相适应的高端人才，加快推进人力资本的积累与转化，加快确立自己的人才培养、吸引、开发、使用战略。以上海为例，根据国家金融中心和国际航运中心的战略定位，把人才引进的重点放在金融、航运、国际化等方面，通过自贸区建设，推进自贸港建设，设立"陆家嘴人才金港"等平台，吸引国际化的金融机构和航运机构入驻，吸引高端的金融保险业人才、航空航海人才以及熟悉国际化业务的相关法律、会计、审计、会议、会展、文化、创意等相关人才，为城市产业向高端化发展提供源源不断的人力资本支撑，从而推动城市的高质量发展。

以深圳为例,随着深圳转型升级和创新发展,深圳经济结构和产业结构不断优化升级,第三产业显现出广阔的就业空间,劳动力逐渐从第二产业向第三产业转移,就业结构不断优化升级,第三产业成为吸纳就业人数最多的行业。2012年,深圳第三产业就业规模首次超过第二产业。其中,金融保险、信息咨询、文化创意、科技创新等生产型服务业增加值在第三产业和地区生产总值中的比重不断上升,高端复合型服务人才在这几类产业中的就业量不断增加(见表5-5和表5-6)。

表5-5 2012年和2017年深圳市第二和第三产业就业结构变动情况

	2012年就业人员总数(万人)	2012年比重(%)	2017年就业人员总数(万人)	2017年比重(%)
第二产业	373.24	48.4	419.19	44.4
第三产业	397.82	51.6	522.36	55.4

资料来源:《深圳统计年鉴》(2013、2018)。

表5-6 2013年和2017年深圳市第三产业内部就业结构变动情况

	2013年从业人员占全部就业人员比重(%)	2017年就业人员占全部就业人员比重(%)	2017年比2013年变动情况(%)
租赁和商务服务业	5.6	6.7	+1.1
信息传输、软件和信息技术服务业	3.7	4.4	+0.7
交通运输、仓储和邮政业	4.1	4.6	+0.5
科学研究和技术服务业	2	2.3	+0.3
教育行业就业人员	1.1	1.3	+0.2

资料来源:《深圳统计年鉴》(2014、2018)。

第三节 特大城市产业结构升级的方向

产业发展具有其内在的演变规律。一般来讲,首先是第一产业占主导地位,随后手工业和商业先后从第一产业中分离出来,由第一产业占主导向第二产业占主导地位演进,随着工业化进程的加快和城市体系的形成,由第二产业占主导向第三产业占主导演进。对于特大城市来讲,在工业化发展的初期、中期阶段,工业在特大城市的产业体系中占据主导地位,服务业从属于制造业。随着工业化进程的加快，特大城市服务的范围不再局限于城市发展自身，而且立足于服务区域或者全国大局，对服务业发展的需求规模和层次都逐步提高，服务业逐渐在特大城市产业发展中占据主导地位。从理论和经验分析来看，我国特大城市当前的产业结构已经开始向工业化后期加快迈进，产业结构升级的方向应放在全国或区域具有较强的引领性、在国内和国际具有较强的竞争力、具有较强的辐射带动能力的生产型服务业领域，其中包括会议会展、金融保险、现代物流、文化创意、商务与科技服务等高端服务业，还包括新一代信息技术等对产业融合起关键作用、极具发展潜力的战略性新兴产业形态，突出国际化、服务化、总部化、集约化发展理念。

一、顺应产业国际化趋势

产业国际化是指产业的研究与开发的国际合作与交流，产业国际化就是根据比较利益原则，在全球范围内通过生产要素的流动进行国际分工。产业国际化的特征主要包括：第一，国际化的经营。企业按照国际化的理念来组织企业的生产与经营，能够适应全国或较大国际化区域的发展需求，能够将自身的产品和劳务按照国际规则和国际标准推介出去。第二，国际化的生产。企业的生产过程和生产环节不再局限于某一国内，而是根据市场需要、运输需要、原材料需要、人才需要、研发需要、成本需要，甚至是制度需要和国家利益需要，在全球进行生产布局，进行生产链条和销售链条的组合。第三，国际化的竞争。企业的产品和服务不仅局限于国内竞争，而且要主动融入到全球市场，提高在国际市场上的竞争力。特大城市作为我国对外开放的主要窗口和参与国际竞争的重要载体，更应该按照国际化的标准要求进行，积极培育提升产业、产品在国际市场上的竞争力，这不仅是特大城市自身生存的需要，而且也是国家战略需要。第四，国际化的人才。企业在走向国际化的过程中，要融入经济全球化和区域经济化发展大局中，就要坚持国际化的人才发展战略，不断引进其他国家和地区的高端人才，把人才作为国际化的重要资源。只有做到这四个国际化，特大城市才能代表我国参与国际竞争，才能建设成为全球城市体系的重要节点城市，其产业才能成为整个国际分工体系和世界产业体系的重要组成部分，才能在国际市场上具有一定的领先地位。

特大城市产业国际化发展的六大产业主要包括：节能环保产业、新能源产业、新一代信息技术产业、生物医药产业、高端装备制造产业和新材料产业。其中，节能环保产业以加快推进新型工业化节能环保装备产业示范基地建设为重点，加快建设以余热余压利用、低辐射镀膜玻璃、尾矿综合利用、石化行业高效节能装备、垃圾发电、节水技术等为支撑的节能技术和装备、矿产资源综合利用两大优势产业。新能源产业瞄准世界新能源产业发展前沿，坚持新能源产品制造与新能源开发利用并重，坚持自主研发与开放合作相结合，推动产业升级，提高产品质量和档次，提升产业整体竞争力。新一代信息技术产业以产业跨界融合和智能化发展为主攻方向，强化创新引领，前瞻性布局符合我国实际前沿高端电子信息领域，实现电子信息产业跨越式发展，建设国际级电子功能材料产业基地和电子信息产业基地。生物医药产业紧扣生命科学纵深发展、生物技术与信息技术融合的主题，创新发展精准医疗、数字生命等前沿交叉领域，建设领域规模突出、领域特色鲜明、领域技术先进的国际生物医药产业领先区。高端装备制造产业加快数字化、网络化、智能化在传统制造业领域的应用，加强技术改造和升级，加强核心基础零部件、先进基础工艺、关键基础材料和产业技术基础等研发与应用，推动全产业链建设。新材料产业顺应新材料高性能化、多功能化、绿色化发展趋势，以精深加工和延链补链为重点，突破重点领域关键材料制备技术，大力发展高性能材料，加强前沿材料战略布局，提升新材料产业化应用水平（见表5-7）。

表5-7　特大城市要国际化发展的六大产业

产业类型	国际化发展的方向和重点
节能环保产业	培育节能环保产业国际化基地，鼓励节能环保产品开拓国际市场，提高出口产品附加值，推动出口产品由以单机出口为主向以成套供货为主转变；建立进口再生资源监管区，鼓励有条件的再生资源回收利用企业实施"走出去"战略，开展对外工程承包和劳务输出，促进国际大循环；鼓励符合条件的企业到境外为我国投资项目和技术援助项目提供配套的环境技术服务；加强节能环保领域国际合作，推动国际环境合作项目国内配套资金的落实，加强国际环境技术转让，加大对我国参与环境服务贸易领域国际谈判的支持力度
新能源产业	鼓励新能源产业关键技术的研发及引进消化吸收再创新，提升核心技术竞争力和新能源开发能力；加强太阳能产业的国际合作与交流，支持新型太阳能热利用项目和产品开拓国际市场，优化出口产品结构，鼓励企业海外承建电厂工程；鼓励有生物质能研发优势的境外企业和机构以技术投资参股，促进国内商业模式创新
新一代信息技术产业	开展下一代信息网络、物联网等领域的国际科技合作与交流，推动与具有核心技术的国外高端研究机构合作；鼓励新一代信息技术领域参与国际标准制定；鼓励物联网、高端软件等领域的海外留学人员回国创业；加大对重要设备进口的支持力度，支持外商投资企业建立"三网融合"研发机构；鼓励外商投资设立高性能集成电路企业；充分利用国内资源优势发展高端软件服务外包，促进高端软件及相关信息服务开拓国际市场

续表

产业类型	国际化发展的方向和重点
生物医药产业	鼓励开展全方位国际合作，充分利用全球创新资源，提升创新能力；支持生物医药、生物育种等国内企业兼并重组，培育大型跨国经营集团；鼓励企业承接国际医药研发和生产外包；支持有条件的生物医药企业"走出去"，开展对外投资和合作；通过对外援助等多种方式，带动生物育种企业开展跨国经营
高端装备制造产业	鼓励高端装备制造业充分利用全球创新资源，开展多种形式的研发合作，提升创新能力；支持国产飞机（包括干线飞机、支线飞机、通用飞机）、海洋工程装备、先进轨道交通装备开拓国际市场；鼓励航空产业关键零部件及机载系统进口；鼓励转包生产，支持境内外企业开展高水平的合资合作；支持航空、海洋工程装备、高端智能装备等产业在海外投资建厂，开展零部件生产和装备组装活动；鼓励海洋工程装备类中外企业开展高水平的合资合作
新材料产业	支持国内企业并购国外新材料企业和研发机构，加强国际化经营；鼓励生产高附加值产品的国外企业来华投资建厂；优化进出口商品结构，完善进出口管理措施，加大对新材料产品和技术进口的支持力度，鼓励高附加值新材料产品开拓国际市场；鼓励新材料企业兼并重组，提高企业国际竞争力

资料来源：《关于促进战略性新兴产业国际化发展的指导意见》（2015 年）。

二、顺应产业服务化趋势

产业服务化是在产业结构演进过程中，在整个产业结构中占主导地位的产业业态先由第一产业，再转为第二产业，最后到第三产业，由第二产业占主导转到第三产业的过程就是产业服务化发展过程。产业服务化发展过程是随着工业化、城镇化发展到一定阶段的必然结果。当前，我国第三产业增加值在地区生产总值所占的比重已经超过第二产业，特别是在很多大中城市，第三产业在经济总量中所占的比重超过 70%，第三产业内部生产性服务业所占比重更是远远超过了生活性服务业，这些都标志着这些城市的产业结构已经逐步过渡到后工业化时代，在后工业化时代，产业服务化已经成为经济发展的主要趋势和重点方向。这是由经济发展的客观规律所决定的。

近年来，我国产业结构变化明显，服务业已经成为城市经济中占比最大的产业，但是我国特大城市第三产业占比不断增大的同时，也出现了新的问题，其中比较突出的问题是，除了北京、上海、深圳、杭州等几个城市之外，像郑州、苏州等城市的第三产业虽然规模增大，但是产业层次没有上去，对制造业的带动能力没有上去，从而出现了数量上的产业结构转型，但是质量上的产业结构未升级的情况。产业结构转型背后却出现了产业结构"转型"未"升级"的问题。这个问题从两个方面得到验证：第一，我国服务贸易出口的比重较低。虽然我国已经成为世界第一贸易大国，但是我国的对外贸易主要是货物贸易，目前货物贸易总额已经超过4万亿美元，但是我国的服务贸易出口占比较低，这是由于我国特大城市作为对外开放的窗口城市和参与国际竞争的主要载体，服务业国际化程度较低，服务业发展层次相对较为落后导致的。第二，我国制造业单位增加值能耗较高。服务业特别是生产性服务业能够带动制造业的提质增效，但是由于我国特大城市在发展过程中，科技研发、信息服务、文化创意等生产性服务业发展相对落后于金融保险、物流仓储、休闲旅游等服务业，造成服务业对制造业转型升级的支撑能力不够，制造业的投入产出效益不明显，导致我国制造业虽然规模持续位居全国第一，是全世界唯一一个拥有完整工业体系的国家，但是制造业的盈利能力较弱，创新能力不强，附加值不足，高端产品核心竞争力不强，同时，资源消耗较多，能耗居高不下。例如，我国制造业单位增加值能耗是日本的9倍、德国的6倍、美国的4倍。这些都造成我国在全球产业分工过程中，高附加值、高技术含量、高利润率、低能源消耗、低环境污染的产业相对较少，对外贸易和对外竞争更多地依靠量大、依靠成本低进行，在全球价值链中的获利能力不断缩小。

未来要从"中国制造"走向"中国智造"，就必须发挥特大城市在产业发展的金融支持、科技支持、创新支持、文化支持所构成的支持体系中的作用，通过发挥特大城市生产性服务业的引领作用，通过生产性服务业带动产品设计创新，带动产业技术改造，带动产业加快融入全球产业发展的价值链、创新链、资金链、技术链和供应链，加快产业发展的智能化程度、加快产业发展的绿色化程度，从而最大限度地提升我国生产性服务业对产业发展的支撑能力，提升产业在全球价值链服务端的竞争优势，提升产业在国际产业分工中的地位和作用。

三、顺应总部化发展趋势

由于特大城市在全球或全国城市体系中具有明显的人才优势、资金优势、技术优势、基础设施和公共服务优势，所以能够吸引大量跨国公司和行业领先企业优先考虑进行布局，从而带动与之相关联的住宿餐饮、休闲观光、文体娱乐等生活性服务业和文化创意、科技研发、金融保险、法律会计、会议展览等生产性服务业的发展，从而形成生产性服务业集群集聚发展的局面，就是所谓的"总部经济"。并且根据总部经济发展规律，在特大城市的周围还会根据总部经济的发展情况，集聚布局一批生产性企业，从而形成"中心城市—腹地"的产业分工和价值链分工。由于"总部经济"形成过程中，聚集大量的高端专业人才和管理人才，人力资本优势突出，能够创造出更多的税收和利润。同时，"总部经济"

的区域也是信息密集交汇区域，各种创新成果极易在各个公司之间、公司内部进行传播与扩散，可以最大限度地应用最新的创新成果，从而提高工作效率。这些都会推动公司的经营水平和经营业绩快速增长，办公空间仅几十平方米的企业总部可创造数亿元的营业额，数千万元的利润，上千万元税收。在经济全球化的大趋势下，如何发展"总部经济"已成为大中城市坚持谋划、坚持推进的发展经济的基本路径。目前，总部经济发展是国际经济战略资源向中国转移的衍生现象，给特大城市推动产业结构优化升级、提升运行效率提供了战略机遇。

对于我国特大城市来说，完全具备发展总部经济的经济、社会、文化、科技等条件。第一，我国特大城市具备发展总部经济所必需的经济要素。我国的特大城市要么是全国的经济中心、金融中心、科技中心，要么是区域的经济中心、金融中心或工业中心，经济综合实力较强，政府财政收入较高，主导产业发展基础良好，已经形成了一批生产性服务业集聚区，能够支持总部经济的发展。第二，我国特大城市具备发展总部经济所必需的人力资源。从目前我国的高等教育资源分布情况来看，中华人民共和国成立以来，我国在进行高等教育布局上，将北京作为全国和华北地区的高教中心，上海作为华东地区的高教中心，广州作为华南地区的高教中心，西安作为西北地区的高教中心，武汉作为华中地区的高教中心，成都作为西南地区的高教中心，沈阳作为东北地区的高教中心。此外，杭州也拥有浙江大学等一流高校，苏州、深圳、郑州等特大城市的高等教育资源相比于其他城市虽然有所欠缺，但是和其他大中城市相比，仍然具有一定的优势。拥有高等教育资源较多，也就意味着有近水楼台先得月的优势，能够在第一时间从高校毕业生中挑选出优秀的人才服务总部经济的发展。此外，由于这些地区拥有的高等教育资源多，在现行高考制度下，又具有吸引更多其他区域的优秀人才向这些特大城市流动和集中的优势，从而让特大城市的人才优势更加突出。第三，我国特大城市具备良好的基础设施和公共服务供给能力。从基础设施上看，特大城市往往还是我国的综合交通枢纽，对外对内交通联系方便；由于综合经济实力较强，财政收入相对较高，人口规模较大，特大城市的基础设施投入资金也较多，如我国的地铁营运里程主要集中在这些特大城市。从公共服务供给能力上看，虽然特大城市流动人口较多，相对摊薄了本来供给量就相对不足的公共服务资源，但是特大城市的公共服务能力仍然高于其他城市。以医疗资源为例，截至2018年底，北京共有三甲医院35所，按照常住人口计算，平均每65万人就有一所三甲医院，而同时期，云南城市平均每919万人才有一所三甲医院。第四，特大城市具备发展总部经济所必需的营商环境。党的十九大报告明确指出，中国特色社会主义进入了新时代，我国经济已由高速增长阶段转向高质量发展阶段。在高质量发展阶段，良好的营商环境是一个国家、一个地区、一个城市经济社会发

我国特大城市效率的评价与提升研究

展的"梧桐树",只有种好营商环境这棵"梧桐树",才能引来高端要素和高层次人才的"金凤凰",才能加快实现经济的高质量发展。特大城市作为我国对外开放的窗口,一直在体制机制创新与营造良好的营商环境方面走在全国的前列,政务环境、法治环境、社会环境、信用环境相对于其他城市,与国际接轨程度都更高,像深圳等城市在改革开放方面一直走在全国最前列,上海积极进行自贸区、自贸港的探索,并形成可复制、可推广的经验向全国推广。第五,特大城市具备发展总部经济所必需的专业化服务体系。总部经济的发展,不仅需要城市具备强大的综合经济实力,更需要专业化的分工体系。目前,我国特大城市各类中介服务、信息服务、金融服务、法律服务等服务业都具备相当的发展规模和发展水平,每个特大城市都形成了自身的 CBD,各专业服务业也围绕 CBD 进行集聚,为总部经济的发展提供了良好的支撑条件。

从功能和服务范围上看,发展总部经济,可以根据城市在全国或全球城市体系中的总体定位,按照全球总部、全球大区总部(如亚太地区总部)、全国总部、区域总部等划分相应的层次。城市体系中处于不同节点的中心城市,要科学判断和认识城市的优势产业、城市的战略定位、城市的发展潜力、城市的创新能力、城市的支撑要素等,评估发展总部经济的类型,进行 CBD 建设,制定科学的发展策略。对于我国特大城市来讲,北京、上海、广州、深圳、杭州等城市要立足发展全球总部、全球大区总部,或是全国总部,但是在这个过程中,也要形成自己的特色。如杭州可以作为全球的电商总部和大数据中心总部,上海要突出金融总部、航运总部等概念,深圳要突出创新总部的改变,广州要突出贸易总部的概念,这些总部经济要随着我国在国际市场上地位的提升而逐步完善。郑州、厦门、沈阳、西安、成都、武汉等城市要着眼于建设全球大区总部,积极巩固提升在全国总部经济发展中的竞争优势,吸引、争取二级、三级总部进行布局,发展特色总部经济,或者成为区域性总部所在地,形成与上海、北京、广州、深圳等城市在总部经济发展过程中的合理分工与功能互补。

特大城市发展总部经济,要处理好四个关系:第一,处理好市场主导和政府引导的关系。中共十八届三中全会明确提出,在社会主义市场经济体制中,要处理好市场"这只看不见的手"与政府"这只看得见的手"的关系,发挥市场在资源配置中的决定性作用和更好地发挥政府作用。发展总部经济,首先是充分发挥市场在资源配置中的决定性作用,按照生产性服务业在中心城区进行区位选择的偏好和特征,尊重企业将总部所有职能还是部分职能放到中心城区,要根据市场配置资源的原则推动相关生产性服务业,更好地为总部经济的发展进行专业化的配套。政府的作用主要体现在规划引导,特别是进行科学的顶层设计。如不同的特大城市,根据自己的发展目标和战略方向,确定不同的总部经济的发展模式，可以发展全球总部，可以发展全球大区总部，可以发展区域性总部，也可以发展特色性总部。特别是随着互联网技术的运用和成熟，完全可以将营销、设计、创意、研发等专业化总部分别放到一个特大城市，实现对不同城市资源之间的整合与利用。第二，处理好总部经济与实体经济之间的关系。总部经济是一种服务型经济，实体经济是生产型经济。对于总部经济而言，仅需要较小的办公场地就可以完成生产任务，但是，实体经济需要较大的生产场所，在特大城市土地价格和城市总体规划中，实体经济只有少量的高端附加值高的都市型产业能够承担土地的成本，其余产业都布局在中小城市或是特大城市的腹地。所以，处理好总部经济发展和实体经济发展的关系，就需要处理好两种类型的产业发展在空间上的布局问题，总部经济要能够更好地为实体经济的发展提供资金、技术、人才等生产要素和研发、设计、销售等服务环节。第三，处理好总部经济发展与城市发展的关系。对于特大城市来讲，发展总部经济是产业结构调整的必由之路和必然选择，在特大城市产业结构调整升级过程中，大量的工业企业通过退二进三，将工业企业搬迁出去，工业用地转化为商业用地、居住用地、教育科研用地或生态用地，同时也造成就业结构的变化，对城市的基础设施和公共服务设施配套能力也提出了新的要求，对城市的空间格局也需要进行新的调整，要按照服务业发展和 CBD 等布局来进行城市土地利用类型的调整和交通方式的组织，从而对城市的发展战略和方向造成影响。第四，要处理好整体与局部的关系。发展总部经济，并不是完全按照总部经济所体现的所有类型进行发展，而是要根据城市的职能定位，根据产业的优势和劣势，根据自身的发展基础，有选择性地采取重点突破的方式来推进特色总部经济的培育，特别是对我国广大城市来讲，总部经济不可或缺，但是也不可以按照大而全、小而全的思路来发展，要处理好整体与局部的关系，以特色来提高竞争力，扩大影响力。

四、顺应集约化发展趋势

产业集约化发展是和产业外延式发展相对应的一个概念，是指产业主要依赖生产技术进步、生产工艺改良、生产组织优化来提高生产效率，从而达到在生产要素供给不增加甚至有所减少的情况下达到生产目标，实现生产资源的最优化配置。我国之所以提出产业集约化发展，是因为近年来，随着各个特大城市的人口持续增加、城市规模不断扩大和城市的高密度开发利用，新鲜的空气，干净的水体，开阔的公共活动空间，节约时间的通勤方式等资源、能源和基础设施、公共服务设施都变得越发稀缺，迫切需要产业发展从粗放型转变为集约型。由于我国传统的计划经济体制以及短缺经济的存在，造成我国包括特大城市在内的城市都努力增加低端的产品供给，企业之间缺乏分工与合作，甚至不考虑生产力布局的优化，造成企业生产组织效率低下，无法实现资源的优化配置，而且在低技术水平条件下，还对大气、水、土地等环境造成污染，对能源造成浪费。随着技术水平的进步和生产工艺的改善，特别是在需求端，随着我国进入社会主义新时代，我国社会的主要矛盾发生了根本性变化，人民对美好生活的需要成为社会大生产的方向和目标，在此背景下，高精尖产业、产品成为社会生产的主要方向，必须推进集约化发展，一方面更好地满足人民群众对产品的工艺和特性的需求；另一方面又要推进资源能源的集约节约利用，努力推进可持续发展。

在产业集约化发展过程中，最重要的是土地资源的集约化利用。在特大城市增长边界政策导向趋紧的背景下，要体现"五种理念"、坚持"五条路径"。"五种理念"，即体现规划引导、公益优先理念、城市发展共建共享理念、土地利用全生命周期管理理念和土地立体开发综合利用理念。坚持"五条路径"，即：第一，坚持总量锁定。在宏观层面，依托新一轮国土空间规划修编，率先启动永久基本农田、生态控制线、城市开发边界"新三线"划示工作，落实"规划瘦身"和现状建设用地减量要求。第二，坚持增量递减。实施年度新增建设用地计划稳中有降、逐年递减的策略。按照"引逼结合"的思路，建立新增建设用地计划与建设用地减量化的关联机制。第三，坚持存量优化。建立以规划为引领，统筹处理好企业、社会和政府的关系，构建起科学合理的存量土地优化整理增值收益分享机制，加快存量工业用地。从支持园区平台发展、完善园区配套设施建设、鼓励土地混合利用、积极营造低成本创新创业环境、实施规划动态调整机制等方面支持园区发展和企业转型升级。第四，坚持流量增效。做好与工业用地 20 年弹性出让年期制度的衔接。第五，坚持质量提高。按照"规划和土地管理相融合"的理念，修订各类设施用地标准，坚持设施的指标控制值"瘦身"。

五、顺应融合化发展趋势

在新一代技术革命深入推进和资源环境约束力度不断加强的双重推动下，建立在万物智能、万物互联等新要素禀赋基础上的生产方式、聚集方式才是未来推动融合发展的关键动力。随着智能化、服务化、扁平化、商业模式创新的不断发展，融合领域的"外拓内联"和"空间重塑"的跨界化发展势在必行。融合发展不再限定偏狭的空间和单一的领域，而是逐渐从经济领域向社会、文化、生态、政治等领域拓展，开展跨要素、跨行业、跨平台的融合创新。回顾过去融合发展的逻辑，主要集中在经济方面，突出表现为"互联网＋""文化＋旅游""一二三产业融合""产学研融合"等多种形式。产业的融合化发展，主要是以产业链、价值链、供应链为关键点，发挥优势产业引领作用，引导龙头企业上下延伸、左右拓展、跨界融合，持续提升产业链优势、价值链层次和供应链效率，探索"三链同构"上新路子，深化产业融合发展，推动产业基础高级化、产业链现代化。一是提升产业链优势。聚焦优势产业，引导产业链上中下游联动发展，支持上下游企业建立技术联盟，加强关键环节和核心技术联合攻关合作，增强产业链韧性，支持龙头企业以创新链、供应链、管理链、资金链、人才链等优势整合产业链，构建现代化国际化都市型产业分工合作体系，打造"龙头+优势产业链"发展格局，培育提升产业链整体竞争优势。二是提升价值链层次。按照"提升中间、拓展两端"的产业发展思路，推进优势产业高端化、品牌化、平台化发展，以智能化改造提升加工制造能力和水平，引导龙头企业向研发、品牌、服务等高附加值环节拓展延伸，大力发展与主导产业匹配的生产性服务业，持续提升优势产业的价值链层次和产业能级。三是提升供应链效率。突出"互联网+""枢纽+"，以电商平台、物流平台助推供应链效率提升，搭建电子商务、智慧物流、工业互联网等平台，深化云计算、大数据、人工智能等在产业供应链中的应用，提高供应链效率，助力优势产业融合发展。

第四节　特大城市产业结构升级的策略

党的十九大报告对我国经济发展趋势做出了重要论断："我国经济已由高速增长阶段转向高质量发展阶段。"特大城市作为引领我国向高质量发展的核心载体，要在我国经济高质量发展中发挥引领作用，首先要依靠特大城市聚集的高端生产要素，特别是依赖于提高资本质量和人力资本质量，借鉴纽约、伦敦、东京等国际特大城市发展的历史经验，妥善处理好生产性服务业与先进制造业、中心城区与区域、国内市场与国际市场等关系，完善支持产业转型升级的配套政策，推进产业按照区域协同理念进行布局，不断推进高度化进程，积极融入全球价值链和创新链。

一、国际特大城市推进产业转型的实践与经验借鉴

产业转型是世界各大城市发展过程中面临的共同课题。伦敦、纽约和东京是国际上公认的三大世界城市，它们都经历了较长时间完成从"工业经济"向"服务经济"的过渡，最终确立以生产性服务业为主导的城市产业结构。

（一）伦敦产业转型升级的实践

"二战"后，伦敦产业转型升级大致分为两个大的阶段：第一阶段从"二战"后到20世纪80年代末。这一阶段，伦敦的产业主要从制造业主导向服务业主导转型。"二战"结束后，经过短暂的复苏，到20世纪50年代初，伦敦制造

业吸纳就业人数高达 140 余万，增加值约占英国 GDP 的比重达到 40%，既有钢铁和重型机械等资本密集型工业，也有印刷和家具制造等劳动密集型产业。随着城市土地价格上涨、国际竞争加剧、石油价格高涨等不利因素的出现，20 世纪 60 年代起伦敦城里工业企业开始向城外转移，导致制造业工人大量失业。1961~1981 年，当地制造业人数减少约 2/3，产值年均下降约 10%。在传统部门衰退的同时，电子机械、制药、车辆制造和耐用消费品业等高附加值的部门却发展良好。同期服务业基本维持在 260 万人的就业规模，只是产业内部有所调整。之后随着撒切尔内阁在伦敦启动金融改革，对内放松管制，对外开放金融服务业，带动当地金融和生产者服务的经济进入了快速发展的新阶段，也为伦敦成为全球金融中心奠定了坚实基础。到 20 世纪 80 年代末，伦敦成功步入了"服务经济"的时代。第二阶段从 20 世纪 90 年代初至今。这一阶段，创意研发产业成为服务业发展的主力军。20 世纪 90 年代初，英国政府在全球范围内最早提出发展创意产业，颁布《英国创意产业路径文件》详细诠释了创意产业的概念。政府还设立"创意优势基金"，鼓励社会资本支持伦敦创意产业中有才华的企业家。统计显示，从 1997 年至今，创意是伦敦产值年均增长最快的产业，已成长为仅次于金融服务业的第二大产业部门，就业人数已超过金融服务业，使伦敦享有了世界"创意之都"的美誉。目前伦敦产业结构中，三产占比超过 90%。

（二）纽约产业转型升级的实践

纽约产业转型升级有三个大的阶段：第一阶段是对外贸易占主导阶段；第二阶段是制造业占主导阶段；第三阶段是生产性服务业占主导阶段。其中，第一阶段从纽约形成城市到 19 世纪中后期。纽约是美国历史上最早开展农产品对外贸易的重要窗口之一。19 世纪前期，纽约贡献了全美进口总额的一半和出口总额 1/3。1860 年，不论是按照货物贸易进出口数量，还是按照金额统计，纽约均在全美各州中排名第一，彻底奠定了其贸易中心的地位。第二阶段从第一次工业革命传入美国到"二战"后。繁荣的对外贸易加上便利的交通运输推动纽约本土制造业在 19 世纪初逐渐兴起，1860 年纽约制造业产值已攀升至全美第一，成为国内制造业中心。直到"二战"结束时，纽约制造业的就业人数仍在持续增长。第三阶段从"二战"后至今。20 世纪 50 年代初，纽约产业结构中服务业的产值超过制造业，成为城市主导产业。而制造业在内外部各种条件共同作用下，已进入了全面衰退的时期。与此同时，纽约生产性服务业获得了较快的发展，尤其以银行、咨询、设计、广告等为代表的新兴服务业逐步取代了传统服务业成为第三产业的主体。当前纽约的三次产业结构中，第三产业比重超过 90%。其中，房地产业占比约 25%，金融业占比超过 20%，科学研究和技术服务业占比超过 10%，构成了比重最大的三个行业。

（三）东京产业转型升级的实践

首先，从制造业内部的转型看，东京制造业经历了几次重要更替：20 世纪 60 年代，由于国内劳动力成本上升和国际原材料价格波动，都市产业和加工组装类轻工业成为新的投资重点；20 世纪 70 年代，两次石油危机爆发导致能源价格上涨，这促使政府加快推动钢铁和化工等高能耗产业的外迁；20 世纪 80 年代，为弥补日元汇率上升对出口贸易的不利影响，东京政府大力扶持电气机械和运输机械行业通过技术创新提高产品附加值；20 世纪 90 年代，化工产业技术研发成功应用于医药领域，实现了高附加值产品的规模化生产，带动化工和食品行业等资源型产业重新崛起。

其次，从服务业内部的转型看，20 世纪 70 年代中期开始，以金融业和信息业为代表的生产性服务业向东京集中。到 20 世纪 80 年代末，东京集中了日本国内约一半的信息、研发、广告业就业人员，当地银行储蓄和贷款总数占全日本的 36% 和 46%，东京的外国银行企业数高达全日本的 99%。为了刺激经济增长，进一步推动生产性服务业的发展，日本政府从 20 世纪 80 年代中后期起相继推动了通信、电力和金融等垄断行业的民营化进程，到 90 年代末，东京的服务业吸纳了当地约 2/3 的就业人员，而且作为东京最大的产业部门创造了超过 80% 的产值规模。进入 21 世纪后，日本政府不断加大对文化创意产业支持力度。当前东京从事文化创意产业的人员占总就业人口的 15%，其中，动漫产业是文化创意产业中发展最好的部门。每年 3 月，东京会举办国际动漫展览会，目前已成为全球规模最大的动画主题创意展览会，吸引了数百家全球企业参展。

最后，从制造业主导向服务业主导的转型看，东京中心城区保留了高技术制造业大企业或企业总部，而将小规模企业分布在城区外围，依靠便捷的客运交通和发达的信息网络将东京与周边地区联系起来。通过产业链的协作分工，大企业和中小企业各自在擅长的制作技术和加工技能等环节实现专业化生产，并通过持续创新有效保障了东京制造业中心地位。

（四）国际特大城市产业转型升级的启示

生产性服务业成为经济发展的核心动力。从服务业内部构成来看，面向企业的生产性服务业多年来一直呈现上升态势，成为国际大都市产业结构向更高层次演进的一个共同特点和发展趋势。纽约在 20 世纪 70 年代通过大力发展金融、商务、法律等生产性服务业，成功走出制造业衰退危机。东京自 20 世纪 60 年代以来，包括专业服务、科技研发机构在内的服务业快速发展，成为第一大经济行业，同时金融保险、房地产租赁管理也得到长足发展。伦敦自 20 世纪制造业外迁后，金融、信息、商务、文化创意等生产性服务行业在经济中的地位显著上升。总体上看，先进制造业和高端服务业是全球城市保持在全球城市体系中塔尖地位的重要支撑。

首先，先进制造业仍然要占据一定份额。由于先进制造业以技术密集、知识密集、信息密集为核心，具有附加值高、成长性好、关联性强、带动性大等特点，因此，发展先进高端制造业是提升一个城市核心竞争力的加速器。从国际大都市服务业发展历程看，服务业进入成熟期后保持基本稳定，制造业仍将占一定份额，服务业和制造业占经济总量的比重将保持相对稳定，两大产业相互依存、相互融合、相互促进。以东京为例，2000年，东京都服务业增加值占GDP比重超过80%，进入到年均增速仅为0.4%的相对稳定发展阶段。2008年，东京都服务业增加值占比超过85%、人均GDP超过6万美元，金融保险业与制造业呈现出同步发展趋势，比值相对稳定在10∶6左右。1997~2009年，伦敦服务业呈现缓慢平稳增长态势，占GDP比重由88.0%提升至91.7%，12年间增加了3.7%；2009年至今，服务业占比趋于稳定，总体维持在91.5%~92.0%。从伦敦服务业发展历程看，当人均GDP达到3.74万英镑（约合6.04万美元），服务业与制造业占比趋于稳定，相互依存、互动融合的共生态势逐步形成。

其次，高端生活性服务业要持续增长。从国际大都市服务业发展历程可以看到，在人均收入水平达到较高程度后，满足人们发展需求、心理需求的医疗、教育、保健、休闲、娱乐等高端生活性服务业持续增长。如纽约的教育与健康服务业成为第一大就业行业，就业人数占比接近20%；东京零售业、对个人的服务业等生活性服务业占比超过10%。随着互联网、人工智能、大数据等新兴技术的不断嵌入应用，生活性服务业出现了更多的新模式、新业态，如远程医疗、在线教育等。

最后，优势生产性服务业要保持全球领先地位。优势生产性服务业的发展，对国际大都市的国际角色和国际地位的确立起着关键作用，成为最闪亮的名片。东京、纽约、伦敦均形成了以金融业、专业商务服务业、文化创意产业为主导的服务业结构，直接确立了其"国际金融中心""世界经济中心""世界创意之都"的国际地位。同时，这些国际大都市的国际竞争力和综合经济实力，伴随着其主导服务业的发展而不断提升。

二、我国特大城市推进产业效率提升的路径

随着在全球城市体系中地位的上升，对我国经济社会发展的辐射带动作用进一步增强，我国特大城市要积极借鉴纽约、伦敦、东京等国际特大城市发展的历史经验，妥善处理好生产性服务业与先进制造业、中心城区与区域、国内市场与国际市场等关系，完善支持产业转型升级的配套政策，推进产业按照区域协同理念进行布局，不断推进高度化进程，积极融入全球价值链和创新链。

（一）推进产业区域协同布局

城市经济产生、发展以及衰退的本质是要素资源的高度集聚以及由此产生的配置效率的提高，如果一个城市能够对人才、资本等生产要素起到集聚效应，那么这个城市的经济将是高效的、增长的。如果一个城市无法对城市的人才、资本等生产要素起到集聚作用，特别是在其他城市的虹吸效应下，城市的人口开始出现净流出，那么这个城市将进入衰退发展阶段，成为紧缩型城市。特大城市产业转型升级的核心是加快培育发展新产业、新技术、新业态和新模式，在全国乃至于全球形成产业发展的引领优势。因此，特大城市在产业转型过程中，一方面，在城镇化进入以城市群、大都市圈、大都市区为平台和载体的发展阶段后，特大城市要加快培育和发展以能够对区域和全国经济发展起到引领作用的现代服务业，特别是注重创新性的服务业和服务型的服务业，如金融保险、文化创意、科技研发、中介服务等，以更好地充分发挥特大城市对于区域发展的综合服务功能和创意引领功能。另一方面，特大城市也要考虑区域的产业基础、人口总量、经济规模、区位交通、社会发展等因素，重点发展能够与区域发展需求相适应的现代产业发展体系，考虑在全国经济发展大格局中的相对竞争优势以及国家的战略定位，注重落实国家的战略意图，让产业能够辐射带动周边区域的发展，真正发挥区域增长极的作用。

（二）提升产业高级化发展

特大城市要抓住新一轮国际分工调整的新机遇，培育竞争新优势，争取在全球产业链和价值链中占据更高地位。在工业领域，充分发挥信息化在产业转型升级中的先导和牵引作用，通过信息化与工业化深度融合，采用高新技术、信息技术改造提升传统产业，推动产业形态从生产型制造向服务型制造转变，加快实现产业结构高级化。注重在"产业链延伸、价值链提升、创新链引领、供应链优化"上下功夫，引导制造业企业以制造为基础、服务为导向，创新商业模式，加快占据研发设计、品牌营销、物流配送等高附加值两端。在服务业领域，要立足于提升产业整体竞争力和服务国内外发展的综合能力，推动主导产业、基础产业、先导产业、新兴产业和传统产业多层次、多角度融合、跨界、协同发展，促进产业转型和消费升级，培育经济发展持续动能。尤其要以扩大产业规模、优化供给结构、提升质量效益为方向，着力提升文化创意、现代金融、信息服务等主要产业支撑能力，增强文化旅游、健康养老服务供给能力。

（三）增强产业创新发展能力

目前，我国特大城市的综合发展水平，无论是经济、社会、生态，还是城市的管理方面，不仅和纽约、东京、伦敦等城市相比差距明显，而且和全球区域性中心城市，也有较大差距。因此，必须依靠创新来提高特大城市的"经济容积率"。科技创新是产业结构演进的主要影响因素。特大城市在产业结构优化升级的过程中，一定要把握好机会成为技术创新领导者，成为全球城市、全球区域性中心城市构成的全球城市体系网络中的重要创新节点城市。对于一个城市来讲，如何实现从创新成果到经济增长的具体路径，是引导高校、实验室、企业等创新主体利用创新资源进行创新，形成一定的创新成果，再通过商业化的成果应用模式，将其应用到生产经营过程中，从而创造出创新型的产品和服务，为经济增长做出贡献。坚持创新发展。当前，世界科技进步日新月异，以云计算、物联网、大数据为代表的信息技术加快与其他产业发展高度融合，制造业服务业的发展趋势越来越明显，农业和服务业也逐步加入和互联网的融合发展中，这种创新模式的出现，推动产业向融合化、高端化、无人化、智能化、数字化方向发展，提高了产业的附加值，也出现了新型产业业态。加大政策激励、培训服务和金融支持力度，推动实施创新主体倍增提质行动，重点支持培育"独角兽"企业。加速发展现代服务业，坚持生产性服务业和生活性服务业齐头并进，推动一二三产业融合发展。推广新型孵化模式，大力发展众创、众包、众扶、众筹，集聚庞大的创客队伍，培育创新型企业。支持科学家工作室建设，大力引进培育高校毕业生和高层次、高技能、实用型等各类人才，积极构建集研发、孵化、融资、服务和园区承接、知识产权保护等于一体的创新生态，以创新型经济的发展来提高城市的"经济容积率"。

（四）加快融入全球产业体系

开放合作是特大城市产业转型升级壮大的必由之路。特大城市要真正成为全球城市体系的重要组成部分，就要科学界定自身的功能定位，积极融入全球的产业链、价值链、创新链和供应链中去。首先，要以企业为主体，推动企业积极地融入到全球的产业链、价值链、创新链和供应链中去，更好地利用国内国际两个市场、两种资源，支持企业开展生产、经营、设计、研发、营销、原材料等多个领域的贸易往来、服务合作、投资发展和并购业务，让企业真正成为国际市场上的参与主体。其次，要积极顺应全球化背景下世界经济发展出现的新趋势、新特点、新技术、新组织，特别是商业模式创新和贸易模式创新的特点，鼓励企业以更加开放的姿态，参与全球创新资源配置。结合我国特大城市的产业发展基础和人才配置特点，推动产业合作由以加工制造环节为主转向进入创新链前端、价值链高端的创新研发、创意设计、品牌营销、终端服务等环节延伸，积极承接产品技术研发、工业设计等高端服务业外包，提升国际分工地位。

（五）完善政策支撑体系

推动特大城市产业结构优化升级，要注重完善一系列的政策体系。首先，要完善产业支持政策体系。改变我国传统的以项目为主的支持政策，转变为以产业链发展的关键环节为主的支持政策；改变传统的后期支持政策，转变为前置性的支持政策。其次，完善创新支持体系。建立健全创新发展引导资金等财政性使用机制，提高使用效率，以四两拨千斤的方式引导社会各类风险投资资金投入对我国产业发展有制约作用的"卡脖子"环节，加快形成集中科技攻关的态势，从而有力地推动我国的科技创新能力和产业生产水平迈向国际先进水平。再次，要完善金融支持政策。在产业发展过程中，要注重引导金融资源投向实体经济，支持实体经济的发展，特别是独角兽企业等高成长性的企业。最后，要完善人才支持政策。加大新型研发机构培育力度，从政府项目承担、税收优惠、职称评审、人才引进、建设用地、投融资等方面给予扶持。鼓励央企、科研院所围绕优势产业细分领域，综合集成、高效配置科技创新资源，建立面向市场的新型研发机构，为产业技术创新提供源头支撑。

第六章　我国特大城市的区域协同发展策略

我国特大城市的空间调整优化，将在极大程度上改善和提高城市在区域、城市建成区和微中心等宏观、中观和微观领域的城市空间组织效率，提高城市的土地利用效率，克服土地资源约束，从而提高城市的整体运行效率。

第一节　特大城市与区域发展的互动机制

经典区域发展理论把大城市当作带动区域经济增长的"火车头"，但是，在区域经济发展的实践中，出现了大城市的快速增长与周边区域持续贫困并存的现象，这些现象表明，由于发展阶段不同，大城市对周边区域之间的相互作用机制也不相同。同时，区域对于特大城市的发展也具有一定的反作用，并且这个反作用随着城市—区域系统不同的发展阶段变化而变化。

一、特大城市对区域发展的影响

从城市体系来看，特大城市处于核心地位，经济发达、功能完善，并且能在经济、文化、科技等方面对周边区域产生集聚、辐射功能，对区域中其他城镇发挥主导作用，能够带动周边地区经济发展。特大城市的辐射带动作用主要通过集聚效应和扩散效应实现。其中，集聚效应的产生是基于成本收益不同而产生的，由于中心城市往往具有更好的基础设施、更多的人才资源、更优质的公共服务、更便捷地获取信息的机会，能够吸引更多的人口、资金、创新资源、社会机构在城市相对集中的空间聚集，从而产生溢出效应和规模效应。在中心城市集聚效应不断强化的过程中，虹吸效应开始出现，城市能够在更大规模、更大范围内吸引生产要素向中心城市集聚，从而让周边的区域难以留住人口、留住企业、留住资金，发展缺乏活力和动力，导致特大城市与周边区域的发展差距越来越大。扩散效应指随着特大城市的规模持续扩大，产生了诸如环境恶化、土地紧张、交通拥堵、房价上涨、人口密集等城市病，企业的生产成本和居民的生活成本大幅上升，因为集聚带来的收益不能抵消拥挤带来的成本，企业纷纷搬出特大城市的中心区域，开始向周边区位交通相对便利、土地价格相对低廉、生态环境相对优良的中小城镇转移，从而带动周边地区的发展。特大城市向外扩展的过程中，一般是沿着主要交通干线的站点进行布局，随后这些新的节点区域快速成长，成长为次一级的中心城市，与中心城市之间的关系由双边关系演变为多边关系，逐渐形成网络化的发展方式，从而带动整个区域的一体化发展。未来我国都市圈的发展模式就是进入良性发展状态、特大城市与周边区域一体化发展的平台和载体。特大城市就是这样通过辐射和集聚两种基本运动，创建与周边城市及经济腹地间的紧密联系。从辐射带动作用来考察特大城市对于区域发展的促进作用，主要有以下几个方面：

（一）特大城市带动区域产业升级

特大城市带动区域产业升级，主要通过产业扩散的形式来实现。产业扩散是指产业从经济发展水平高、产业发展成熟的地区转移到经济发展水平低、产业发展滞后的地区。产业扩散由产品生命周期的不同阶段对技术和市场的不同要求所决定。一般来说，新产品和技术会首先在经济发展水平高的地区产生，随着技术的成熟而向其他欠发达地区转移。产业扩散往往先从边际产业开始，即从中心城市内已经处于或即将处于比较劣势而对方城市具有显在或潜在比较优势的产业开始。作为生产领域的高级劳动者，人才的流动对区域经济发展有重要影响。一般意义上的人才流动就是指在一定的劳动力市场上，为获得更高的劳动报酬而产生的人才自然位置和社会位置的变动，其目的是为了经济效益的最大化。普遍存在的情况是落后地区的人才流向发达地区，这是因为发达地区能够提供更多的就业机会和更高的收入。通过这种流动，落后地区的人才能够得到更多学习机会，从而获取先进的知识和技术。发达地区所提供的机会和平台，同样体现了发达地区对于区域内的经济辐射效应。

（二）特大城市带动区域创新能力提升

技术扩散是指区域中心城市的开发能力通过消费、生产等方式为周边欠发达地区或其他区域使用、吸收、复制和改进的过程。技术扩散主要通过人员流动、技术转让、示范与学习等途径来实现。在经济辐射过程中，由于中心城市具有最强的科技水平和创新环境，技术供给相对充分，技术往往由中心城市流向周边城市。技术扩散可以促使其他地区吸收知识存量，加速其知识技术和人力资本的积累，产生技术上的"赶超效应"，进而实现整个区域的科技进步，加快区域经济增长。当前，我国城市群发展迅猛，但集聚与扩散效应不够强大，能量等级还不能完全与国外发达城市群相提并论。我国紧抓新一轮科技革命和产业革命重大机遇，要增强中心城市的辐射带动力，为创新要素寻找更好空间，进一步解放和发展生产力，加快新旧动能转换，将创新潜力释放到极致，提升城市群整体实力和质量。欠发达地区要加速吸引中心城市资源要素，承接和发展具有比较优势的产业，以科技创新和产业升级布局未来经济发展制高点，发挥后发优势，加快科技资源向生产力转化，助推经济高质量发展。

（三）特大城市带动区域公共服务均等化

在快速交通发展引导下，各相邻城市逐渐形成一个经济紧密联系、利益共存共荣的共同体，跨城居住生活、跨城购物消费、跨城养生养老、跨城教育医疗等方式越来越成为提升城市生活品质的新需求。同时，创新、协调、绿色、开放、共享五大发展理念，是关系我国发展全局的一场深刻变革。其中共享发展的核心要义就是要解决社会公平正义问题，解决城乡区域之间公共服务水平差距较大问题。在此背景下，相邻城市的协同发展不仅要实现经济领域的协同，还要以推行公共服务均等化为目标，着力实现医疗、养老、教育等民生领域的公共服务均等化，缩小城市间公共服务的差距，特别是疏解特大城市优质公共资源，增强周边中小城市的吸引力和幸福感。

（四）特大城市带动区域基础设施体系完善

特大城市在区域发展中具有主导、枢纽的作用，是区域中各种生产和经济要素的供给基地、区域经济活动的轴心，城市群功能网络如交通、信息、市场、金融等网络的枢纽，具有对发展的支撑作用。人口流动促进了城镇空间体系的演变，催生出对区域交通体系的新需求，对高密度、大运量、高效率的多层次交通体系建设提出了更高要求。其中，快速轨道交通作为连接特大城市中心城区到区域次一级中心城市、小城镇、产业新城、卫星城以及其他节点型组团之间的主要交通方式，随着特大城市功能的有机疏散，对人口、产业的空间转移和合理分布影响巨大，需要通过规划引导快速交通运输体系的发展，促进要素的自由流动和空间格局的调整优化。

（五）特大城市带动区域对外开放

特大城市不仅是我国全国性、区域性经济社会发展的核心，而且也是我国参与国际竞争合作的主平台。我国特大城市一般都是在政治、经济和文化等领域发挥重要作用的国际大都市，已经成为全球经济网络中具有支配地位的关键节点，成为对外开放的主要载体。随着全球化的加快推进，我国特大城市越来越融入全球城市体系，拥有低层级城镇体系不具备的对外联系优势，能够形成高能级开放大平台，发展更高质量的开放型经济，深化国际人文交流合作，营造国际一流营商环境，集聚高素质国际化人才队伍，不断提升在全国对外开放大局中的战略地位，从而带动区域融入全球产业链、价值链和创新链。

二、区域协同发展对特大城市的影响

区域协同发展对特大城市产生反作用。在城市—区域系统低水平协同发展时，区域为特大城市提供劳动力、资金、原材料等生产要素，是特大城市商品销售市场。在城市—区域系统高水平协调发展阶段，区域将为特大城市缓解交通拥堵、地价上涨、环境恶化等城市病以及产业转型升级腾挪空间。

（一）加快特大城市人口有效疏散

20世纪90年代以来，外来人口大规模涌入成为特大城市人口激增的主要原因，由此形成的表象是特大城市人口规模过大。但观察纽约、伦敦、巴黎、东京等全球性城市，发现这些特大城市人口规模十分庞大，且仍继续缓慢增长，人口密度均位于世界前列水平，但是城市功能仍然能够发展。因此，人口规模过大并非形成"大城市病"的真实本质原因。我国特大城市表现出人口空间分布不均衡的特点，人口主要集中于中心城区，如2016年北京市中心六区常住人口占全市比重达57.4%，再加上城市管理治理水平不高，导致中心城区负荷过重，城市诸多功能有效实现受到影响；特大城市的边缘城区人口分布较疏，未能有效承载人口，特大城市周边的中小城市也未能与特大城市形成良性互动发展，人口空间分布存在明显的结构性矛盾。区域协同视角下，有利于做好人口的"减法"和"加法"。从特大城市自身情况来看，基于人口空间分布现状，做好中心城区人口"减法"，化解中心城区人口压力；做好腹地人口的"加法"，强化腹地人口承载功能，逐步实现特大城市中心城区和腹地人口协调发展。特别是正确处理好特大城市与中小城市的关系，形成优势互补、良性互动、协同发展的格局，引导人口在特大城市与中小城市之间有序流动，促进特大城市和城市群健康发展。

（二）加快特大城市产业升级

区域协同发展战略为中心城市产业转型创造了条件、腾挪了空间。特大城市在发展的过程中通常会发挥辐射带动作用，通过协同效应影响腹地经济，从而延伸产业链。一旦中心城市面临转型发展，周边地区又能很好地发挥支撑作用，承接产业转移。珠三角、长三角和京津冀是中国经济实力最强、分工协作水平最高的三大城市群，北上广深四个一线城市就分布于此。由此可见，未来以城市群为依托、以协同发展为目标，国内有望形成更多的区域发展增长极，推动中心城市完成产业转型。

（三）加快特大城市空间结构优化

随着快速交通方式的发展，相邻城市之间交通的便捷化、公交化程度不断提高，城市之间的时空距离的不断缩短，人流、物流、信息流、商务流逐渐突破传统的行政区域界线，向邻近更广阔的区域内流动与配置。伴随着城市规模的扩大

和城际之间交通条件的改善，尤其是高速公路的出现，相邻城市辐射的区域不断接近并有部分重合，新兴的节点城市开始出现并不断壮大，成为城市—区域系统中城市网络的重要组成部分，成为中心城市与周边区域进行融合发展的桥梁和纽带，从而推动中心城市与周边区域的加快融合发展。在此背景下，更有利于特大城市的组团式发展、圈层式发展、多中心式发展等空间结构的布局与优化。

（四）加快特大城市社会环境改善

习近平总书记在庆祝改革开放40周年大会上指出，让人民共享经济、政治、文化、社会、生态等各方面发展成果，有更多、更直接、更实在的获得感、幸福感、安全感，不断促进人的全面发展、全体人民共同富裕。增强中心城市辐射带动力，既体现以先富带动后富最终实现共同富裕的基本价值取向，又体现全面建成小康社会的必然要求，是对彰显社会主义制度优越性、增强人民获得感的时代诠释。共享发展的核心要义就是要解决社会公平正义问题。区域的协调发展不仅要实现经济领域的协同，还要缩小公共服务的差距，特别是疏解特大城市优质公共资源，增强周边中小城市的吸引力和幸福感。而信息技术和互联网的发展，也为公共服务和公共政策的一体化进程提供了有力的保障。

三、特大城市在区域发展中的职能体现

特大城市作为特定城镇体系的核心城市，也具有空间属性，要融入一定的城镇体系，首要功能不是过度依赖"虹吸效应"，持续放大集聚功能；而是注重非核心功能的有机疏散，通过辐射带动作用促进城镇之间的合理分工和区域的协调发展。特大城市自身所具备的强大能级，而且要展现出比一般城镇更强大的能级，在经济、社会、文化、创新发展中发挥核心作用，是全球或者全国的经济中心、文化中心、管理中心、创新中心、金融中心、物流中心，多数国家中心城市还是对应行政区的政治中心。这种强大的集聚辐射带动能力将国家中心城市自身的生产能力、创新能力、服务能力等内容高效地传递到全国城市体系或区域城镇体系中的其他节点城镇，从而带动整个区域的高效发展。从一般特性上看，特大城市的核心功能主要表现在：第一，强大的集聚功能：特大城市是所在区域或城市群经济社会网络的集结点和中间枢纽，具有自身区位特点和政治、经济等资源优势，通过支配效应、乘数效应、极化效应吸引区域的各种商品要素和经济活动，实现强大的集聚功能；第二，强大的辐射功能：与集聚功能相对应，特大城市随着生产要素集聚发展，向周边地区进行要素和经济能量输出，将商品、技术、信息、人才等经济要素，以及技术创新和先进的管理经验传递辐射到腹地；第三，强大的引领功能：特大城市由于在政治、经济、科技、文化、体制等各方面的优势，在科技进步、区域创新、经济增长、产业结构升级转型等方面具有巨大的示范带头作用，全方位、多层次影响着区域经济活动，最终携领整个区域经济发展；第四，强大的综合服务功能：特大城市的生产、金融、交换、旅游、科技、教育、文化、交通、信息等城市职能优势突出，服务和带动区域发展。

随着城市群或区域逐步向基础设施一体化、空间组织一体化、产业发展一体化、公共服务一体化、体制机制一体化发展，特大城市的职能体系也将逐步强化能够体现中心性的职能，如信息交流中心、科技创新中心、公共服务中心、对外交往中心、交通枢纽中心，要弱化商贸集散中心、商品生产中心、行政管理中心等职能。

从信息交流中心方面看，在城市发展的早期，人口在城市高度聚集，以及城市作为区域的商贸、交通和生产中心，信息交流中心随着产生。在新的信息技术条件下，信息交流中心的内涵更加丰富。特大城市更加重视城市管理中信息技术的应用，不断开拓新科技和技术的前沿领域。

从科技创新中心方面看，科技创新中心综合表现在观念创新、科技创新、制度创新、文化创新等方面。全国城市体系中，北京、上海、广州、天津、武汉、成都、西安都是区域的高教中心，是各种创新资源的集聚地，是各种创新成果的发源地。特大城市要围绕产业转型创新、科技成果转化、协同创新、壮大创新主体、创新区域升级、创新生态建设、创新人才引进等内容，加快科技创新资源、工作和体系进行整合、重构、重建，激发创新动力，不断提升城市持续创新能力与核心竞争力。

从交通枢纽中心方面看，特大城市一般都是区域内的交通枢纽，优势突出的城市要逐步放大在全国乃至全球的交通枢纽中心地位。例如，在区域中心城市向国家中心城市迈进过程中，成都交通建设定位于增强综合交通通信枢纽的功能。交通建设需要全面提升对外交通互联互通水平，加快建设国际空港枢纽、国际性铁路枢纽、国家级高速公路枢纽，构建通达全球、衔接高效、功能完善的国际性综合交通枢纽。

从金融服务中心方面看，金融是现代经济的血液，金融业现在已经成为城市现代服务业的重要内容和支撑，具有促进产业经济结构调整和平稳社会发展的作用，为企业和城市的发展注入了活力。金融服务中心是特大城市最重要的职能体现之一。如武汉明确提出了建设中部金融中心，郑州也提出了"立足郑州、服务中原、辐射中西部"的定位；西安、成都提出建设西部金融中心。与此同时，金融服务的功能呈现梯度分布特征，表现出明显的"1＋N"的扁平化分布特征。北京、上海作为两大金融服务中心，更加承担"1"的功能，中西部地区城市群的核心城市，要分担在区域发展中"N"的功能，聚集某一特色金融服务，形成独特发展优势。

从公共服务中心方面看，在我国传统城市发展格局中，由于特大城市一般都是直辖市、副省级城市和省会城市，公共资源按行政级别配置，而非按人口规模化配置，由此形成了公共资源配置向大城市集中，中小城镇公共资源严重不足的局面。其结果是，特大城市公共服务质量高和就业机会多。在未来发展中，公共服务中心不仅要考察公共交通、文化体育休闲设施、公共教育、医疗卫生、创业工作等方面，而且要给人才提供良好的生态宜居环境，真正使人才引得来、留得住、用得好，成为高端人才汇集中心。

从对外交往中心方面看，需要站在全国城市体系甚至是全球城市体系的高度思考城市的发展，进一步提升对外开放水平，成为世界城市网络体系的重要节点。特大城市要推进多层次的对外交往合作，在城市群层面，全面拓展和提升与其他城市的合作；在区域层面，强化与周边省份的区域合作，形成产业互补、市场互通、资源互用、政策互动、互利共荣的新局面；在"一带一路"层面，积极融入"一带一路"。

第二节　特大城市与区域协同发展的研究进展和我国实践

当前，虽然我国特大市的生产效率仍然高于其他城市，但是随着城市规模的不断扩张，也先后进入规模效应递减发展阶段，特大城市如何实现与区域的协同发展不仅是国家在考虑区域宏观布局时的重要因素，也是特大城市如何实现自身的可持续发展的重要途径。

我国围绕特大城市与区域协同发展，已经密集地出台了一批政策。如《京津冀协同发展规划纲要》《关中平原城市群发展规划》《成渝城市群发展规划》《粤港澳大湾区发展规划纲要》《长江三角洲城市群发展规划》《中原城市群发展规划》《促进中部地区崛起"十三五"规划》，以及《辽中南城市群发展规划》，在这些规划中，北京、沈阳、上海、南京、苏州、杭州、厦门、郑州、武汉、广州、深圳、成都、西安等纳入城市增长边界划定试点的城市分别属于这些城市群，已经在推动特大城市与区域协同发展方面做了安排（见表6-1和表6-2）。

表6-1　特大城市的核心功能

特大城市	核心功能
北京	全国政治中心、文化中心、国际交往中心、科技创新中心
沈阳	东北和内蒙古东部的经济中心、交通、文化和信息中心，全国最大的综合性重工业基地

续表

特大城市	核心功能
上海	国际经济、金融、贸易、航运中心
南京	"一带一路"节点城市、长江经济带重要枢纽城市、长三角城市群西北翼中心城市、扬子江城市群龙头城市和南京都市圈核心城市
苏州	国家历史文化名城和风景旅游城市、国家高新技术产业基地、长三角重要区域性中心城市
杭州	国家高科技产业基地和国际重要的旅游休闲中心、国际电子商务中心、全国文化创意中心、区域性金融服务中心
厦门	高新技术生产研发与创新基地、对台交流合作先行先试基地和国际航运物流中心、金融商贸中心、旅游会展中心和文化教育中心
郑州	国际综合枢纽、国际物流中心、国家重要的经济增长中心、国家极具活力的创新创业中心、国家内陆地区对外开放门户、华夏历史文明传承创新中心
武汉	国家历史文化名城、中部地区的中心城市、全国重要的工业基地、科教基地和综合交通枢纽
广州	国家重要中心城市、历史文化名城，国际综合交通枢纽、商贸中心、交往中心、科技产业创新中心，逐步建设成为中国特色社会主义引领型全球城市
深圳	经济特区、全国性经济中心城市和国家创新型城市，努力成为具有世界影响力的创新创意之都
成都	西部地区重要的经济中心、科技中心、文创中心、对外交往中心和综合交通枢纽
西安	国家重要的科研、教育和工业基地，西部地区重要的中心城市、国家历史文化名城

表6-2　特大城市与区域协同发展主要目标

特大城市	区域协同发展目标
北京	近期有序疏解北京非首都功能取得明显进展，在符合协同发展目标且现实急需、具备条件、取得共识的交通一体化、生态环境保护、产业升级转移等重点领域率先取得突破，深化改革、创新驱动、试点示范有序推进，协同发展取得显著成效，初步形成京津冀协同发展、互利共赢新局面。远期到2030年，首都核心功能更加优化，京津冀区域一体化格局基本形成，区域经济结构更加合理，生态环境质量总体良好，公共服务水平趋于均衡，成为具有较强国际竞争力和影响力的重要区域，在引领和支撑全国经济社会发展中发挥更大作用
沈阳	建设成为国内一流、国际先进的城市群的中心城市
上海	按照打造世界级城市群核心城市的要求，加快提升上海核心竞争力和综合服务功能，推动非核心功能疏解，推进与苏州、无锡、南通、宁波、嘉兴、舟山等周边城市协同发展，引领长三角城市群一体化发展，提升服务长江经济带和"一带一路"等国家倡议的能力

特大城市	区域协同发展目标
南京	提升南京中心城市功能，加快建设南京江北新区，加快产业和人口集聚，辐射带动淮安等市发展，促进与合肥都市圈融合发展，打造成为区域性创新创业高地和金融商务服务集聚区
苏州	全面强化与上海的功能对接与互动，加快推进沪苏通、锡常泰跨江融合发展
杭州	发挥创业创新优势，培育发展信息经济等新业态新引擎，加快建设杭州国家自主创新示范区和跨境电子商务综合试验区，加快推进杭州、嘉兴、湖州、绍兴融合发展
厦门	经济社会发展取得新成效，区域发展协调性显著增强，海峡西岸经济区与台湾地区经济融合不断加强，形成两岸共同发展的新格局
郑州	壮大中原城市群，形成与长江中游城市群南北呼应、共同支撑中部崛起的核心增长地带
武汉	壮大长江中游城市群，形成支撑中部崛起的核心增长地带，辐射带动周边地区整体发展
广州	区域发展更加协调，分工合理、功能互补、错位发展的城市群发展格局基本确立；协同创新环境更加优化，创新要素加快集聚，新兴技术原创能力和科技成果转化能力显著提升；开放型经济新体制加快构建，粤港澳市场互联互通水平进一步提升，各类资源要素流动更加便捷高效，文化交流活动更加活跃。到2035年，大湾区形成以创新为主要支撑的经济体系和发展模式，经济实力、科技实力大幅跃升，国际竞争力、影响力进一步增强；大湾区内市场高水平互联互通基本实现，各类资源要素高效便捷流动；区域发展协调性显著增强，对周边地区的引领带动能力进一步提升
深圳	加快建设大湾区核心城市，适当扩大城市规模，带动大湾区的协调发展
成都	充分发挥成都的核心带动功能，加快与德阳、资阳、眉山等周边城市的同城化进程，共同打造带动四川、辐射西南具有国际影响力的现代化都市圈
西安	加快功能布局优化与疏解，增强主城区科技研发、金融服务、文化旅游、国际交往等核心功能，完善阎良、临潼、兴平等外围组团功能，推动西安—咸阳一体化发展

第三节 特大城市的城市——区域系统协同发展评价与组织优化

随着新型工业化、新型城镇化进程的加快和我国特大城市人口规模、经济规模不断扩大，特大城市开始注重非核心功能的有机疏散，加快与区域进行合作，不断推进区域基础设施、公共服务、产业体系、生态建设的共建、共享和科学分工，推动特大城市与区域协同发展程度不断提高。分别以我国东中西部京津冀城市群、长三角城市群、珠三角城市群、中原城市群、成渝城市群来考察核心城市与区域协同增长情况，其中，长三角城市群、中原城市群为单核心带动型城市群，京津冀城市群、珠三角城市群、成渝城市群为双核心带动型城市群。

一、我国特大城市与区域的协同发展现状

经济协同持续增长。2006～2017年，我国特大城市及其所在的区域都保持了较高的经济增长速度。以上述五个城市群为例，2006～2017年，成都、上海、广州、郑州、北京五个特大城市地区生产总值分别增长了5.1倍、2.9倍、3.5倍、4.6倍和3.6倍，对应的五大城市群的腹地地区生产总值分别增长了4.6倍、3.8倍、3.4倍、3.4倍和3.4倍，五大城市群中心城市与腹地经济总量之比总体保持稳定，其中，成渝城市群比值最小的年份为2009年，为32.3%；比值最大的年份为2017年，达到38.1%。长三角城市群比值最小的年份为2017年，为24.4%；比值最大的年份为2006年，为31.6%。珠三角城市群比值最小的年份为2008年，为39.1%；比值最大的年份为2013和2015年，为42.8%。中原城市群比值最小的年份为2006年，为12.4%；比值最大的年份为2017年，为16.4%。京津冀城市群比值最小的年份为2012年，为43.3%；比值最大的年份为2017年，为49.3%。

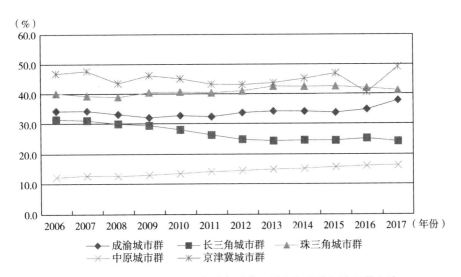

图6-1 2006～2017年五大城市群中心城市与腹地经济总量之比

资料来源：根据《中国统计年鉴》（2007～2018）整理。

基础设施互联互通。受过去传统行政区经济思维的影响，特别是在我国当前统计核算体系下，各个行政区之间受地区生产总值、财政一般预算收入、税收分

成等政策的核算方式的影响，都注重本地区的收益情况。特大城市作为区域的中心城市，在与所在区域其他城市之间的合作中占据主导地位，强烈要求在与其他城市的合作中能够分享到占比更大的收益，这也从源头上导致中心城市与区域腹地之间的基础设施布局缺乏统筹规划和建设，各种交通枢纽互联互通效率有限，各种交通方式"最后一公里"问题突出。突出表现在连接各地的高速公路运输问题上，在高速公路出入口收费站点的设置是城际通勤最大的经济成本。高速公路连接不同城市很方便，但是上下路口困难，高速公路的方便快捷性大打折扣。此外，现有高速公路出入口少，有些地方要奔波很远才能出入，口少车多，出入时相当拥挤。每逢节假日，各条高速公路一片拥堵，似乎已经成为一个"规律"。当前各地都加快以交通一体化、信息网络一体化为先导，以枢纽型、功能性、网络化、瓶颈类的重大基础设施建设为重点，突破行政界线，统筹规划布局，整合各类资源，联手加快推进基础设施建设一体化，建立和完善重大基础设施一体化体系，并加强与周边其他区域的衔接，在更高层次、更广范围、更大空间发挥交通、信息等基础设施对城市—区域系统发展的支撑和带动作用。

公共服务均等发展。公共服务均等化是我国长期以来由于城乡区域发展不平衡所产生的社会发展面临的难题。特别是由于城乡发展二元体制、不同行政等级之间分化日益严重，导致在城市群的形成和发展过程中，中心城市与所在区域的城镇之间、城乡之间的公共服务圈层式落差更加明显，尤其在教育、医疗、社会保障等方面。由于围绕中心城市，产生以中心城市为中心的圈层式公共服务的落差，让区域的居民更加倾向于享受中心城市的教育、医疗卫生、就业创新等优质的公共服务资源。特别是对于一些中心城市与所在区域发展差距较大的地方而言，城乡居民的这种享受优质公共资源的心情显得更加迫切。紧扣以人为本，建立健全均等化的基本公共服务标准体系，对于推动中心城市与区域的协同发展，维护城市群或者大的区域内地的社会公平正义显得格外重要。改革开放以来，我国的基本公共服务体系建设成效显著，但仍存在城乡差距、地区差距。

生态环境共建共享。城市—区域系统之所以能够成为一个系统，就在于中心城市与腹地之间的紧密联系和协同互动，其中包括生态环境的共建共享。可以说，对于中心城市来讲，区域不仅是中心城市可持续发展的生态屏障，也是中心城市享受到优质生态产品的根本依托，更是中心城市水、土地、能源、环境容量满足绿色发展的需要的主要载体。从整个意义上看，生态环境的共建共享，中心城市要付出更多的努力，做出更大的贡献才能体现权责利的统一和匹配。但是，目前由于我国行政管理体制的存在，特大城市的行政级别高于区域内其他城镇，导致特大城市在生态环境共建共享发展更加强调共享，强调对腹地的要求，而忽视共建，忽视生态补偿机制的完善。

协同机制不断完善。虽然城市—区域之间构建了很多协同发展机制，但是中心城市与区域协同发展还存在一些问题没有真正做到破题。首先，是在共同目标上，中心城市和腹地城镇要在思想认识上达到高度的统一，打破计划经济传统思维模式，打破"一亩三分地"的思维定式，打破利益藩篱的种种束缚，打破体制机制的层层约束，形成共同的发展取向。其次，是所处的发展，确立科学的发展规划和目标。按照中心城市与腹地的关系，形成合理的分工体系。例如，我国学术界经常以京津冀和长三角为例，来探索北京、上海两个中心城市与腹地的关系，得出的结论是上海与长三角的协同效应更加明显，但是北京与京津冀缺乏协同效应。最后，要形成稳固的支撑条件。以快速交通连接为突破口，以项目管理为制度保障，以税收分成为导向，形成重点突破的格局。

但是，还存在以下问题：一是缺乏创新型的合作平台。城市群成员开展各种形式的合作，必然涉及费用和成本的分摊。但是当前的费用和成本分担还缺乏一个完善的体制机制框架，还缺乏一个框架下主导的合作平台，用以鼓励社会资本参与，进而重点投向跨区域重大基础设施互联互通、生态环境联防共治等领域。二是缺乏社会类的制度对接。随着我国城镇化发展方式从 1.0 时代向 2.0 时代过渡，城市群的发展已经逐渐从硬件相通阶段走向软件对接阶段。要实现人的安居乐业，最重要的就是在城市群内部加强医疗、教育和社保等制度的对接，以实现社会资源的优化配置和公共服务的均等化等。迫切需要加快制定融合发展规划纲要，为公共资源布局做出系统性安排，并为各类市场主体的合理流动提供长远和稳定预期。三是缺乏系统性的规划体系。要推动核心城市与区域的协同发展，需要加强顶层设计，包括总体设计框架和若干专项发展规划，对协同发展的现实背景、原则目标、重点任务、保障体系等内容进行基础性、长远性的安排。其中，总体设计框架应着眼于全局，在认真把握宏观发展背景和所承担的国家战略任务、要实现的国家战略意图的基础上，对协同发展的总体目标、主要领域的总体布局和实施协同发展的保障措施体系进行系统性安排。专项规划应围绕协同发展的实际需要，以科学布局和系统推进各类事业的协同发展为宗旨，着眼于基础领域、战略领域和复杂领域，聚焦基础设施、生态环保、城际通勤、产业发展、公共服务等具体行业领域，突出问题导向，明确目标任务，完善保障措施。

二、特大城市与区域协同发展程度的测度

城市群所形成的城市—区域系统是一个复杂的巨系统，特大城市作为城市群的核心城市，是一个子系统；特大城市所影响的区域，包括其他中心城市、次一级中心城市、小城镇和农村地区构成的区域，是另一个子系统。特大城市与所在区域的协同发展程度，可以用耦合度和耦合协调模型来进行测度。

（一）指标体系的构建

特大城市与所在区域协调度反映的是两个系统内部要素之间的协调关系以及两个系统之间的相互作用，其评价指标应包括特大城市综合发展和辐射带动能力的评价指标，包括腹地接受辐射带动产生的综合实力提升评价指标。参考国内外关于研究耦合度的相关成果，结合国内相关研究领域专家的建议并兼顾数据可得性，选取有代表性的指标来构建特大城市与区域协同发展测度评价的相关指标体系，并在指标体系构建过程中遵循以下原则：第一，科学性原则。指标体系的构建必须是建立在科学性原则的基础上的，也即在现有理论研究的指导下，使得指标体系在概念以及逻辑结构上合理、严谨，反映被评价对象的实质。同时，必须理论结合实际，尊重被评价对象的客观实在，进行客观评价。第二，结构优化原则。评价指标体系中的诸多指标之间是相互联系，相互交织的。因此，为避免内在联系的层次叠合，要围绕结构优化原则，明晰评价指标的层次性，增强指标之间的系统性。第三，可操作性原则。要遵循可操作性原则，一方面简化指标体系，评价方法能够保证科学、客观；另一方面要遵循数据可得性，保证被评价对象评估数据的获得渠道可信，评估数据易得。构建具体指标体系如表6-3所示：

表6-3　特大城市与区域协同发展程度评价指标体系

子系统（一）	指标
核心城市	地区生产总值
	年末金融机构各项贷款余额
	客运总量
	货运总量
	技术合同交易额
子系统（二）	指标
区域	年末单位从业人员数
	地区生产总值
	社会消费品零售总额
	财政一般预算收入
	城乡居民储蓄年末余额

（二）评价指标体系说明

1. 地区生产总值

地区生产总值指一个国家或地区的所有常驻单位，在一定时期内，生产的全部最终产品和服务价值的总和，常被认为是衡量国家或地区经济状况的指标。核心城市地区生产总值的规模大小，反映了核心城市的综合实力，进而反映核心城市辐射带动区域发展综合能力的强弱。根据当前我国特大城市的发展历程和所处的发展阶段，特大城市的经济总量越大，对区域的辐射带动能力越强。

2. 年末金融机构各项贷款余额

年末金融机构各项贷款余额是指截至年末，借款人尚未归还放款人的贷款总额。其中金融机构主要包括商业银行和政策性银行、非银行信贷机构和保险公司。我国特大城市多是全国性金融中心，或是区域性金融中心，金融机构众多，年末金融机构各项贷款余额在一定程度上反映了核心城市拥有的金融机构对区域发展的金融支撑能力。

3. 客运总量和货运总量

客运总量和货运总量指在一定时期内，各种运输工具实际运送的货物重量（旅客数量）。该指标是反映运输业为国民经济和人民生活服务的数量指标，也是制定和检查运输生产计划、研究运输发展规模和速度的重要指标。货运按吨计算，客运按人计算。货物不论运输距离长短或货物类别，均按实际重量统计。旅客不论行程远近或票价多少，均按一人一次客运量统计；半价票、小孩票也按一人次统计。特大城市作为区域的综合物流中心和客运中转中心，承担了枢纽城市的功能，客运总量和货运总量反映了特大城市与区域之间的人流和物流的规模与速度。

4. 技术合同交易额

技术合同成交额是指只针对技术开发、技术转让、技术咨询和技术服务类合同的成交额。技术合同，是当事人就技术开发、转让、咨询或者服务订立的确立相互之间权利和义务的合同。技术合同包括四类：技术开发合同和技术转让合同、技术咨询合同、技术服务合同。技术合同交易额是科技成果转移转化的重要指标，也是反映区域科技创新的活跃态势的重要目标。对应特大城市是区域创新中心的职能，反映出特大城市在一定程度上对区域创新发展的支撑能力。

5. 年末单位从业人员数

年末单位从业人员数是指报告期末最后一日24时在本单位工作，并取得工资或其他形式劳动报酬的人员数。指标为时点指标，不包括最后一日当天及以前已经与单位解除劳动合同关系的人员，是在岗职工、劳务派遣人员及其他从业人员之和。从业人员不包括：①离开本单位仍保留劳动关系，并定期领取生活费的人员；②利用课余时间打工的学生及在本单位实习的各类在校学生；③本单位因劳务外包而使用的人员，如建筑业整建制使用的人员等。单位从业人员反映了区域经济发展的活力，单位从业人员越多，区域就业机会越多，经济发展活力越强，特别是反映出特大城市对区域的带动力。

6. 社会消费品零售总额

社会消费品零售总额是指企业（单位）通过交易售给个人、社会集团，非生产、非经营用的实物商品金额，以及提供餐饮服务所取得的收入金额。社会消费品零售总额包括实物商品网上零售额，但不包括非实物商品网上零售额。该指标是反映区域经济发展活力的一个重要指标。

7. 财政一般预算收入

财政一般预算收入是通过一定的形式和程序，由各级财政部门组织并纳入预算管理的各项收入，包括税收收入、社会保险基金收入、非税收入、贷款转贷回收本金收入、转移性收入。财政一般预算收入既反映区域发展的整体实力，也反映区域发展的相对质量。财政一般预算收入相当于地区生产总值，比重越高说明地区经济增长质量越高。

8. 居民储蓄年末余额

居民储蓄年末余额指年终时城乡居民在银行和其他金融机构的人民币储蓄存款总额。不包括居民的手存现金和工矿企业、部队、机关、团体等单位存款。该指标反映区域发展中居民的收入水平和富裕程度，也反映了区域的社会发展水平。

（三）评价指标体系模型

耦合原本作为物理学概念，是指两个或两个以上系统或运动形式通过各种相互作用而彼此影响的现象。耦合度是描述系统或要素相互影响的程度，从协同学的角度看耦合作用及其协调程度决定了系统在达到临界区域时走向何种序列与结构，即决定了系统由无序走向有序的趋势。系统在相变点处的内部变量可分为快、慢弛豫变量两类，慢弛豫变量是决定系统相变进程的根本变量，即系统的序参量系统由无序走向有序机理的关键在于系统内部序参量之间的协同作用，它左右着系统相变的特征与规律。耦合度正是反映这种协同作用的度量。由此，可以把特大城市与腹地两个系统通过各自的耦合元素产生相互彼此影响的程度定义为城市—腹地耦合度，其大小反映了特大城市对区域经济社会发展的作用强度和贡献程度，由耦合度和耦合协调度两个模型组成。引入物理学中的耦合度函数并参考相关文献研究建立协调度发展模型如下：

（1）确立样本数据矩阵。

我们假设被评价样本总体为矩阵 $A = \{X_{ij}\}$ nm，其中个体 X_{ij} 表示第 i 个方案的第 j 个指标的数值，有：

$$A = \begin{pmatrix} X_{11} & \cdots & X_{1m} \\ \vdots & \vdots & \vdots \\ X_{n1} & \cdots & X_{nm} \end{pmatrix}_{n \times m} \tag{6-1}$$

其中，n 表示有指标的个数，m 表示样本的个数，在本书分析中，n = 37，m = 18。

（2）数据的非负化处理。

由于熵值法计算的是某一指标占同一指标总值的比重，故不需要进行数据的标准话处理，但是如果有负数存在，就必须进行非负化处理。为了避免求熵值时对数的无意义，故而对数据进行平移：

正向指标，有：

$$X_{ij}' = \frac{X_{ij} - \min(X_{1j}, X_{2j}, \cdots, X_{nj})}{\max(X_{1j}, X_{2j}, \cdots, X_{nj}) - \min(X_{1j}, X_{2j}, \cdots, X_{nj})} + 1 \quad (i = 1, 2, \cdots, n; j = 1, 2, \cdots, m)$$

对于负向指标，有：

$$X_{ij}' = \frac{\max(X_{1j}, X_{2j}, \cdots, X_{nj}) - X_{ij}}{\max(X_{1j}, X_{2j}, \cdots, X_{nj}) - \min(X_{1j}, X_{2j}, \cdots, X_{nj})} + 1 \quad (i = 1, 2, \cdots, n; j = 1, 2, \cdots, m)$$

记非负化处理后的数据为 X_{ij}。

（3）计算第 i 个方案在第 j 项指标下占该指标的比重。

第 i 个方案在第 j 项指标下占该指标的比重为：

$$P_{ij} = \frac{X_{ij}}{\sum_{i=1}^{n} X_{ij}} \quad (j = 1, 2, \cdots, m) \tag{6-2}$$

（4）第 j 项指标熵值的计算。

第 j 项指标熵值 $e_{ij} = -k \times \sum_{i=1}^{n} P_{ij}(\ln(P_{ij}))$，其中，$k > 0$，一般令 $k = \frac{1}{\ln m}$，则有，$e_{ij} \in [0, 1]$，为避免对数计算时无数学意义的值出现，故修正第 j 项指标下第 i 个方案在占该指标比重的计算公式为：$p_{ij} = \frac{1 + X_{ij}}{1 + \sum_{i=1}^{n} X_{ij}}$。

（5）第 j 项指标差异系数的计算。

第 j 项指标，指标值 X_{ij} 的差异越大，对方案评价的作用越大，熵值就越小。则有：$g_j = 1 - e_j$，g_j 越大说明该指标越重要。

（6）第 j 项指标权数的计算。

第 j 项指标的权数为：

$$W_j = \frac{g_j}{\sum_{j=1}^{m} g_j} \quad (j = 1, 2, \cdots, m) \tag{6-3}$$

（7）第 i 个方案的综合得分。

第 i 个方案的综合得分为：

$$S_i = \sum_{j=1}^{m} W_j * P_{ij} \quad (i = 1, 2, \cdots, n) \tag{6-4}$$

S_{ij} 值越大，说明该指标越优，反之，越差。

（8）耦合协调度。

$$C = \sqrt{\frac{U_{1t} \times U_{2t}}{(U_{1t} + U_{2t})^2}}$$

$$F = \alpha U_{1t} + \beta U_{2t}$$

$$D_t = \sqrt{C \times F} \tag{6-5}$$

其中，C 为 t 阶段特大城市与腹地的协调度，U_{1t} 为标准化后特大城市的发展水平，U_{2t} 为标准化后的腹地发展水平。引入综合发展指数 F，α、β 为权重系数。考虑到在我国当前行政管理体制等因素影响下，特大城市对区域的辐射带动作用要强于腹地对于特大城市的反作用，因此取 $\alpha = 0.6$，$\beta = 0.4$，建立协调发展度模型，测算结果如表6-4～表6-12和图6-2所示。

表6-4 京津冀城市群标准化的腹地发展水平

年份	全部单位从业人员	地区生产总值	社会消费品零售总额	地方财政一般预算收入	城乡居民储蓄年末余额
2006	0.061647805	0.059862897	0.062404416	0.0631848	0.064020206
2007	0.062406141	0.064861866	0.065819583	0.0666281	0.066864484
2008	0.062862032	0.072137662	0.071092941	0.070038	0.074551012
2009	0.063862768	0.076553802	0.076459387	0.0734219	0.081348404
2010	0.068517302	0.084335795	0.082692027	0.0799066	0.102949418
2011	0.091898942	0.093292389	0.089658113	0.0895468	0.093776423
2012	0.111195356	0.09858469	0.096780989	0.0975754	0.102332357
2013	0.120935853	0.119725793	0.102768356	0.104361	0.109798297
2014	0.12329561	0.107141945	0.110494829	0.111536	0.116066937
2015	0.118265556	0.1091165	0.117020526	0.1174318	0.125528308
2016	0.115112637	0.114386662	0.124808833	0.1263695	0.062764154

表6-5 京津冀城市群标准化的核心城市（北京）发展水平

年份	地区生产总值	年末金融机构各项贷款余额	客运量	货运量	技术合同交易额
2006	0.057078	0.061291	0.05546172	0.122081	0.062765
2007	0.06128	0.063831	0.05861035	0.06104	0.064172
2008	0.064495	0.066219	0.05899082	0.063932	0.066061
2009	0.069213	0.071919	0.10477366	0.063794	0.068128
2010	0.074768	0.063521	0.10752751	0.070316	0.070691
2011	0.080827	0.080244	0.10959977	0.083835	0.073925
2012	0.085438	0.083301	0.11092344	0.090837	0.086442
2013	0.090031	0.087453	0.07929964	0.088852	0.089711
2014	0.095217	0.092188	0.07956649	0.092728	0.094188
2015	0.099988	0.099372	0.07883981	0.102363	0.097979
2016	0.107509	0.108078	0.07858209	0.080621	0.100408
2017	0.114156	0.122582	0.07782471	0.079601	0.12553

表6-6 长三角城市群标准化的腹地发展水平

年份	全部从业人员	地区生产总值	社会消费品零售总额	地方财政一般预算内收入	城乡居民储蓄年末余额
2006	0.055153	0.0568513	0.05795129	0.056358538	0.055610369
2007	0.058267	0.06068151	0.060633	0.061051702	0.056756435
2008	0.061634	0.06475052	0.06452847	0.064744677	0.06226646
2009	0.065712	0.06809595	0.06837824	0.067513984	0.067516302
2010	0.070545	0.07438376	0.07304911	0.07394702	0.111220739
2011	0.079767	0.08167117	0.07878965	0.081491802	0.076996253
2012	0.084394	0.08682337	0.08422645	0.086290584	0.082680643
2013	0.106178	0.09138605	0.08991914	0.091255282	0.087741606
2014	0.110305	0.0958978	0.09593746	0.095378198	0.091334177
2015	0.107732	0.0999907	0.10218548	0.102085796	0.097211447
2016	0.105531	0.10576526	0.10849916	0.10716534	0.102472128
2017	0.094782	0.1137026	0.11590258	0.112717077	0.10819344

表 6-7　长三角城市群标准化的核心城市（上海）发展水平

年份	地区生产总值	年末金融机构各项贷款余额	客运量	货运量	技术合同交易额
2006	0.05659781	0.061452888	0.06052	0.054643	0.0565621
2007	0.0618159	0.065034874	0.065209	0.061881	0.0661001
2008	0.06613729	0.067867417	0.068916	0.077326	0.0718428
2009	0.06999771	0.07423095	0.077246	0.058695	0.0722872
2010	0.0760663	0.058737444	0.056965	0.068631	0.0761355
2011	0.08187772	0.082894854	0.088587	0.099081	0.0788246
2012	0.08470089	0.082075031	0.087514	0.101692	0.0829552
2013	0.08876775	0.091153281	0.099397	0.094667	0.0864531
2014	0.09439555	0.095256414	0.104768	0.091637	0.0915481
2015	0.09884994	0.101566225	0.113028	0.094386	0.0958733
2016	0.10759752	0.102255733	0.11393	0.088075	0.108294
2017	0.11319563	0.117474888	0.063919	0.109285	0.1131241

表 6-8　珠三角城市群标准化的腹地发展水平

年份	全部从业人员	地区生产总值	社会消费品零售总额	地方财政一般预算内收入	城乡居民储蓄年末余额
2006	0.054084	0.05724015	0.05714722	0.057932908	0.053720263
2007	0.055429	0.06181792	0.06050305	0.061881678	0.05508617
2008	0.062991	0.06648418	0.06501002	0.065158837	0.062769072
2009	0.06827	0.06876994	0.06921981	0.06744474	0.068132356
2010	0.093691	0.07472289	0.07477171	0.072961819	0.093957999
2011	0.080162	0.08140168	0.08067633	0.07801535	0.080213525
2012	0.086829	0.08499196	0.0846629	0.081783742	0.086987099
2013	0.092778	0.08992099	0.08984677	0.087511519	0.093030909
2014	0.096826	0.09471987	0.09553118	0.094575108	0.09714298
2015	0.097908	0.09964187	0.10064505	0.105559705	0.098241757
2016	0.102864	0.10580826	0.10769151	0.111248393	0.103277343
2017	0.108168	0.1144803	0.11429445	0.115865815	0.107440526

表6-9 珠三角城市群标准化的核心城市（广州）发展水平

年份	地区生产总值	年末金融机构各项贷款余额	客运量	货运量	技术合同交易额
2006	0.056976	0.059283671	0.06079545	0.069384321	0.061023404
2007	0.060799	0.063196507	0.06801909	0.068249948	0.063164068
2008	0.064886	0.066404805	0.07212221	0.068219841	0.065515268
2009	0.068292	0.072676481	0.07374979	0.067221485	0.068097712
2010	0.074237	0.062384235	0.07915752	0.068180668	0.070934143
2011	0.080423	0.078290556	0.08419348	0.069613893	0.076192676
2012	0.084588	0.082112883	0.09230604	0.076869054	0.085128246
2013	0.091489	0.091146543	0.10518525	0.083449578	0.090856829
2014	0.096241	0.09615869	0.11376521	0.089775362	0.095038648
2015	0.101387	0.103091329	0.1215909	0.091231365	0.101661019
2016	0.10673	0.106686958	0.06279188	0.113361515	0.100341176
2017	0.113952	0.118567342	0.0663232	0.13444297	0.122046808

表6-10 中原城市群标准化的腹地发展水平

年份	全部从业人员	地区生产总值	社会消费品零售总额	地方财政一般预算内收入	城乡居民储蓄年末余额
2006	0.057686233	0.05624257	0.058190197	0.060831303	0.059436464
2007	0.058315537	0.06054328	0.060812567	0.063752105	0.060912054
2008	0.057843245	0.06654803	0.065786395	0.066255899	0.065013066
2009	0.060448388	0.06889118	0.067995389	0.068110096	0.068672303
2010	0.062934202	0.0751068	0.073218266	0.07240339	0.069080724
2011	0.072483043	0.08263567	0.078451567	0.078686393	0.077072816
2012	0.078403024	0.0871597	0.083879968	0.084248056	0.083344763
2013	0.104517259	0.09161795	0.08924082	0.089750928	0.087433892
2014	0.10893628	0.09577879	0.095414205	0.09403482	0.095138732
2015	0.110183847	0.09872616	0.101536609	0.098063986	0.103240636
2016	0.115372466	0.10426469	0.109093624	0.102200419	0.111781622
2017	0.112876477	0.11248515	0.116380395	0.121662606	0.118872929

表6-11　中原城市群标准化的核心城市（郑州）发展水平

年份	地区生产总值	年末金融机构各项贷款余额	客运量	货运量	技术合同交易额
2006	0.057450074	0.061854974	0.06086414	0.053511763	0.059633415
2007	0.061236738	0.062734185	0.06394926	0.058104708	0.062800912
2008	0.065375259	0.06545794	0.08431472	0.06638568	0.065039277
2009	0.06781169	0.070764179	0.08849376	0.073133749	0.066939775
2010	0.073671577	0.062617118	0.09831571	0.083127158	0.069009207
2011	0.081184212	0.075587141	0.10718239	0.093472007	0.071965538
2012	0.085744357	0.078347199	0.11181494	0.099594615	0.078342765
2013	0.090961964	0.088669601	0.11908423	0.107023527	0.089238956
2014	0.095563296	0.094851394	0.06978564	0.088993254	0.097685615
2015	0.099840128	0.102107057	0.07054596	0.094018129	0.105794408
2016	0.106260557	0.113299261	0.06478512	0.087074965	0.114283301
2017	0.114900148	0.123709949	0.06086414	0.095560445	0.11926683

表6-12　成渝城市群标准化的腹地发展水平

年份	全部从业人员	地区生产总值	社会消费品零售总额	地方财政一般预算内收入	城乡居民储蓄年末余额
2006	0.06110515	0.05588139	0.058774194	0.057925382	0.057221655
2007	0.06193078	0.05913291	0.061134904	0.060838837	0.058683676
2008	0.06280202	0.06316018	0.064401853	0.063522617	0.06272424
2009	0.06324767	0.06756677	0.068351685	0.066129147	0.066661376
2010	0.06293156	0.07322074	0.072162193	0.073372207	0.079764643
2011	0.06532633	0.08146255	0.077379296	0.083312732	0.076777857
2012	0.09152369	0.08724072	0.082455731	0.088837163	0.083915463
2013	0.09759042	0.09211119	0.087652079	0.090549437	0.090408225
2014	0.09939461	0.09759249	0.09681565	0.095657768	0.096173297
2015	0.10106905	0.10253629	0.10335047	0.100869158	0.103563723
2016	0.11086841	0.10833199	0.109973558	0.103134789	0.109662536
2017	0.12221031	0.11176278	0.117548387	0.115850764	0.114443309

表 6 – 13　成渝城市群标准化的核心城市（成都）发展水平

年份	地区生产总值	年末金融机构各项贷款余额	客运量	货运量	技术合同交易额
2006	0.05810276	0.058404281	0.06200411	0.065582099	0.06884128
2007	0.06109524	0.059556486	0.06336315	0.071511671	0.069256486
2008	0.06410403	0.062604517	0.06473686	0.088630781	0.069713212
2009	0.06724219	0.073137734	0.099047968	0.108491117	0.070215611
2010	0.07271257	0.061805387	0.098242766	0.115792468	0.073861568
2011	0.07951055	0.082343019	0.097077069	0.085185683	0.077508721
2012	0.08621005	0.086744478	0.101796193	0.10147949	0.079567501
2013	0.09126948	0.091437806	0.112188061	0.113402248	0.081961432
2014	0.09621288	0.096542804	0.050183951	0.065292375	0.082392339
2015	0.1000967	0.101719352	0.070779504	0.064372502	0.092973513
2016	0.10723804	0.108895573	0.083327451	0.057896234	0.096025774
2017	0.11620552	0.116808563	0.097252917	0.062363332	0.137682561

表 6 – 14　2006～2017 年我国部分城市群耦合协调度演变趋势

年份	长三角城市群	珠三角城市群	京津冀城市群	中原城市群	成渝城市群
2006	0.1626462	0.172254	0.179317	0.165183	0.164086
2007	0.1690712	0.175784	0.173388	0.166988	0.169626
2008	0.1762918	0.181633	0.177454	0.174079	0.17537
2009	0.1787582	0.186002	0.186801	0.1784	0.185802
2010	0.182621	0.195438	0.19341	0.182691	0.19044
2011	0.1964217	0.19856	0.204124	0.192624	0.19284
2012	0.1998084	0.205661	0.213475	0.198763	0.204487
2013	0.2075086	0.213936	0.215153	0.210424	0.211436
2014	0.2117126	0.22027	0.219786	0.20789	0.202291
2015	0.2168194	0.225986	0.223509	0.212997	0.209055
2016	0.2199593	0.225661	0.221267	0.218032	0.215251
2017	0.2184718	0.23596	0.232282	0.222896	0.224152

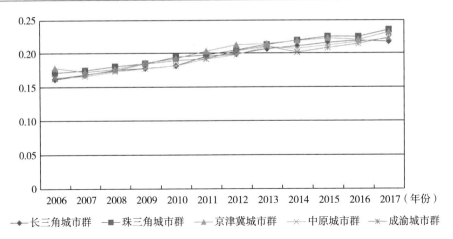

图 6-2　2006～2017 年我国部分城市群耦合协调度演变趋势

（四）耦合协调度分析

从以上分析可以看出，2006～2017 年，我国五个主要城市群的中心城市与腹地的耦合协调度演变主要有以下几个方面的特征：第一，2006～2017 年，耦合协调度不断提高。第二，尽管近年来我国特大城市与腹地的耦合协调度不断提高，但是仍然处于相对较低的水平。第三，从更深层次的角度分析，我国特大城市与腹地的耦合协调度没有体现出成熟城市群应有的程度，很大程度上受到我国城市群空间范围持续扩张的影响（见图 6-2）。例如，中原城市群从九个城市扩大到 18 个城市，再扩大到 30 个城市；长三角城市群也进行了扩容。第四，特大城市由于行政区划等方面的影响，在科技创新等核心生产要素方面无法自由流动，影响了区域协调度的提升。以北京市为例，2017 年，流向津冀技术合同 4646 项，比上年增长 20.7%，成交额 203.5 亿元，增长 31.5%，但是，仅占北京流向外省份的 8.7%。与此相对比的是，流向"长江经济带"的技术合同成交额稳定增长。流向"长江经济带"11 个省区市的技术合同 18221 项，成交额 1011.6 亿元，比上年增长 2.8%，占北京流向外省份技术合同成交额的 43.5%。其中，流向四川省的技术合同 2176 项，成交额 279.3 亿元，增长 127.0%，居首位。从另一个角度分析，2017 年，吸纳外省份技术合同 20235 项，占北京吸纳技术合同项数的 35.8%；成交额 693.7 亿元，比上年增长 11.5%，占北京吸纳技术合同成交额的 33.5%。其中，吸纳外省份技术合同成交额超过 10 亿元的有 15 个省区市，湖北省居首位。这也反映出特大城市与腹地之间的要素双向流动缺失。

三、我国特大城市与区域协同发展的策略

推动我国特大城市与区域协同发展，提高中心城市与腹地耦合发展协调度，要从推动交通优先发展、构建要素双向流动机制、加快公共服务均等化供给等方面入手，其主要策略包括以下几个方面：

（一）强化统一规划引领发展

规划是一项既立足当前，又着眼未来；既立足全面建成小康，又着眼现代化发展的系统工程。城市—区域协同发展，要有一个统一的规划来引领。首先，要遵循城市发展规律。要全面落实习近平总书记关于城市规划建设的重要指示要求，认识、尊重、顺应城市发展规律，端正城市发展指导思想，科学编制城市规划，增强城市发展的全局性、系统性、持续性、宜居性和集聚性。其次，要结合实际，高标准编制。按照突出前瞻性、全域性、统筹性的要求，立足当前城市—区域发展阶段，坚持高起点规划、高标准要求、高品质建设。汇总各行政区的国土、林业、交通、水利、环保等部门的专项规划，建立规划数据库，统一空间坐标系，建立统一分类标准的多规协调平台，实现各项规划指标和要求的层级传导。

生态空间布局方面，严格按照主体功能区的功能定位推进生态建设。加强生态环境建设，以山水林田湖草等生态系统为主体，以自然保护区、森林公园和风景名胜区为支点的生态保护屏障。加强跨区域的生态工程建设，联合开展重点流域水污染治理，加强跨区域大气污染防治，全面改善生态环境质量。产业空间布局方面，统筹生产力布局规划，克服因行政区划分割带来的产业重复布局、产业结构雷同等现象，统筹规划布局重大产业发展项目和重大公共事业项目，促进产业协作配套，推进产业跨区域布局，鼓励企业跨区域重组联合，构建横向错位发展，纵向分工协作的产业发展体系，进一步提高资源配置效率。生活空间布局方面，按照公共服务均等化的要求，以建立均等化的公共服务为导向，努力改善圈层式的公共服务落差，加强中心城市与腹地之间的公共服务均等化供给能力，强化医疗、教育、文化等公共服务机构加强合作与资源共享。

（二）构建快速交通网络体系

基础设施是一个涵盖交通运输、邮政通信、能源安全、生态环境等方面的综合性系统。特别是交通基础设施建设能够为物流、人流、资金流、信息流、技术流、能源流的传输提供有效载体和通道，是推进区域一体化发展的重要手段和动力。快速交通运输体系是特大城市与腹地进行各种生产要素流动的基础支撑。由于我国城市群的扩容，导致城市之间的联系紧密度下降。特大城市与腹地之间的发展，要发挥快速交通的先导作用和支撑作用，要坚持规划优先，首先大规模地

推进高速公路、城际铁路、城市铁路、地铁、快速公路以及大型换乘枢纽建设，按照全通勤时间的概念，建立快速交通运输与疏散系统，提高通勤效率，缩短通勤时间，从而为特大城市与腹地之间的人流、物流、资金流、信息流的快速沟通流动提供支撑、创造条件，促进特大城市与腹地的联动协同发展。为此，要发挥快速交通网络作用，有效缩短全通勤时间，加强中心城市与腹地之间的时空间联系。随着特大城市与腹地之间产业分工的日趋科学和产业联系的日益密切，大量的物流、人流在特大城市与腹地之间往返通勤，需要快速交通运输方式进行支撑。如在京津冀城市群，推进包括干线铁路、城际铁路、市郊铁路、城市轨道交通在内的轨道交通建设，打造"轨道上的京津冀"。其中，最佳运营区间在 30～70 千米的市郊铁路建设相对滞后，使得周边区域对承接非首都功能疏解和人口疏解缺乏吸引力。

（三）科学推动核心功能有机疏散

由于特大城市在我国处于城市体系的顶尖部位，具有较强的发展优势，经济效益相对较高。因此，在我国城镇化快速推进过程中，我国特大城市仍然处于扩张状态，突出表现在城市吸纳的外来人口不断增加，城市建设用地面积和建成区面积不断扩大，城市土地供应仍然较为紧张，城市的房价上涨、交通拥堵、环境恶化、通勤距离拉长等城市病仍然处于恶性循环之中。因此，要实现特大城市与腹地的协同发展，必须以特大城市在全国城镇体系或区域城镇体系的中心地位和突出职能为基础，对特大城市进行科学合理的发展定位，从而理顺特大城市的核心职能，围绕核心职能进行城市建设，发展相关产业，吸纳相应人口、优化空间结构，特别是要以都市圈或者都市区为载体来优化资源配置，不仅为自身城市运行效率的提升腾挪空间，而且也为腹地的发展提供机会，实现区域的协同增长和持续发展。

（四）推进产业链式互补发展

城市—区域系统的产业发展：一是链式发展，以产业链、价值链、供应链为基础，形成以区域中心城市为主体，辐射带动周边城市的产业生态体系；二是错位发展，根据自身资源禀赋优势，形成差异化、特色化的产业布局，避免资源重复浪费。对于中心城市来讲，产业结构已经整体进入高端化发展阶段，进入后工业化发展时期，第三产业特别是现代服务业在产业结构中占据主导地位，这个优势短期内无法改变。因此，中心城市要以高端现代服务业为发展重点，加快把一般性的制造行业转移到腹地，将仓储物流等一般性服务业转移到城市的近郊；腹地要立足自身的区位交通条件和产业发展基础，要有选择性地承接中心城市转移出来的产业，发展具有自身特色的优势产业，以及中心城市形成合理的产业分工。但是，中心城市也并非不要制造业，从上海和北京的对比情况看，由于上海的制造业更加发达，因此从产业链和产业集群的角度看，上海对苏州、无锡等腹地的带动能力要更强，更容易形成合力的分工体系。从国际经验看，东京、伦敦、纽约等全球城市的制造业比重下降到一定程度，也会保持稳定。

（五）创新协同发展的体制机制

协同发展体制机制的形成，依赖于中心城市与腹地能够形成基本的共识，例如，双方对于协同发展的意向是一致且非常明确的。长三角是我国中心城市与腹地协同发展的一个典范，相对比较而言，跨区域的协同发展体制机制更难以建立和完善。在双方达到一致的基础上，创新协同合作机制。由相关地方负责统筹推进，建立中心城市与腹地城市之间的协同合作机制，推动中西城市与腹地在产业、开放、创新、教育、文化、交通、医疗等领域的对接与合作。健全规划协同机制。在双方达到一致意愿的基础上，要健全规划协同机制，立足长远发展目标，围绕重大基础设施和公共服务设施布局，推动中心城市与腹地城镇之间在快速交通网络体系、重大生态建设工程、产业发展技术联盟等重点领域，制定统一的发展规划，为后续协同发展确定路径。要突出协同发展的支撑点。当前，中心城市与腹地发展之所以存在这样那样的问题，根本在于利益协调机制不够完善、不够合理。因此，要突出利益协调这个重点和难点，突出税收分成这个关键点，合理确定双方在税收方面的权利、义务和分成比例，完善项目管理制度，避免不同城镇之间在招商引资上的恶性竞争。要推动建立多边合作机制，而不是中心城市与各个腹地城镇之间的双边合作机制，推进多边合作机制不断深化，最终形成一体化发展机制。完善社会参与机制。鼓励智库参与建设决策咨询，建立健全第三方评估机制。加强舆论引导，创新宣传方式，增强社会各方的认同感和积极性，会聚形成共同参与和支持城市区域协同发展的强大合力。

第七章　我国特大城市的空间结构优化策略

城市作为人类社会主要聚居形态之一，其起源、发展及衰败俱源于集聚。空间上的集聚正是它区别于乡村的本质所在，而要素集聚中心地的位移变化必将导致城市空间结构的相应调整，城市空间结构就是这种调整所引致的城市各功能区的地理位置及其分布特征的组合关系，是城市功能组织在空间地域上的投影。国内众多专家学者的研究成果表明，城市地域空间结构是城市经济、社会、生态、基础设施等子系统空间组织效率的体现方式，生产要素在城市内部的空间分布模式及其调整将对城市的经济效率、生态效率、社会效率等城市运行质量存在重要影响，推动城市空间结构的优化将有利于城市运行效率的提升。

第一节　城市空间结构类型及特点

国内外关于城市空间结构的相关研究中，有三大经典的理论模型：第一个是1925年伯吉斯（E. W. Burgess）提出的同心圆结构模式。伯吉斯在对芝加哥城市土地利用结构进行分析后提出，城市首先具有一个核心，围绕这个核心，不同用途的土地有规则、按照一定的次序、圈层式地向外扩展，从而形成圈层式的空间结构。同时，当某一圈层的人口增长导致圈层向外扩散时，会出现这一圈层挤占其他圈层的情况，推动圈层整体向外延伸，产生土地利用方式的更替，但是不能改变圈层分布的顺序。在同心圆模型中，城市空间结构以中心区为核心，自内向外，由五个同心圆组成，依次为中心商业区、过渡地带、工人住宅区、良好住宅带和通勤带。同心圆模型基本符合城市单中心的发展模式，但是相对忽略了道路交通的指向、山水等自然障碍物、来自其他城市的相互作用的土地利用方向和利用程度的社会区位偏好等因素。第二个是扇形模型。1939年，霍姆·霍伊特通过对美国64个中小城市及纽约、芝加哥等著名城市的住宅区分析后提出，城市房租具有鲜明的交通指向性等规律，各类城市居民住宅用地趋向于沿着主要交通线路和自然障碍物最少的方向由市中心向市郊呈扇形发展。该理论的进步之处在于在伯吉斯的同心圆基础上考虑了交通指向和方向性的因素。第三个是多核心模型。多核心理论最早是由麦肯锡于1933年提出，后由哈里斯和乌尔曼于1945年加以发展的。该理论强调，在城市发展过程中，城市中会出现多个商业中心，这些商业中心一个为主要核心，其余为次要核心，这些中心不断地发挥成长中心的作用，直到城市的中间地带完全被扩充为止。而在城市化过程中，随着城市规模的扩大，新的中心又会产生。

此外，国外的一些学者在以上三种经典模式的基础上，还提出了其他一些城市空间结构模型。如1939年，英国学者阿福特曼通过对英国中等城市土地利用现状的考察，提出了同心圆加扇形的城市空间结构模型。1947年，法国学者迪肯森根据对欧洲城市的考察，提出了中央地带、中间地带和外缘地带"三地带学说"。1951年，日本学者木内信藏通过研究日本城市的人口增减断面变化与城市空间结构的关系，提出了类似的"三地带模式"。1954年，瑞典学者埃里克森把同心圆、扇形和多核心模型进行综合，提出了折中理论。在该理论中，把城市用地类型简化为商业、工业和住宅三大类，市中心的商业区呈放射状向外伸展，在商业区的外侧是大工业用地，而住宅用地处于各放射线与工业区围起来的地方。这种模式更接近于西方工业化国家城市空间结构的演变情况。

现代城市的经济、社会、生态等子系统构成更加复杂，随着城市规模的扩大和人口的增加，城市的空间结构在以上几种基本类型的基础上，又演变出新的复合模式，如分散组团式、蛙跳式发展、随机式发展、过度混合用途等几种类型，这几种城市空间结构模式各自具有特点，有其优势，也有其劣势（见表7-1）。

表7-1　现代城市空间结构演进模式

空间结构类型	基本特征	优点和缺点
分散组团式	按照田园城市的相关发展理念，依托原有的城市周边小城镇，或者采取建设新城的方式，将从中心城区疏散出来的工业、商业和居住功能聚集在这些小城镇，形成新的次一级城市发展中心	分散组团式的优点在于，首先，对于中心城区来讲，将能克服人口拥挤、交通堵塞、地价上涨、环境恶化等城市病，推动中心城区非核心功能的有机疏散；其次，对于组团发展来讲，能够按照规划，在一定的空间上形成集聚效应，特别是一些特大城市形成的各类大学城、研发中心、创业园、软件园集中位于城市边缘区，促使人们可以更频繁地进行面对面的交流，形成城市的创新中心；最后，对于生态环境来讲，能够在中心城区和组团之间建设生态屏障，沿中心城区和组团之间的交通走廊建设绿色廊道，从而优化生产、生活和生态空间 分散组团式的不足或弊端主要在于，中心城区和组团之间通过交通进行联系，增加了基础设施投入，增加了上下班高峰期的交流流量和居民的通勤时间；此外，由于部分组团在综合功能配套方面存在缺失，造成组团成为卧城或单一性的生产型园区，影响了组团成长为新的具有综合功能的城区

空间结构类型	基本特征	优点和缺点
蛙跳式发展	城市在向外扩展过程中，由于缺乏规划引导等因素，形成非连续性的、低密度的、随机的、碎片化的城市建设用地开发和利用形态	蛙跳式发展的优点在于：首先，能够避免城市单核心的摊大饼式的空间扩展模式，在一定程度上解决了中心城区过度拥挤的问题；其次，蛙跳式扩散的区域往往是在市场机制作用下，由市场主体行为集聚而形成的，相比政府规划引导，各类资源和生产要素集聚的效率更高 蛙跳式发展的缺点更加明显：首先，缺乏规划引导，导致土地利用效率相对较低，土地盲目开发导致对自然环境和农业生产的破坏；其次，新开发区域的功能也缺乏统一的规划引导，不利于基础设施和公共服务设施布局，增加了基础设施和公共服务设施建设的成本；最后，造成通勤距离显著增加，通勤成本急剧增长，加剧了人们对小汽车的依赖，不利于城市集聚效应的发挥
随机式发展	随机式发展主要是中心城区向城市边缘区进行杂乱无章的空间拓展模式	随机式发展模式主要是由于缺乏规划引导、基础设施引导、公共服务引导等造成的，因此，其缺点最为明显：首先，是造成土地资源开发的浪费和用途的混乱，无法形成集聚效应；其次，是造成城市发展方向混乱，无法进行城市空间的调整与优化；再次，是造成基础设施和公共服务设施无法进行高效布局和建设，增加城市的建设成本；最后，是破坏了城市边缘区原有的生态建设用地和农用地，导致城市边缘区生产、生活、生态空间的失衡
过度混合用途	过度混合用途主要是苏联、东欧和我国在计划经济体制下，企业与社会不分离状态下形成的一种城市空间布局模式，在这种模式下，很多工矿企业不仅是生产的组织者，而且还要承担很多社会功能，办学校、医院、商业等，造成工业生产、公共服务、基础设施等用地在大型工矿企业用地范围内高度混合存在	过度混合用途的优点主要有：首先，有效降低了通勤时间，较少了交通流量；其次，形成了开放的公共活动空间，有利于形成和谐的邻里关系；最后，土地利用在内部微观结构上形成了整合有序的发展状态 过度混合用途的缺点主要有：首先，就业和经济活动空间规模效应无法充分发挥，基础设施和公共设施的利用效率不高；其次，宏观层次上各种用地类型处于无序和混乱状态；最后，生态建设无法有序展开，每个单元都存在不同程度的污染问题

第二节 我国特大城市空间结构演变动力机制

从系统论的角度来看，城市作为一个巨大、复杂的系统，包含众多的要素，城市结构各种要素之间的关系定式就是城市的结构，其在空间上的表述就是城市空间结构。城市空间结构在自组织力作用下经历集聚—拥挤—分散—新的集聚。在这一过程中，一方面经济结构及产业内部结构的变化，交通及通信技术的发展，重大投资项目的推动，自然生态因素等具有最为显著的影响。另一方面城市建设中一直存在有意识的人为干预，即政府加以规划调控及政策引导。通过法律、经济、技术、规划决策及实施等方面的作用，使城市空间结构演化尽可能符合人类发展愿望和要求，这就是空间的被组织机制。城市空间结构的成型和演变正是通过城市空间内部组织过程和空间被组织过程相互交替逐步朝着理性的方向发展。

一、自组织机制中的经济动力

自组织力是城市空间结构演变的原动力。城市空间结构演变中存在着自组织过程，其根本的原因就是空间中存在着类似于自然界的不同生态位势差。这种生态位势差在城市发展的早期可能是由于具体的地理环境、区位条件的差异而造成的。在城市发展的过程中，各种社会经济要素在不同场所以不同方式的集聚、扩散，这种聚集和扩散产生磁场和场强，导致生态位势的改变。城市空间结构增长的自组织机制实质是对系统平衡与恒定的否定，并能在一个新的层次上达到相对稳定有序的结构，以实现空间的发展进化，即"涨落有序"过程。

经济发展是城市空间结构演变最主要的动力。经济发展对城市空间结构演变的影响主要是通过三种方式：一是城市经济发展所必然带来的经济规模的扩张、人口的集中和生产要素的聚集，由此城市经历土地利用规模的扩大、城市空间的外向扩张以及土地利用集约化，极大地改变着城市景观。二是城市经济发展过程中伴随的经济结构的调整。城市经济结构的调整，将引起生产要素流向新的战略支撑产业和先到产业，这些产业的聚集区就成为新的要素聚集地。要素聚集地的位移，特别是人口的集中地和资金的投向区位的改变，将对城市要素空间整体布局的影响，进而导致城市空间结构的调整和变化。同时，城市要素空间布局的优化还能相应地提高城市空间的利用效率。三是城市经济发展中呈现出的周期性特征。城市经济和国民经济增长周期相似，都是一个不稳定的波动性过程，其经济增长速度在不同时期会起伏变化。具体说来，经济增长过程中将出现经济运行中的复苏、扩张、收缩、萧条等现象。伴随着城市经济的周期性波动，城市空间结构也并非逐步均衡地外向推进。不同的增长周期，城市空间结构外向扩展与内部更新的速度不同，层次不同，并且不同时期城市规划和管理对两者的侧重存在一定的差异。一般说来，伴随着城市经济的周期性波动，城市空间结构表现出"分散—集中—再分散—再集中的螺旋式循环上升"和"高速—低速—再高速—再低速的外向型用地扩展"的运动特点。

技术进步是城市空间结构演变的基础条件。城市空间结构的发展演变是在技术进步的推动下进行的。在技术创新对城市空间结构演变的影响中，不仅影响城市内部空间结构的垂直扩展和水平扩展，改造了城市景观；而且使城市体系中各城市之间的作用通道更加通畅，作用强度逐渐增强。其中建筑技术创新推动了城市空间结构的垂直扩展，交通通信技术的发展和普及推动了城市空间结构的水平扩展。聚集效应较高的地区，土地的供给有限，只能依靠现代的建筑技术，拔高其立体空间，也就逐渐形成了目前 CBD 高楼林立的局面。交通通信技术的扩展改变着城市扩展的方向，也改变着城市的空间形态。随着知识经济的到来，网上办公、网上购物将成为现实，人们面对面的接触可以大大地减少，有利于人们向郊区迁移，城市空间形态更加分散化。

此外，随着交通工具速度的进一步加快和基础设施的日渐完善，高速公路、高速铁路、支线机场构成的综合交通运输体系建设效果明显，使"一小时都市圈"乃至"半小时城市圈"成为可能，由此引起的空间转移效率的提高对城市体系内部城市之间的作用通道和作用强度产生深刻影响，改变了原有空间系统的地域劳动分工和生产组合方式，进而导致初始空间系统的扩散规模和扩散结构发生改变。

大型项目建设是城市空间结构演变的偶然性动力。大型工程的建设不仅占据大量的空间，也产生巨大的经济效应和环境效应。大型项目建设的完成，引起处于同一产业链条的企业和生产要素的集聚，从而产生众多的经济地域综合体，使城市空间结构根据专业化部门与综合发展部门的关系，以专业化部门的企业布局为中心，结合区域的资源分布、人口分布、城镇分布等情况，合力布局综合发展部门而形成的圈层空间结构模式，城市内部空间结构也相应地呈现出若干的人口和产业集聚核心区域。此外，当大型项目建设所产生的经济效应和环境效应超过城市本身的承载能力时，也会改变原有的城市空间结构或者城市的整体搬迁。

二、行政因素所引致的催化效用

城市规划的引导和预测作用。第一，城市规划应体现城市的整体利益，要对城市社会经济发展的空间布局作出合理安排的一种法规调控手段或措施，也是城市发展战略在空间上的展开，其本质是基于当地自然和人文资源、对一定时期内人类追求财富和生活质量改善的过程进行空间部署的过程。城市规划对城市空间结构的扩展具有重要的导向功能。政府部门担负的公共职能，正是通过城市规划，对城市空间和土地的分配和使用进行引导、产业活动空间在不同区位的配置，引导着城市空间结构的发展方向。第二，城市规划也是一种科学的预测，是按照城市的性质、规模和条件，确定各个功能区的布局和城市各要素的布置，为城市建设的各个方面制定措施服务。从这种意义上讲，公共政策是城市规划的重要组成部分。作为预测，城市规划不仅和国民经济总体发展规划相衔接，而且要体现政府部门发展和管理城市的意图，这就是城市规划在导向过程中出现了偶然性和非连贯性。不同阶段不同政府部门发展的思路不同，使城市空间结构的演变会在一定时期、一定程度上背离了诸多因子作用下的城市发展规律，空间结构的演变偏离人们的预测，人口集中和要素集聚没有完全依据城市空间结构演变的趋势进行。第三，发展思路的不同，通过调整大项目布局和基础设施建设，对城市土地利用结构、经济结构、交通网络结构、社会空间结构、生活空间结构等产生影响，使城市空间结构的调整出现不规则的断点和断面，呈现出明显的非连贯性特征。

城市新区功能定位的影响。经济是城市的命脉，产业是城市发展的基础，也是城市新区开发与建设的首要问题。城市新区是城市产业发展战略的重要载体，也是城市空间发展战略的体现者，其空间格局很大程度上决定了城市将来的产业布局。可以说，新区的产业一方面要实现城市整体的产业发展目标，另一方面要实现城市的空间发展目标，城市新区成为了二者的共同归结点。城市新区的产业功能定位要求城市空间发展战略与之相呼应。产业的发展意味着产业布局的演变，它导致土地利用方式的转换，由此影响城市的空间形态。

三、社会因素长期稳定的侵蚀作用

居民居住综合体产生的聚集作用。城市空间结构演变的过程中，居民居住综合体的出现极大地改变着城市景观。以往简单功能分区导致的树形城市结构，其根源在于对城市事实上应当存在的复杂结构难以处理和理解，从而不自觉地通过简单化加以逃避。亚历山大指出：半网络形结构城市比树形结构更合理之处在于更多地考虑了人作为社会人对城市空间结构的影响。因为人不同于机械，不可能总是按部就班，城市生活中时刻有偶然性、随机性的存在。受现代城市功能分区规划思想的影响和我国长期计划经济体制所限。我国各大系统、单位对城市用地的条块分割、封闭管理所造成的城市空间的不连续、不流动，城市空间形成不了有机的整体。进入市场经济时代以后，对城市空间结构影响较大的则是如今如火如荼的小区建设。小区建设过程中，注重于微观的调整，以消除严格功能分区带来的弊病，形成"大尺度分区、小尺度综合"的居民居住综合体，从而改变着城市空间微观结构。

经济社会空间分异产生的社会影响。此外，近年来经济体制改革和社会主义市场经济制度运行对城市社会结构的影响日益加强，经济—社会系统中"中间状态或阶层（相对）缩减削弱，而强弱富贫等性质对立的两极状态或阶层（相对）扩大增强"的结构演化趋势越来越明显。城市地理学所关注的是经济—社会极化在不同空间层面的映射——"空间极化"主要体现为经济社会资源在空间不平衡分配、流动组合所带来的不同区域之间差异强烈化、差距扩大化，在资源辐合汇流中心往往伴有经济—社会系统极核的形成或强化，这种变革的社会结构正在重建城市的空间结构。一方面制造业向廉价的劳动力和土地区位转移，尤其是城市边缘地带；另一方面大规模的服务业在中心集中导致内城区城市更新速度加快。

四、自然基础通过城市生态系统产生的传导动力

自然基础的制约性影响。地壳不是静止不变的，而是始终处于运动和变化之中。由地球内能的积累与释放所引起的地壳乃至岩石圈的构造运动不仅能促使岩石变质，加速地质大循环，而且导致组成城市地壳的岩石发生变形和变位，这些不同的构造变形和变位在城市地表呈现出不同的形态。城市空间结构所依托的城市地质构造条件的差异城市，导致城市在开发时要充分考虑地质条件对大规模建设的承载能力，结合主体功能区划，适宜规划为重点开发的可以进行大规模开发，适宜优化开发的则需要控制人口和产业集聚规模，如果不合适进行开发，则需要避免人口和产业的进一步集中。地质构造不仅影响城市空间结构的布局，而且一旦地质构造剧烈变化，还将导致城市的衰退或毁灭，从而引起城市空间结构的重构或变迁。同时，由于城市大规模开发和建设超过城市地质构造的承载能力，或者过度使用地下水导致地下漏斗的出现，以及矿产资源开采引起的地表塌陷，也会诱导地质构造被动地对城市空间结构产生影响。

生态城市建设目标的影响。生态城市是生态文明时代的产物，是在对工业文明时代城乡辩证否定的基础上发展起来的新的更高级的人类生存空间系统，也是城市规划和建设时追求的生态文明在城市化中的体现。城市生态建设以人群为核心，不仅包括其他生物和自然环境，而且包括由建筑、道路、管线和其他生产、生活设施组成的人工环境。生态城市这种社会—经济—生态复合巨系统的要素、结构和功能最终都要以城市空间结构为载体，城市空间结构的优化可以说是建设生态城市的关键。在生态城市的建设过程中，必将经历对原来城市生态系统人工

环境的评价和调控，从而引起城市生态系统人工环境的空间布局调整，诱发城市空间结构的演变。这种空间结构的演变是基于城市景观和生态系统的城市空间的战略重组。城市的发展必须充分合理地利用城市地域内的山水等自然环境条件，营造生态基质，架构城市生态廊道网络，开辟绿色斑块，形成空间开敞、完善高效的"斑块—廊道—基质"城市生态绿化网络系统。

第三节　我国特大城市地域空间结构演变与现状

经济、社会、公共政策和自然生态基础所构成的"四位一体"的动力源，推动我国城市空间结构不断进行调整变化，特别是随着经济社会的发展，我国特大城市呈现出多中心的空间结构。多中心城市结构的优势主要体现在以下几个方面：一是能够让中心城市保持集聚效应，保持规模经济的收益，保持特大城市的核心竞争力；二是能够为城市的生态建设、交通基础设施、公共服务设施布局预留空间，改善特大城市的生态环境；三是能够拉大中心城市的空间范围，增强土地资源供给，为优化城市空间提供可能；四是能够减少单体城市规模持续扩大引发的一系列城市病（见表7-2）。

表7-2　特大城市的多中心空间结构布局

特大城市	城市空间结构
北京	构建"一核、一主、一副，两轴、多点、一区"的空间结构。其中，"一核"指首都功能核心区（东城区和西城区）。"一主"指中心城区，主要包括东城区、西城区、朝阳区、海淀区、丰台区、石景山区六个城市建成区。"一副"指北京城市副中心，为原通州新城规划建设区。"两轴"指中轴线及其延长线、长安街及其延长线，中轴线及其延长线为传统中轴线及其南北向延伸，传统中轴线南起永定门，北至钟鼓楼，长约7.8千米，向北延伸至燕山山脉，向南延伸至北京新机场、永定河水系。长安街及其延长线以天安门广场为中心东西向延伸，向西延伸至苹果园、石景山区、永定河水系、西山山脉，向东延伸至通州区、平谷区以及北京天津交界地区。"多点"指五个位于平原地区的新城，包括顺义、大兴、亦庄、昌平和房山新城。"一区"指生态涵养区，包括门头沟区、平谷区、怀柔区、密云区、延庆区，以及昌平区和房山区的山区
沈阳	构建"一主、四辅"的城市空间结构。其中，"一主"是中心城区，主要是城市建成区和核心发展区，包括城区跨越浑河发展形成的浑南新城。"四辅"是主城综合服务职能拓展和城市核心生产职能发展的主要区域，包括铁西产业新城、蒲河新城、浑河新城和永安新城。加强一个主城与四个辅城之间的交通联系和基础设施支撑，推动中心城市与各组团之间形成紧密的联系，从而实现城市空间的优化布局和可持续发展。三环内相对集中发展，三环外采取分散组团式发展，构建多中心的城市空间结构

续表

特大城市	城市空间结构
上海	构建"一主、两轴、四片区；多廊、多核、多圈层"的城市空间结构。其中，"一主"是中心城区，"两轴"是沿黄浦江发展轴和沿延安路—世纪大道发展轴，"四片区"包括虹桥、川沙、宝山和闵行，主要是为中心城区的发展提供支撑，是两轴的重点节点，有机生产区域"多廊、多核、多圈"，是上海考虑辐射带动整个长三角经济圈的空间布局
南京	由江北新区以及江南主城两大区域组合而成。其中，江南主城由"一核六片"组成，"一核"为老城、紫金山和玄武湖构成的古都文化核；"六片"分别为仙林、麒麟、河西、城南、东山、铁北片区，规划范围 579 平方千米，人口规模 605 万，未来将是世界文化名城核心区、知识创新策源地和品质宜居城区。江北新主城由"一核两片"组成，包括江北新区核心以及大厂高新片区和浦口三桥片区。规划范围 223 平方千米，人口 180 万，是江北国家新区的核心以及南京辐射带动苏皖区域的重要功能承载区
苏州	构建"两核、双轴、四组团、多点"的空间结构。其中，"两核"分别为老城区和苏州工业园区，老城区以保持古城风貌为主，苏州工业园区以由单一型生产性园区向综合型的城市区域转变为主；"双轴"为东西向和南北向两条发展轴，形成"T"字交叉；"四组团"为相城组团、北部组团、吴中组团和南部组团。"多点"为中心城区周边的特色镇和特色村，包括六类特色镇和三类特色村
杭州	构建"一主、三副、六组团"的空间结构。其中，"一主"是中心城区；"三副"即三个城市副中心区域，包括江南副城、临平副城和下沙副城；"六组团"是临浦组团、瓜沥组团、义蓬组团、塘栖组团、余杭组团、良渚组团
厦门	构建"一心、两环、四辅、八片"的空间结构。其中，"一心"是厦门岛，也是厦门的传统中心城区和核心发展区域；"两环"是指西海域发展区、环东海域和同安湾发展区；"四辅"指的是按照组团发展的原则，加快发展的四个组团，即海沧辅城、集美辅城、同安辅城和翔安辅城；"八片"是指在辅城发展过程中，坚持按照功能定位的发展策略，在辅城中突出主体功能，优先在辅城进行发展的区域，包括海沧辅城的海沧、马銮片区，集美辅城的杏林、集美片区，同安辅城的大同、西柯片区和翔安辅城的马巷、新店片区
郑州	"一主、一城，两轴、多片区"的空间布局结构。其中，"一主"是郑州中心城区，包括中原区、二七区、管城回族区、金水区、惠济区；"一城"指的是郑州航空港经济综合实验区；"两轴"是指郑州东西、南北两条发展轴，其中，东西向发展轴是沿金水路、郑开大道东西延伸形成的发展轴，南北向发展轴是沿中州大道、机场高速形成的发展轴；"多片区"指的是在高新技术开发区、经济技术开发区、郑东新区形成多个中心片区
武汉	构建"1331"的开放式、多中心、网络化城市空间结构，即提升 1 个主城区；按照大城市标准打造光谷、车都、临空 3 个副城；建设东部、南部、西部 3 个新城组群；建设 1 个长江新城

续表

特大城市	城市空间结构
广州	构建枢纽型网络城市空间结构。以山水城田海为基底，以珠江水系为发展脉络，以生态廊道相隔离，以交通骨架为支撑，聚焦航空、航运和科技创新三大国际战略枢纽，强化多点支撑，构建枢纽型网络空间结构。以珠江为纽带，优化提升"一江、两岸、三带"。沿流溪河—北江区域，强化国际航空枢纽功能，建设国际航空产业城、世界枢纽港；沿增江—东江区域，建设生产性服务业和高新技术产业集聚带；沿珠江前后航道区域，优化提升主城区，保护传统历史风貌，引领高端要素集聚；沿黄埔大桥—珠江口水道区域，强化国际航运功能，聚焦南沙新区和自贸区建设，建设国际水准的滨海新城
深圳	构建"两主、五副、两轴、两带"的空间结构。其中，"两主"是指两个主中心，包括福田—罗湖、前海两个传统的城市发展中心区域；"五副"指龙岗等五个城市副中心发展；"三轴"是指广深港客运专线、珠江三角洲城际轨道线形成的南北向发展轴和厦深铁路和跨珠江通道构建东西向的城市发展带
成都	构建"双心、双轴、多点"的空间结构。引导中心城区发展重心向东、向南转移。"双心"是指城市两个发展中心区域，包括老城区发展中心和天府新区城市发展中心。"双轴"是指依托南北向交通和东西向交通形成的两条城市发展轴带。"多点"是按照城市生产性服务业集聚区、重要交通枢纽换乘区、重点基础设施和公共服务设置发展引导区、重要居住小区圈层区等形成的城市多中心发展区域
西安	构建"一城、四组团、三新城"空间布局形态的空间结构。其中，"一城"是指中心城区，是城市发展核心区域。"四组团"包括六村堡、常宁、新筑、洪庆，主要是依托重要交通路线，承担中心城区疏散出来的非核心功能；"三新城"是指临潼、阎良、泾渭三个新城区，主要是按照居住、工作、游憩、交通等功能，将其打造成为中心城区向外扩展的重要功能组成区域

一、我国特大城市多中心城市结构布局

经济、社会、公共政策和自然生态基础所构成的"四位一体"的动力源，推动我国城市空间结构不断进行调整变化，特别是随着经济社会的发展，我国特大城市呈现出多中心的空间结构。多中心城市结构的优势主要体现在：在保持规模城市带来集聚效益的同时，能够减少规模城市引发的负面影响，如较高的要素成本价格（劳动力成本）、交通拥堵、环境污染等。

二、多中心城市空间结构的优点

目前，在交通、通信、信息技术快速发展的过程中，快速交通的发展极大地缩短了通勤时间和心理上的通勤距离，信息通信技术的进步和互联网的发展让非面对面的交流和沟通更加便捷。在此背景下，我国特大城市的规划布局多采用多中心的城市空间结构，主要是基于以下几个方面的考虑：

第一，符合国内外特大城市的规划实践和发展实践。从国际经验看，在第二次世界大战以后，随着伦敦绿带规划等一系列规划的实施，巴黎、东京、纽约等全球城市都开始推动城市有规划、有步骤地向外扩展。例如，伦敦从 20 世纪 40 年代开始，在伦敦规划咨询委员会（LPAC）的指导下，先后进行了多轮规划，从伦敦的发展再到后来的新城建设进行统一部署，如从最初的"四个同心圈"规划，再到八个卫星城规划。20 世纪 60 年代开始，伦敦在《大伦敦地区规划》中以伦敦城为起点，向外建设了三条主要快速交通干线，并形成三条长廊地带，在这三条长廊的终端分别是南安普顿—朴次茅斯、纽伯里和布莱奇利，并分别建设三座具有"反磁力吸引中心"作用的城市。东京由于政策、经济、区位等条件的优势，人口、产业以及城市中枢管理职能不断向东京都市地区集中，并带来了交通堵塞、环境恶化等问题，成为东京进一步发展的掣肘因素。为了解决上述问题，实现城市功能的分散和合理布局，在不同时期，日本采取了不同策略对东京都市地区进行规划和建设。其中，第一次整备规划，主要通过限制学校和工厂的兴建，控制人口和产业向东京进一步集中；第二次整备规划，确立了东京的城市功能定位，旨在将其他功能向外转移；第三次整备规划，进一步提出将东京部分行政管理功能向外转移；第四次整备规划，将业务管理功能和国际交流功能分散；第五次整备规划，着重加强了次核心城市、周边城市的教育、文化、休闲等生活功能的培育。最终，东京都市圈的各城市实现了不同的职能分工，包括行政中心、金融商业中心、物流枢纽中心、教育科研中心、产学研联合城市、各类工业城市、近郊科研发育型城市、近郊行政城市、住宅型城市等类型城市各司其职，并相互关联、相互促进，由此推动了多中心城市空间结构的形成。

第二，符合信息化时代的城市发展规律。随着互联网技术的进步，非面对面的交流更加方便快捷，知识创新不再完全依赖于集聚的外溢效应，特别是区块链技术的进步，去中心化进程的加快，让分散创新成为可能。同时，在不影响生产效率和创新效率的背景下，人们更加追求相对舒适的居住环境和工作环境，郊区化也成为城镇化进程中的一个现象，城市空间结构呈现出宏观上的分散化趋势。同时，城市结构的网络化重构出现多功能的新社区，是集居住、远程教育、远程医疗、远程娱乐、网上购物、居民自助辅助等功能机构的复合体，也让城市空间结构出现小聚集的趋势。在这两种作用的共同推动下，城市空间结构总体上呈现出多中心的特征。

第三，多中心的城市空间结构能够缓解摊大饼式单中心发展的弊端。从产生的根源上看，多中心的城市空间结构，是为了缓解城市单中心摊大饼式的扩展所带来的弊端。通过非核心功能的有机疏散，将中心城市的部分生产、居住、交通、游憩等功能疏散到其他组团城市，让中心城区和组团之间能够推动快速交通网络的方式联系起来，从而避免中心城区由于要素高度集聚所带来的规模效应递减和边际效应递减，在更大的空间尺度上获得协同效应，从而实现城市规模报酬的递增，增强城市的可持续发展能力。

第四，多中心城市空间结构有利于促进城市—区域系统的协同发展。在城镇化进入稳定发展阶段后，中心城市和区域腹地之间的关系往往由集聚转变为辐射带动，中间需要更多的联系点，构建起中心城区向周边区域辐射带动的作用通道，在此背景下，城市空间结构的多中心布局，能够支撑中心城区向周边区域辐射带动；同时，在这一过程中，多个次一级中心之间有利于通过错位发展、互补发展，形成专业化的分工协作机制，从而提高生产效率，促进经济增长。

第五，多中心空间结构符合生态型城市发展的需要。在我国特大城市长期的发展实践中，由于过度强调城市的生产功能，忽视了生态功能，弱化了生活功能，造成城市的土地利用结构和布局不够完善，生态功能严重缺失。多中心、网络化的空间结构可以有效地避免人口和经济活动在单一中心的过度集聚及由此造成的城市蔓延问题，在城市进行的非核心功能的有机疏散过程中，既可以在城市"退二进三"等土地上，将工业用地、仓储用地等改造成为生态用地，又可以沿着中心城区建设生态廊道，形成绿心、绿斑、绿廊、绿道等，从而推动自然空间与人工空间的融合发展。

第六，多中心空间结构顺应快速交通线路和站点设置的必然趋势。快速交通线路不同于传统交通的特征还体现在：高通行速度、沿线的相对封闭、较高等级的道路衔接、间隔一定距离的场站布局，特别是场站的空间布局，使得由快速交通所承载的能量要素被有目的地积聚与释放，节点城区的人口和产业集聚的速度要快于其他地段，从而迅速发展壮大，成为卫星城和新城发展的重要基础。而通过次干线与快速交通联系的城镇则会成为地区次级中心城市，对周边的其他城镇进行吸引和辐射，快速交通运输通道沿线的城镇布局通常会以串珠状的布局形态有序展开，在节点处会快速催生出一批新的城镇，壮大一批老的城镇。同时，以快速交通场站为基础形成的综合交通枢纽，不同的产业、不同的阶层，追求不同的空间集聚效应和生活方式，引导产业和居住空间沿场站同心圆型扩展，加快了以场站为中心的 CBD 的形成和发育。

三、多中心城市空间结构应注意的问题

根据国内外特大城市在向多中心城市空间结构发展的实践经验和教训看，推动我国特大城市向多中心城市空间结构演进，需要处理好以下几个方面的问题：

第一，要注重城市副中心的交通通达性。快速交通线路和站点设置布局合理与否是城市副中心能够发展起来的关键所在。要形成多中心的城市空间结构，要

建设能够连接中心城区与每个副中心的快速交通线路,有效缩短通勤时间和通勤距离,让中心城区和每个副中心之间的人流、物流、信息流、资金流能够便捷地流动起来,从而加快中心城区的非核心功能逐渐向副中心疏散,强化副中心基本的城市功能的建设与完善。从国内外特大城市在推动城市多中心空间结构发展的过程中,主要的交通线路设置方式是,在中心城区设立综合交通运输枢纽和集疏运中心,建设通向副中心的快速交通线路,在副中心设置交通枢纽和集疏运中心,解决交通高峰期的人流和物流高峰问题。随着副中心的发展,要连接副中心之间的环线快速交通线路,形成网络状的快速交通运输网络体系,从而推动中心城区与副中心之间、各个副中心之间的功能互补和错位协作。

第二,要注重副中心的相对独立性。推动特大城市多中心空间结构布局,还要推动副中心的相对独立发展,即在空间上要与中心城区有一定距离,按照全通勤时间计算,从中心城区最近的综合交通运输枢纽到副中心的集疏运中心,时间不超过 1 个小时,也就是在 50 千米以内,此外,也不能距离中心城区太近,如有几千米、十几千米,很难形成独立的城市功能区域,并且随着城市的不断扩张,成为城市摊大饼的一部分,不能达到特大城市功能有机疏散的目的。

第三,要注重副中心的功能综合型。因为经过多年来的发展,原有的中心城区基础设施和公共服务设施已经相当完善,吸收了大量的人口工作与居住。要推动特大城市的多中心结构发展,就要克服这些吸引力,城市副中心除了与原先的城市中心在产业结构与产业内容上形成良好的互补关系,具备就业中心的功能外,还要满足具备城市功能区应有的良好的人居环境、完善的商业设施、完善的基础设施、高质量的公共服务体系等。

第四,要注重副中心的职住平衡性。只有就业与居住中心平衡的多中心结构才具有节省通勤时间和距离的潜力,在规划多中心结构时不仅要考虑就业用地和居住用地的平衡,而且要对住宅的类型和工作岗位的类型进行统筹平衡。

第五,要注重副中心的资源节约性。资源节约性主要从土地资源的开发利用和基础设施、公共服务设施的建设成本两个方面来考虑。首先是从土地资源的开发利用情况看,副中心由于土地开发成本相对较低,容易造成土地资源浪费,因此要在土地集约节约利用、容积率等方面进行总体规划和详细性规划的控制;其次是要尽量降低城市建设的成本,特别是加强在供水、供电、供气、供暖、通信、消防、防灾减灾,以及教育、医疗、养老、生态等方面领导,实现错位发展,不要求铺的摊子过大、建的标准过高。

第四节　我国特大城市空间结构优化的路径

推动我国特大城市以多中心为基本模式的空间结构优化路径，要着力解决次中心经济发展水平、基础设施、公共服务与中心城区存在的发展差距问题，有效发挥中心疏散功能承接地的作用，需要强化规划引领作用、坚持协同发展理念、优化"三生"空间布局、实施交通引导策略的措施。

一、发挥规划导向作用

城市规划既包括城市国民经济和社会发展中长期规划、国土空间规划，也包括城市各类修建性详细规划、控制性详细规划、基础设施和公共服务设施等各类专项规划。其中，这些规划组成了一个完善的规划体系，从宏观、中观到微观上指导城市的发展，发挥着规划对城市发展的引导作用。从国民经济和社会发展中长期规划的角度看，主要从城市的发展战略、城市的功能定位、城市的发展方向、城市的发展原则、城市的发展目标、城市的发展任务、城市的发展路径、规划落实的保障措施、规划落实的项目支撑等角度，对城市发展进行引导。国土空间规划主要是发挥多规合一的功能，突出在空间发展、土地利用、生态环境、基础设施和公共服务设施总体建设要求和布局等角度，把城市总体规划、土地利用规划等原有规划体系的内容展示出来，引导城市在土地利用和空间布局进行科学布局与发展，并提出城市发展的重点方向和发展时序。修建性详细规划和控制性详细规划是对城市土地利用和空间开发进行空间管制，以提高城市的土地资源和空间资源利用效率，同时对城市生态、生活、生产空间的优化布局进行引导。各类专项规划主要是根据城市的人口、产业、经济、自然资源等发展需求，对城市的交通、供水、供电、供气、供热、通信、医疗、教育、文化等基础设施和公共服务设施的供给与需求进行分析，引导城市综合承载能力的提升。

二、坚持协同发展理念

推动特大城市多中心空间布局，关键就是提高次中心或新中心对人口、产业、资源的吸引力，因此，要坚持协同发展的理念。次中心和新中心一方面积极承接中心城市转移出来的产业，加快吸纳中心城区转移的人口和周边农村区域转移出来的劳动力，加快完善公共服务设施，加快向新兴中心转型；另一方面加快注入创新性要素，依托新兴的副中心区域良好的交通物流条件、基础设施条件、特色产业基础等方面的优势，培育新的经济增长点，发展具有优势的产业、生态、居住等项目，提高内生发展能力，从而提高副中心的发展量级。在功能内涵上，既是对中心城市主要功能的有力补充，也具备自身主导的功能特色；在等级规模上，要努力打造成为仅次于中心的综合性城市区域，还要承接中心城市功能疏解，又要建立功能完备、品质优良的公共服务体系和基础设施体系，还要吸引生产性人口进入，吸引流动人口进入，更要吸引从事高端研发、金融、物流、创意、文化等新兴服务业的人口进入，最终按照城市的功能和要求，来打造新的城市生长区域。同时，要持续强化产业支撑，立足于与中心城市之间的错位发展、产业分工、功能互补和协作协同，按照次一级中心城市的标准，均衡配置居住功能、生产功能、交通功能、商业功能、生态功能，最终提升城市的综合承载功能区，避免形成单一功能的城市发展园区。

三、优化"三生"空间布局

以调整空间结构，促进生产空间集约高效、生活空间宜居适度、生态空间山清水秀为目标，从空间优化起步，重塑产业新城的空间结构，统筹好产、城、人三大关系。产业空间调整以土地资源节约集约利用为重点，把产业发展规划与土地利用总体规划、城市总体规划统筹考虑，做好产业布局同交通、水利、通信、生态环保等规划的衔接配套，产业功能与城市功能的互相支持，注重进行地下空间开发，提高产业空间利用程度。生活空间以功能复合为导向，一方面加强对核心功能的支撑和保障，另一方面重点研究与老百姓"衣食住行、生老病死、安居乐业"紧密相关的各类设施建设情况，确定急需补充的短板功能，制定以街区为单元的修补方案。通过充分挖潜和整合各类空间资源，积极调动社区和居民参与规划实施，逐步推动街区修补方案的落实，重点完善学校、养老、社区服务、公共绿地、活动广场、市政基础设施和公共安全设施建设，逐步打开已建成的封闭住宅小区和单位大院，完善次支路建设，提升城市通透性和微循环能力，推动发展开放便捷、尺度适宜、配套完善、邻里和谐的生活街区。在交通空间上，秉承TOD发展理念，以主要交通站点为微中心，推进多功能混合利用的土地开发模式，推动微中心有机生长，为形成新的城市副中心夯实基础。

四、以文化城策略

文化是城市的灵魂。在制定和调整城市规划时，要加强对城市的空间立体性、平面协调性、风貌整体性、文脉延续性等方面的规划和管控，留住城市特有的地域环境、文化特色、建筑风格等"基因"。既要不断融入现代先进元素，也必须保护和弘扬优秀传统文化，通过深入挖掘与弘扬厚重的历史积淀，在城市特色培育、文化品牌打造、城市风格设计等方面突出特色，发展有历史记忆、中原特色、民俗特点的美丽城市，将历史渊源、城市精神、历史文化与现代城市发展浓缩成一条主线——以文化人、以文化城，人以文名、城以文兴，坚持做好"以文化城、城以文兴"这篇大文章，把文化融入城区每个角落，让一砖一瓦、一草一木都浸润着文化的符号，每一幢楼、每一座桥、每一条街都能成为文化的标记，促进自然与人文、现代与传统交融，避免千城一面、万楼一貌。同时，还要注重城市公共文化体系和公共文化空间建设，建设一批文化广场、历史建筑、人文景观、公园、自然景观、美术馆、图书馆、科技馆、影剧院、博物馆、体育馆、艺术中心和市民活动中心等，提高公共文化服务能力。

五、实施交通引导策略

对于城市发展来说，交通引导发展是城市空间结构优化发展的重要方式和路径，为此形成了 TOD 城市空间开发模式，按照城市的功能分区，科学规划城市交通路线和换乘枢纽，从而引导城市按照交通运输通道形成城市发展轴线，按照城市换乘枢纽形成微中心，并以此规划城市生态空间的设置，推动城市空间结构的优化与重组。在实施交通引导发展策略时，要树立全通勤时间的理念，只有切实缩短居民的通勤时间，才能够在心理上真正让城市居民按照交通导向来安排工作与生活布局，从而起到城市空间结构优化的作用。

第五节　我国特大城市的地下空间开发利用优化策略

地下空间是城市战略性新型国土资源。随着城市化进程加快、人口的急剧增长、生态环境的恶化和土地资源日渐匮乏，城市面临着巨大的空间压力，地下空间的开发和利用成为了解决这一问题的主要手段，亦是增强城市功能、提高城市效率的重要措施。

一、地下空间开发利用的概念和类型

城市地下空间的开发和利用是指由于城市空间资源相对不足，依据城市地下天然和人工形成的空间资源进行建设和改造，并用于商业、交通、防灾、防护、休憩，从而起到城市空间资源充分合理利用的方式和路径。

目前，关于地下空间的开发利用主要有四种类型：一是地下交通工程。地下交通工程主要是地铁及其场站的修建。国内外都进行了大规模的地下交通工程的建设。国外主要是英国的伦敦、美国的纽约、法国的巴黎、日本的东京、俄罗斯的莫斯科。我国主要是特大城市，包括北京、上海、深圳、广州、杭州、苏州、

郑州、西安、重庆、成都、沈阳、天津、哈尔滨等省会城市及东部地区发达城市，洛阳是我国中西部地区唯一一个批准建设地铁的非省会城市。此外，隧道也是城市地下交通工程开发利用的主要模式。停车场是广泛利用地下空间的重要交通基础设施之一。二是地下基础设施。地下基础设施主要是地下综合管廊。如将供电、供水、供气、通信、供气、供暖、污水等多种管线并入地下综合管廊，在地下进行建设、维护和更新。三是地下商业工程。国内超大城市已形成世界一流水平的地下商业综合体。近年来，国内地下商业区空间设计与地上建筑从割裂走向一体化。四是地下文体工程。地下文体工程代表性的有吉华斯柯拉运动中心 7000平方米的球赛馆。山东青岛啤酒城地下餐厅是国内进行文体工程建设的典范。

二、特大城市地下空间开发利用的意义

我国特大城市地下空间资源的开发利用，对特大城市缓解空间资源不足、提高空间资源利用效率、促进可持续发展具有重要意义，概括起来有以下五个方面：第一，能够有效推动城市空间资源的节约集约利用。对于特大城市来说，空间资源相对短缺是城市发展过程中长期存在的关键性制约因素，尤其是在城市增长边界政策趋紧的背景下，最大限度地推动城市空间资源节约集约利用能够推动城市生产、生活、生态布局的优化，提高城市的运行效率。从整个意义上讲，特大城市地下空间资源的开发利用，不仅能够有效拓展城市发展的交通空间、商业空间、生活空间、生产空间、基础设施空间，改善地面交通拥堵状况，增加地面生态建设用地，减少尾气和浊气的直接排放，推进地下综合管廊建设，方便基础设施的建设和维修，而且还能够发挥地下空间冬暖夏凉的自然属性和储能、储水、排水、管廊等设施和浅层地温的利用，有利于建设节能、节水、节地、低碳的资源节约型和环境友好型城市。

第二，能够有效缓解特大城市交通拥堵和停车难等问题。从特大城市地下空间开发利用的历史演进来看，地下轨道交通和地下停车场的建设与开发是最初期的地下空间开发利用模式。随着特大城市人口的不断集聚和经济规模的持续扩大，特大城市空间不断增长，在此背景下，运量大、速度快的地下轨道交通成为特大城市综合交通运输体系的最重要组成部分，直接关系到特大城市空间结构的优化重组与城市—区域系统的优化发展。此外，随着人口的增长，停车难的问题也日益凸显。为此，特大城市大量建设地铁、地下快速路、地下停车库、地下步行系统等交通基础设施，有效扩大了交通空间供给，提高了交通效率。

第三，能够有效提高特大城市管线的建设和运营效率。我国传统的供水、供电、供气、供暖、通信、污水等都采取地面挖沟掩埋的方式进行，造成在马路上不断地挖沟，既浪费了城市的建设资金，又造成城市拥堵和污染物指数不断上

涨。因此，我国逐步推进城市的地下综合管廊建设，通过城市地下空间资源的开发利用，将水电气暖污水等各类管线统一纳入到地下综合管廊中，一方面在基础设施建设中节约地上空间资源，另一方面减少基础设施建设的维修和养护成本。

第四，能够提高特大城市商业开发和发展水平。特大城市的生活节奏相对较快，随着地下空间资源的开发强度不断加大，开发水平不断提高，商业空间在地下空间中的比重不断提升，城市居民可以在通勤过程中进行购物等，既能有效缩短生活的通勤时间，又能改善优化商业空间的布局，从而提高特大城市整体的商贸运行效率。

第五，能够有效提高特大城市的安全设施建设标准。城市地下空间从设计初期，往往是作为人防工程而使用的，随着特大城市地下空间资源的开发利用，城市空间的安全防护功能逐步突出。

三、特大城市地下空间开发利用的现状

特大城市地下空间开发利用对特大城市缓解空间资源不足、提高运行效率、促进可持续发展具有重要意义。近年来，随着新型工业化、新型城市化、农业转移人口市民化进程的推进，特大城市土地资源和空间资源日益紧张，我国特大城市地下空间开发进入快速发展阶段。主要呈现出以下几个方面的特点：一是地下空间开发规模增长迅速。住建部的统计数字显示，截至 2016 年底，我国地级以上城市的地上建成面积和地下建成面积比例已经达到 1 : 0.15。尤其是北京、上海、广州、深圳等特大城市，在轨道交通建设、地下停车场建设、地下商业设施发展和地下综合管廊等工程的带动下，地下空间开发利用的规模迅速增长，建成面积快速扩展，利用方式也更加多样。以上海为例，截至 2016 年上海地下空间利用面积已达 6000 万平方米，每年新增面积 300 万平方米以上。近十年来杭州市区地下空间增长量高达 3800 多万平方米，每年平均增长超过 380 万平方米。二是地下空间利用类型更加多元。特大城市地下空间开发利用类型呈现多样化、深度化和复杂化的发展趋势，逐渐从单一到多元、从浅层到深层的发展。从开发利用类型上看，最早的地下空间开发利用是人防工程和地铁线路，现在已经到了地下停车场、综合交通枢纽、综合基础设施管廊、大型商业场地、仓储物流中心等，甚至出现了多种功能的混合利用。从开发深度上看，最早是地下负一层的开发利用，现在已经延伸到地下多层的开发利用，甚至是多种混合利用方式在立体空间上的叠加。三是地下空间开发利用的综合效益显著。从注重城市防护功能，到更加注重经济效益、社会效益，甚至是生态效益。最早的地下空间开发利用方式为人防工程，以城市防护功能为主，后来以减少城市交通平面交叉为主，提高城市的交通运输效率；提高城市空间资源的利用方式，增加城市空间资源相对供给，

改善城市空间资源供需关系，降低空间资源利用成本，提高空间资源的经济效益；另外，从实际情况看，以广州花都广场为例，地下空间资源的充分利用，为地面增加生态用地提供了可能，改善了城市的生态环境，提高了城市的生态效益。

但是，特大城市地下空间开发利用仍然存在一些问题：一是地下空间资源的相关信息掌握不够全面。地下空间资源信息的全面、准确是进行地下空间开发利用的前提和基础。由于地下空间相对具有隐蔽性、复杂性的特点，加上早期的地下信息空间多是人防工程，信息公开程度相对较低，导致对地下空间资源的整体状况了解不够。再加上当前地下空间资源信息的共享机制相对落后，也影响了空间资源的整合程度，这都导致对地下空间的总量、规模、分布、特征、可利用方式等的信息不够准确、不够全面、不够科学，从而影响到地下空间资源的高质量开发和利用。二是地下空间资源的开发与地上资源的利用缺乏协同。在我国特大城市当前的发展状况下，地下空间资源主要是作为地上空间的有益补充或者是延伸而利用的。但是，在实际开发过程中，地下地上空间协同性不够，很多城市存在的能够利用地上空间资源，就不利用地下空间资源；能够多利用地上空间资源，就少利用地下空间资源；能通过地上空间资源构建联系通道，就不利用地下空间资源构建联系通道；能通过地上资源降低相对成本，就不愿承担地下空间资源开发利用相对较高的开发成本，从而让地下空间资源的开发利用相对孤立。三是地下空间资源开发利用的管理体制需要进一步完善。目前为止，城市地下空间资源的管理缺乏一个牵头部门，人防部门是一部分城市地下空间资源管理的主体，现在自然资源部门、城市交通管理部门、城市商业管理部门、城市供水、供电、供气、供热、供暖和通信等基础设施和公共服务设施的规划、建设、管理部门也参与到城市地下空间的开发利用和管理过程中，在地下空间资源开发利用日趋多元化、复杂化、深度化、综合化的背景下，首先需要确定一个综合牵头部门，从指定规划开始，逐步完善地下空间资源开发和利用的内容、规范、程序、质量控制、权属登记、安全使用、更新改造等制度体系。四是地下空间的公共安全应急机制不够完善。特大地下空间开发利用规模庞大，地铁、地下商场等地下公共空间人员极为密集，地下空间安全设施、安全事故应急机制以及公众的安全意识与逃生自救技能等均有很大的提升空间。

四、提高特大城市地下空间资源开发利用效率的相关建议

我国特大城市本身面临较为严峻的空间资源不足的问题，提高特大城市地下空间资源开发利用的效率，能够缓解特大城市空间资源严重不足的问题，有利于提高特大城市空间资源的利用效率，进而有助于提升整个特大城市的运行效率。为此，要做到以下五个方面：

一是开展地下空间信息普查。在常态化的地下空间信息采集和共享机制建立之前，建议城市管理部门联合开展全面的地下空间信息普查。普查的地下空间资源信息包括地下空间容量、工程地质、水文地热等信息。地下空间开发利用信息包括已经建成的地下构筑物和地下建筑物信息，前者包括建筑物基础、地下管线（道、廊）等，后者包括地下建筑物的地理位置、功能类型、开发规模、空间分布、结构形式、工程质量、产权状况、使用状况、环境状况等。结合智慧城市建设，开展城市地下空间资源普查，并利用大数据库，将各种交通、管线、商业设施、人防工程等相关信息纳入到一个统一的大数据平台下，为城市地下空间规划管理提供支撑。

二是统一制定城市地下空间资源的建设规划。要真正统一认识，从思想的高度认识到地下空间也是宝贵的城市空间资源，也是城市生产、生活、生态的承载空间。将地下空间资源开发利用规划纳入到"多规合一"体系中，在"多规合一"体系下优化地下空间布局，有效配置地下空间资源。坚持规划引导、节约集约、循序渐进、超前建设的原则，既要注重当前，又要注重长远，既要考虑满足当前城市空间资源开发利用需要，也要满足未来城市空间资源特别是重大基础设施和公共服务设施的规划建设需要。积极开发利用新型地下空间，丰富地下空间类型与功能，充分发挥地下空间的特殊优势。

三是完善地下空间资源开发利用的规划体系。将城市地下空间资源开发利用规划纳入到国土空间开发规划中，对规划期内城市地下空间资源的供需情况进行分析，明确城市地下空间资源开发利用的目标，确定主要利用领域，确定开发利用规模，确定平面布局和分区管控、竖向分层划分、重点地区建设范围、地下地上空间一体化安排、开发步骤等，并对重大交通设施、综合基础设施管廊、综合商业发展体、生态环境建设、安全防控等领域进行谋划和布局。

四是完善地下空间资源开发利用的相关法律法规。目前，我国尚且没有形成相对完善的城市地下空间资源开发利用的法律法规，让城市地下空间资源的开发利用无法做到有法可依，让规划、建设、管理都缺乏相对权威的法律法规作依据。因此，要发挥特大城市具有立法权限的优势，从实际出发，将城市地下空间资源的规划建设管理等内容列入立法程序，加快制定相关的法律法规，为地下空间规划编制、规划建设管理、权属登记、使用管理提供依据。建立部门协调机制。建立城市地下空间开发利用相关部门之间的协同管理机制，维护城市地下空间的整体性、系统性，避免条块分割、多头管理。

五是加快地下空间开发利用人才队伍建设。加强对地下空间规划设计、施工建设和管理人员的培养，打造集规划、设计、投资、建设、运营、装备研发与制造等为一体的全产业链的地下空间综合开发行业管理平台，推行集合各方资源的创新合作模式，为特大城市提供地下空间综合开发解决方案。

第八章　我国特大城市推进城市"双修"的路径研究

生态建设相对滞后、城市功能不够完善导致城市效率相对低下是我国特大城市在发展过程中面临的重要难题之一，也是我国特大城市整体运行效率提升的关键制约因素之一。推进我国特大城市的生态修复和城市修补，能够提升城市的生态效益和功能发挥水平，从而提高城市的综合运行效率。

第一节　特大城市"双修"的价值与意义

随着特大城市逐步从增量扩张时代开始进入到存量优化的时代，开展城市"双修"工作将着眼于解决特大城市面临的规模扩张内在需求与增长边界外部约束并存的双重压力，需要以新的空间供给方式来长期解决发展中存在的"不平衡、不充分"的问题，补齐城市发展存在的影响城市运行的品质、环境、文化、创新、公共服务等方面的短板，切实提高城市发展效率和发展质量。

一、有利于解决特大城市整体运行效率下降问题

根据世界城镇化发展规律，当城镇化率在30%～50%时，"城市病"处于显性阶段；城镇化率为50%～70%时，"城市病"可能集中爆发。当前，我国城镇化率已经接近60%，随着经济社会的不断发展和城镇化进程的加速推进，一方面，人口转移的趋势和规律发生了一定的变化，大量农业转移人口不再是就近转移到小城镇、县城或者地级城市，而是直接转移到省会城市、特大城市，同时，中小城市的人口也开始出现流失的情况，收缩城市的数量日益增多，收缩城市的人口也开始大量向特大城市转移。由于我国长期以来在城市发展的指导思想上强调重生产轻生活，更是忽视生态建设，再加上特大城市在改革开放后普遍吸纳了大量的农业转移人口和市民化人口，人口规模持续快速膨胀，基础设施和公共服务设施建设的速度远远落后于人口的增长速度，导致特大城市的基础设施和公共服务数量与人口规模的矛盾日益突出。在此背景下，随着人口转移新的趋势的出

现，特大城市的基础设施和公共服务设施的供需矛盾更加尖锐。另一方面，随着我国经济的持续快速发展，城市居民的收入水平不断提高，人民群众的需求层次随之提升，并呈现多样化多层次多方面的特点，已经不仅仅满足于过去的物质生活需求，而是希望能够实现居住条件更加舒适、交通出行更加便捷、休闲娱乐更加多样、教育资源更加充裕、就医看病更加方便、生态环境更加美好，对美好生活的向往更加强烈。正如习近平总书记所指出的：人民群众期盼有更好的教育、更稳定的工作、更满意的收入、更可靠的社会保障、更高水平的医疗卫生服务、更舒适的居住条件、更优美的环境、更丰富的精神文化生活。这也对特大城市的基础设施和公共服务设施的供给提出了新的更高要求。同时，从特大城市内部发展的不平衡情况看，公共资源和公共产品过度集中于中心地区，造成中心地区的人口密度、经济密度、土地开发利用密度持续上升，中心城区的交通拥堵、环境恶化、房价租金上涨等问题更加严重。与此同时，中心城市的公共绿地面积、基础设施、公共服务设施特别是交通用地、生态用地甚至是居住用地的比例远远低于国际同类大城市，造成城市优质公共服务资源的巨大浪费、居民生活质量下降、城市发展成本上升，进而影响城市生产、生活、生态效率的提升。开展城市"双修"工作，将通过精细化的城市治理手段，对城市进行功能修补和生态修复，推动特大城市生产、生活、生态空间的优化与重组，并在城市微观层面上，加快市的更新改造步伐，从而提高特大城市的运行效率。

二、有利于解决特大城市发展需求与增长边界约束双重制约问题

截至 2017 年底，我国常住人口城镇化率达到 58.5%，城镇化发展趋势将延续从规模增长向质与量并重的发展阶段。但是，在快速城镇化过程中，特大城市、大城市、中小城市、小城镇所吸纳的农业转移人口情况大不相同。以 2018 年为例，人口增长最快的 10 个城市分别是深圳、广州、西安、杭州、成都、重庆、郑州、佛山、长沙和宁波，考虑到上海、北京两个城市受人口调控政策的影响以及沈阳受东北整体经济形势的影响，我国特大城市仍然是吸纳外来人口最多的城市。同时，全球城镇化发展的经验也表明，特大城市始终是城镇化和国家经济社会创新发展的核心，并且在城镇化、工业化、信息化推进的全过程中，特大城市仍将保持不断扩张的趋势和态势。与此同时，北京、上海、深圳、西安、杭州、广州、成都、郑州、厦门、苏州等城市都是我国进行城市增长边界划定试点工作的特大城市，如果城市"双修"这一问题处理不当，将会影响到城市的运行效率。

三、有利于解决特大城市基础设施承载能力不足问题

20世纪80年代之后，我国的城市化进程明显加快，但是由于历史"欠账"较多的主客观因素制约，城市基础设施综合承载力仍然远远低于发达国家的水平。以上海为例，何勇和陈新光（2015）从交通基础设施、环境基础设施、市政基础设施和环境基础设施四个方面着手，对上海、广州、北京、深圳等特大城市的基础设施进行对比，研究发现虽然这几个特大城市的基础设施在国内处于领先水平，并且，上海的基础设施总体建设情况位于这几个城市中游位置，但是和国外特大城市相比还存在一定差距。以环境基础设施为例，与巴黎、伦敦、纽约和新加坡等40个国际城市的生态基础设施建设水平进行了分析和比较，结果显示：在40个城市中，上海排名第36位，而东京排名第6位、巴黎排名第15位、伦敦排名第20位、首尔排名第21位、新加坡排名第23位、纽约排名第31位、中国香港排名第34位。以纽约为基准城市，中国内地城市中上海、北京分别位居第86和第93位。这些评价结果表明，虽然我国特大城市和国内的大中城市相比，在基础设施建设方面投入的资金较多，建设标准相对较高，建设理念相对超前，但是和其他全球城市相比，在发展水平上仍然存在较大的差距。究其原因，既有长期以来我国忽视城市基础设施和公共服务设施建设的原因，也有我国城市在发展过程中重视新区建设，重视城市扩张，忽视旧城区更新改造，忽视旧城区微观修复和修补，从而大大降低了特大城市的宜居性和可持续发展能力的原因。加快推进城市"双修"工作，能够在微观上改善提升城市基础设施和公共服务设施的功能，让城市的微循环更加通畅，从而提高特大城市整体的基础设施的运行效率。

四、有利于解决特大城市公共服务供给效率低下问题

综观纽约、伦敦、东京、巴黎等国际大都市，它们有着共同的特征，都是国家或区域的政治中心、经济中心、文化中心、商贸中心，也都有相同的内涵——公共服务中心。这些城市公共服务设施配套完善，公共服务水平整体较高，有全球著名的大学、医院等，对周边地区（甚至对世界）的服务、引领、带动能力都比较强。在某种程度上讲，是领先的公共服务提升了这些城市在国际上的知名度。但是，上海、北京、广州等特大城市的公共服务不仅落后于国际城市，而且落后于国内城市。以义务教育及免费教育年限为例，我国北京、上海、广州、深圳等特大城市的义务教育年限，均为全国义务教育的最低标准，未能体现出与综合经济实力明显领先于全国的义务教育标准，与国际上的几个大都市都有一定差距。以纽约和伦敦为例，在公共服务方面，伦敦的义务教育年限为12年，巴黎

的义务教育年限为 11 年。同时，他们还设有不同于义务教育的免费教育年限，该年限明显高于义务教育年限，如伦敦和巴黎的免费教育从 3 岁到 17 岁，长达 15 年，而我国特大城市在义务教育方面，和这些城市相比还存在一定的差距。即使与国内大中城市相比，特大城市在公共服务能力方面的发展水平，也相对落后于部分经济规模、创新能力不如自身的城市。《公共服务蓝皮书：中国城市基本公共服务力评价（2018）》按照精简和优化的基本公共服务力评价指标体系，通过 15613 份网络调查问卷，从公共交通、公共安全、公共住房、基础教育、社保就业、医疗卫生、城市环境、文化体育、公职服务九个方面，对 38 个主要城市的基本公共服务能力进行全面评价和深入研究，基本公共服务满意度排名前十的城市为：拉萨、厦门、宁波、杭州、珠海、青岛、上海、深圳、银川、福州。对于北京、沈阳、上海、南京、苏州、杭州、郑州、武汉、广州、深圳、成都、西安 13 个特大城市来讲，杭州、深圳、上海进入公共安全满意度排名前十的城市，上海进入公共住房满意度排名前十的城市，杭州、上海进入基础教育满意度排名前十的城市，杭州、上海、深圳进入社保就业满意度排名前十的城市，杭州、深圳、上海、广州进入医疗卫生满意度排名前十的城市，杭州、深圳进入城市环境满意度排名前十的城市，上海、深圳进入文化体育满意度排名前十的城市，杭州、深圳、沈阳进入公职服务满意度排名前十的城市。北京、南京、苏州、郑州、武汉、成都、西安几个特大城市无论是公共服务总体满意度，还是单项服务满意度都没有进入全国前十名，与特大城市在全国与区域公共服务体系中承担的职能不匹配。公共服务资源供给不足成为制约城市可持续发展和竞争力提升的突出短板。推进城市"双修"，增强公共服务职能，对于优化特大城市公共服务配置效率，提高城市运行效率具有重要意义。

五、有利于解决特大城市生态环境恶化问题

生态效率是城市运行效率的关键测度指标之一。目前，由于长期以来过度重视经济发展而忽视生态建设和环境保护，甚至是部分特大城市持有先污染后治理的思路，导致特大城市在近年来的发展过程中，承受了生态建设相对滞后、环境污染日益严重的压力，不仅影响了城市居民的生活质量，而且影响了城市的可持续发展能力。2018 年，世界碳痕网格模型项目（GGMCF）对世界环境污染最严重的城市进行评估，其中，广州、上海两个城市进入前十位。基于此，在特大城市未来的发展中，把生态建设和环境保护作为城市发展的重要任务，按照尊重自然、尊重生态、尊重和谐的理念，加快推进城市的生态修复，提高城市的资源环境承载能力，改善城市的人居环境质量。

六、有利于解决特大城市文化特色和景观风貌缺失问题

文化是一个城市软实力的重要组成部分。文化软实力也影响着城市的运行效率。在城市发展的过程中，城市都能够形成独特的精神内涵，形成独特的城市精神，塑造独特的城市名片，甚至是形成具有自身特点、体现历史传统、符合时代要求的城市品牌，从而体现出不同城市之间的差异。我国的特大城市多数都是一些历史文化名城，在华夏文明的起源和近现代文化的传承弘扬中发挥着重要作用。如北京、西安、成都、苏州等都是我国的历史文化名城，上海、武汉、广州在我国近现代文化占据重要地位，文化底蕴深厚，也形成了自己特有的文化魅力，至今在文化创意产业发展领域仍然位居全国前列。因此，推进城市"双修"，有利于把历史文化街区、历史文化遗址、历史文化建筑等保护和修复工作结合起来，更多的实现城市历史文脉的保护与传承。

第二节　特大城市推进城市"双修"的目标

开展城市"双修"工作，具有城市修补和生态修复两个具体目标，有利于实现经济、社会、生态协调发展的多重目标，具体展开有以下五个方面的目标：

第一，强化城市生态功能。良好的生态环境是最公平的公共产品和最普惠的民生福祉，也是一个城市最大的竞争优势，经历了高速城镇化的突飞猛进，各种城市病开始暴露出来，大气污染、水污染、生态破坏、垃圾围城等问题正考验着城市的发展和智慧。打造更加宜居的城市环境，切实满足人民群众对美好生活的需要成为现阶段城镇化高质量发展的根本要求，推动城市绿色低碳化发展成为普遍共识。推进城市"双修"，将从山体修复、水体修复、废弃地修复等方面入手，全面改善城市山体、水系、绿地生产系统，重塑城市景观，提高城市绿色发展水平。

第二，补齐基础设施短板。推进城市"双修"，最重要的在于补齐城市的基础设施短板。要从提升城市人口承载力的高度进行规划设计，根据人口规模与分布、设施服务半径、职住融合等方面，统筹推进供水、供电、供气、供暖、通信等基础设施建设，特别是围绕特大城市发展的突出问题，进一步提高城市路网密度，加快打通城市"断头路""卡脖路"工作进度，推进老城区的背街小巷、老厂院、老市场的整治提升，实现老城区的有机更新。

第三，提升公共服务质量。我国特大城市在公共服务供给能力方面存在的突出问题是优质公共服务资源在城市区域分布的不平衡，中心城区优质公共服务资

源多,新建城区优质公共服务资源少。开展城市"双修"工作,也要将提升全面均衡的优质公共服务资源供给能力纳入到发展目标。全面增强公共服务能力,也要进行供给侧改革,既注重数量,更要重视质量,优质公共资源投放应向薄弱区域倾斜,让每一位市民都能均等地享受到优质的公共服务。重点是持续推进义务教育学校扩容改造,加强优质教育供给。以基本实现大病不出现为目标,以疾病预防控制、妇幼保健、应急急救等为重点,健全医疗卫生服务体系。新建和改建一批图书馆、文化馆、博物馆、体育馆等,完善不同层级的综合性公共文化基础设施建设,提高各类文体设施的吸引力和利用率。以社区建设为抓手,进一步完善以"一站式"服务为核心的社区服务中心设施,健全以街道和社区服务设施为依托的便民利民服务网络,以现代信息技术为载体的信息服务平台,实现社区服务对居民的有效覆盖。

第四,塑造城市人文精神。历史文脉是贯穿于一个城市历史文化中的人类精神血脉,是城市在漫长时光中积淀的地域色彩和文化个性。留住城市特有的地域环境、文化特色、建筑风格等文化"基因",打造城市特色文化,正是一个认识、尊重、顺应城市发展规律的过程,对于增强城市特色,提升城镇化质量,具有重要意义。多数特大城市文化底蕴厚重,承载着许多历史记忆,这是非常宝贵的财富。在城市"双修"过程中,既要不断融入现代先进元素,也必须保护和弘扬优秀传统文化,发展有历史记忆、时代特色、民俗特点的美丽城市,促进自然与人文、现代与传统交融,避免千城一面、万楼一貌。城市精神的塑造,要以城市自身的发展历史和传统文化为基础,从重要的历史事件、历史人物中,深入研究解读城市的文化芯片,深入挖掘丰富的文化元素,这样提炼、总结、升华出来的城市精神与城市的文化传统、群众的心理情感能够更加紧密地结合在一起,也更容易被广大群众所接受,更容易落地生根。特大城市精神的塑造,要放在世界城市文明发展的大背景下来考虑,对历史文化底蕴进行对接与整合,塑造真正适应市场经济要求、符合城市发展方向、具有鲜明时代特征的城市精神。要真正内化为全体居民共同的理念。城市精神应贴近生活,贴近实际,与广大市民的价值观念、人文意识、道德操守、生活习惯等精神取向相吻合,才能真正被全体市民所接受、所认可,并外化为大家充满正能量的实际行动。城市的发展是人类历史上最为伟大的创造,它不仅仅是经济、政治活动的场所,更重要的是承载着一定历史文化的舞台。好的城市对内可以凝聚人心、增强人们的认同感,对外则可以彰显城市的精神风貌、提升城市的软实力。

第五,提高城市管理效能。开展城市"双修"的过程,同时也是进一步优化城市管理体制,推进城市管理从粗放管理向精细管理转变,从常规管理向智慧管理转变,从低效管理向高效管理转变,提高城市管理效能的过程。因此,推进城市"双修"，要把理顺城市管理体制，提高城市管理效能作为主要目标之一。主要是通过加强城市管理数字化、精细化、智慧化建设，整合市政公用、交通、公共服务、能源、人口、商务、政务、消防等城市管理信息资源，综合运用云计算、大数据和物联网等现代信息技术，推进城市网格化管理，加快城市管理智慧化升级；通过加强民生服务的智慧应用，开展智慧民生服务示范建设，推进智慧交通、智慧教育、智慧旅游、智慧电网、智慧医疗、智慧养老、智慧园区、智慧社区、智慧家庭建设，全面提高城市管理水平。

第三节　特大城市推进生态修复的路径

推进我国特大城市的生态修复，优化城市生态系统布局，提高城市绿色发展水平，提升城市的生态效益，从而提高城市的综合运行效率。当前，结合城市"双修"工作的推进情况和我国特大城市已有生态系统建设的格局，加快我国特大城市的生态修复进程，把重点放在城市山体修复、城市水体修复、城市绿地系统修复和城市废弃地修复四个方面。

一、城市山体修复

城市山体是城市自然景观的重要部分，也是城市建设生态系统的重要内容，是城市打造生态屏障的重要构成。加快推进城市山体的修复，能够提升城市的自然景观，提高城市的生态环境质量，完善城市的生态环境屏障，保障城市的生态安全。我国开展增长边界试点的特大城市中，很多都在城市空间范围内拥有著名的山体，这也成为城市进行生态修复的重点领域。如北京有香山、阳台山、蟒山等；南京有六合方山、紫金山、老山等；武汉的山体更加多，有龟山、珞珈山、龙泉山、蛇山等；杭州有凤凰山、宝石山、大明山等；广州有白云山、越秀山、莲花山、黄山鲁、王子山等；上海有佘山、天马山等自然山体以及双子山等人工山体，成都有龙泉山等；郑州由邙山等自然山体和凤山等人工山体。在城镇化进程中，随着城市规模的扩大，城市加速向外扩张，但是对于山体在城市生态系统中的功能和作用还没有充分认识，因此，对山体进行了不合理的开发，并导致山体的原有植物覆盖被破坏，大量山体裸露出岩石表面，不仅影响了山体的景观，而且影响了山体作用城市生态屏障和城市生态结构重要组成部分的功能，还容易出现山体滑坡、泥石流等自然灾害，危害城市的生产、生活、生态安全。为此，要提高城市生态环境的运行效率，对城市山体进行生态修复。一些特大城市专门出台了山体保护办法，实施城市山体修复工作。如武汉在 2014 年 7 月出台了

《武汉市山体保护办法》，对主峰相对高度不低于 30 米，且形态基本完整的山以及其他需要保护的山进行重点保护，推进城市山体修复。首先，要根据受损山体的历史资料、地质资源、植被资料、水土资料，并进行现场探勘，了解山体受损的基本情况；其次，要尽快采取修坡整形、矿坑回填等一系列工程措施，对山体原有的形体进行恢复和改造，尽量消除山体滑坡、水土流失等可能出现的地质灾害。最后，要以完善城市山体的植被覆盖为重点，加快推进山体的绿化，增强山体的生态功能，将山体变成城市的绿心和绿肺，提高山体对城市生态环境和生态安全的保障功能。

二、城市水体修复

水体是城市生态环境的重要组成。很多城市都围绕城市水体做文章，沿着城市河流打造绿色廊道，沿着湖体打造绿色内核，从而达到以水润城的效果，但是对于我国特大城市来讲，由于长期以来对水体在生态建设的功能和作用认识不清楚，因而存在着水资源相对短缺、水污染较为严重、水生态环境欠佳、水污染治理难度大等问题。首先是降雨量时空分布不均导致了河流污染防治基础不牢。由于北京、郑州、西安等特大城市地处北方地区，和南方的武汉、成都、上海、南京、苏州、广州、深圳等特大城市相比，区域降雨量少且时空分布不均，存在较多的枯水期和较长的干涸河流，自然水生植物较少，在枯水期河流的自净、修复功能基本丧失，污染负荷容易超过河流进行自净和修复的能力，面临水质恶化的风险。为了改善河流水质，目前很多地方的做法是引水补源，一方面是引水能力不足，另一方面给地方带来了较大的财政压力。其次是雨污管网建设滞后加大了污水收集处理难度。由于历史"欠账"较多，新城区的配套管网建设相对完善，老城区的污水管网建设和雨污分流改造工作相对滞后，导致截污管与污水处理衔接不力，影响河流水质的持续改善。再次是联合协调机制不完善影响了流域水环境的统筹治理。当前，城市河流上下游之间的沟通衔接更多局限于出入境断面水环境质量监测数据通报，在针对断面周边环境排查、流域水环境质量共同治理等方面还需要加强。最后污水处理标准不高直接拉低了河流水生态环境质量。目前污水处理厂出水标准相对较低，出水引入稀释能力较小的河湖作为城市景观用水和一般回用水等用途时，执行一级标准的 A 标准，而在河流自净、修复功能较弱的情况下，污水处理厂出水标准较低，不仅影响中水回用的规模，而且会对河流水质改善产生不良影响。

加快推进城市水体治理和修复，首先是提高标准，按照河流水生态质量要求推进污水规范化处理。目前企业排放标准和城市污水处理厂排放标准相比、和河流断面水质量目标要求相比，相对宽松，企业产生的污水未经处理直接排放，对河流水环境质量改善造成一定压力。建议开展水生态保护及考核相关标准认定的专项调研,科学合理地把握行业治污标准、企业治污标准与生态环境保护标准有效衔接点,实现水污染防治从源头到末端的协调统一。其次是横边竖底,强化河(湖)长制责任全覆盖真落实,对机构设置、人员及经费保障、公示牌设置等给予政策支持。同时,加快开展河(湖)长制水体延伸覆盖行动,将小型的河沟渠和小微水体纳入到河长、湖长监管范围,并适当地采取生物、生态及工程技术,逐步恢复退化湿地生态系统的生态功能、环境功能和社会效益。加强协作,完善流域水污染防治信息共享和联防联控工作模式。针对流域水环境保护联合协调机制还不够完善问题,加快推进流域产业发展规划与布局、基础设施、污染源、水文水质、环境监测、执法监管、研究评估等信息共享,完善突发事件的应急通报和协同处置机制,特别是上游发生企业事故性排放等事件时,及时将有关信息通报下游有关地区和相关部门。控源拦头,从根本上解决黑臭水体形成和污染问题。探索建立"厂—网—河(湖)"一体化运维机制和智慧排水中心,坚持问题导向,以"四水同治"为目标,利用大数据、云平台,对排水管网、泵站运行、水质监测、污水处理、中水回用进行统一监控、统一管理,有效实现河湖水系贯通。多元投入,构建稳定可持续的资金投入机制。开展水污染防治是一项涉及面广、技术含量高、投入大、周期长的复杂系统工程,下一步要加大体制机制创新力度,一方面,按照谁污染、谁补偿的原则,推动建立河湖生态补偿机制;另一方面,采取政府与市场、社会共同参与的治理模式,鼓励和支持社会资本投入各类基础设施建设与运营。

三、绿地系统修复

对于我国特大城市来讲,由于城市工业用地、居住用地、交通仓储用地、教育科研用地等各类用地类型已经在城市空间上展开,进行大规模用地类型调整的可能性相对较小,即使能够将少量的工矿业用地调整为生态建设用地,在整个城市建成区所占的比重也非常小。因此,要提高特大城市的生态建设水平,确保特大城市的高质量发展以绿色为基底,就需要对城市现有的绿地生态系统进行修复。

进行城市绿地系统的生态修复,首先是构建一个"点、线、面"相结合、各类型相协调、功能完善、布局合理的城市绿地生态格局。其次是打造城市绿地生态系统的绿心。把山体、水体、公园、废弃工矿业用地等打造成为特大城市绿地系统的绿心,特别是将森林公园、滨水公园等打造成为城市的"绿肺"。再次是打造城市绿地生态系统的绿廊。依托城市的主干路、次干路、支路和重要基础设施管线、河流,建设绿道、绿廊、滨水绿带和道路防护绿带,形成特大城市绿色生态系统的绿线。最后是打造城市绿色生态系统的绿点。要按照森林城市、园林城市的标准对老旧公园进行改造，对城市小的空旷用地进行绿色改造，在城市的街头修建小游园，让居民能够出了家门就能够看到绿地，就能够有地方游憩，从而更加完整地体现城市的基本功能。推进特大城市利用立体空间来发展绿化，在屋顶、立交、高架道路等增加绿化覆盖率。如郑州全面开展园林绿化"增量、提质、升级"活动，力争年新增绿地面积 1210 万平方米以上，努力打造"城在林中、园在城中、林水相依、林路相随"的生态格局，从而增加了绿地覆盖面积，塑造了城市生态景观，改善了城市生态环境，提高了城市的生态效率。

四、废弃地修复

特大城市的空间资源相对有限，基本上是"寸土寸金"的，加快推进城市废弃地的生态修复，提高城市废弃地的利用效率，成为提高特大城市生态效率、改善特大城市生态环境的主要路径。特大城市的废弃地修复，首先是对废弃地进行污染治理，特别是对于一些工业化学企业废弃地、采矿废弃地和垃圾填埋场等，要采取针对性的物理、化学、生物技术，对废弃地进行修复改造，消除污染隐患。其次是对废弃地进行生态重建。通过土壤改良，进行绿色化改造，恢复植被和水体。如一些工矿废气坑，可以恢复为城市水体。如北京房山区，以前矿山众多。历史上，由于开采水平较低以及矿产资源开发监督管理机制不健全，普遍存在重开发、轻治理，注重经济效益、忽视生态效益的现象，遗留了一系列生态环境问题。保护生态环境，房山区关闭了辖区的大部分矿山，并加大了对废弃矿山生态修复治理的力度。

第四节 特大城市推进城市修补的路径

城市修补，就是围绕"让人民群众在城市生活得更方便、更舒心、更美好"的目标，采用科学的规划设计方法，以系统的、渐进的、有针对性的方式，不断改善城市公共服务质量，不断改进市政基础设施条件，大力发掘、保护、传承城市历史文化，维系社会网络，使城市功能体系及其承载的空间场所得到全面系统的修复、弥补和完善，使城市更加宜居、更具活力、更有特色。我国特大城市的城市修补工作，要着眼于适应高端要素向特大城市聚集的需要，适应特大城市代表国家参与国际竞争的需要，适应人民群众对美好生活期待的需要，适应特大城市可持续发展能力提升的需要。

一、基础设施

城市的膨胀最直接的后果是加重城市基础设施的负担，而这一问题能否有效解决将在很大程度上影响城市的经济发展和环境保护。受访专家认为，交通已成为影响城市竞争力的最重要因素，35%的被调查者将交通看作特大城市发展最具挑战性的基础设施。交通基础设施直接影响城市环境，交通拥堵不仅带来经济损失，更会引发严重的环境问题。从北京和东京交通设施的对比情况看，以地铁为例，东京是世界上典型的以轨道交通为主导的大都市。东京的轨道交通起步较早，20世纪初，铁路、有轨电车、地铁等轨道交通已经形成基本完善的交通网络，目前承担了都市圈内旅客运输量的86.5%。北京的轨道交通建设就比较落后。从轨道交通站点来看，东京共2327个，而北京地铁站仅574个；从密度分布来看，东京每平方千米有1.3千米的轨道里程，有1个轨道交通站，而北京每平方千米仅有0.4千米轨道里程和0.2个地铁站。东京地铁与神奈川县、千叶县、神奈川县等连接较好，形成了整个都市圈的轨道交通网络；北京地铁站大多分布在城六区内，而城市周边的昌平、怀柔等周边地区没有地铁，更没有连通京津冀都市圈的通勤铁路网络。北京是我国特大城市中，地铁系统相对发达，尚且距离差距较大，郑州、武汉、西安、成都、苏州、厦门等其他特大城市的地铁系统远远落后于北京和上海。因此，我国特大基础设施功能的修补，按照适度超前的原则，完善城市功能，协调各项配套，保证基础设施的高效性和可靠性，推进生态修复、城市修补，重点实施一批道路交通设施、天然气、城市供热、电力通信、地下综合管廊、城市绿化等工程，着力提高基础设施的系统性、安全性、可靠性和服务保障能力。

首先，从城市交通运输系统入手。加强城市道路交通系统建设，提高交通综合承载能力。坚持以提高能效、降低排放、保护生态为核心，大力发展以"三低三高"（低消耗、低排放、低污染、高效能、高效率、高效益）为特征的绿色交通。改善城市交通结构，从合理分配城市空间资源入手，改变私人小汽车和高架桥领先发展的模式，将城市交通优先安排的层次进行倒置，城市综合交通规划按照步行、自行车、公共运输工具、共乘车、私人轿车的优先顺序进行发展，充分发挥城市规划分配交通资源的作用，构筑节能、方便、高效的绿色交通体系。树立"窄马路、密路网"的城市道路布局理念，优化城市道路网络功能和级配结构，建设快速路、主干路、次干路和支路等级配合理的道路网络系统，强化次干路、支路建设。加快停车设施建，形成以配建停车为主体、路外公共停车为辅助、路内停车为补充的停车设施供给模式，以居住区、大型综合交通枢纽、城市轨道交通外围站点、医院、学校、旅游景区等特殊地区为重点，通过内部挖潜改造建设停车场，并在有条件的周边区域增建公共停车场。

其次，要有序开展综合管廊建设，加强地下管线建设改造，保障城市运行的"生命线"，打通市政基础设施的"最后一公里"，推进地下空间"多规合一"，统筹布局各类地下设施。构建供水安全多级屏障。全流程保障饮用水安全，推进供水设施改造与建设，满足城市新增人口的用水需求，建立从"源头到龙头"的全流程饮用水安全保障体系，加快对水源污染、设施老化落后等导致的供水水质不能稳定达标的水厂、管网和二次供水设施的更新改造，加强应急水源、备用水源供水工程建设，提高安全供水保障能力。实施城市节水综合改造，推进城市再生水、雨水、海水淡化水等非常规水源的利用，全面建设节水型城市。探索建立"厂—网—河（湖）"一体化运维机制和智慧排水中心，坚持问题导向，以"四水同治"为目标，利用大数据、云平台，对排水管网、泵站运行、水质监测、污水处理、中水回用进行统一监控、统一管理，有效实现河湖水系贯通。

最后，加快推进海绵城市建设。按照规划引领、生态优先、安全为重、因地制宜的原则，综合采取"渗、滞、蓄、净、用、排"等措施，建设自然积存、自然渗透、自然净化的海绵城市。推广海绵型建筑与小区。因地制宜采取屋顶绿化、雨水调蓄与收集利用、微地形等措施，提高建筑与小区的雨水积存和蓄滞能力，推进海绵型道路与广场建设，改变雨水快排、直排的传统做法，增强道路绿化带对雨水的消纳功能。

二、公共服务供给

一般意义上，公共服务供给既包括教育、医疗、文化、体育、社会保障等，也包括商业、行政管理、中介服务等。但是，当前对我国特大城市来讲，公共服务供给能力失衡不足的方面主要在于教育、医疗、文化、体育等板块。在城市"双修"过程中，关于城市公共服务功能的修补主要考虑以下几个方面的因素：

第一，要和城市的人口规模相匹配。长期以来，我国公共服务的供给能力测算标准主要是根据城市的户籍人口规模，但是在新型城镇化进程中，我国特大城市作为农业转移人口和中小城市迁移人口的主要流入地，外来人口的规模在总人口中的比重相当大，户籍人口规模已经不能完全反映城市的常住人口。此外，还有相当一部分是作为流动人口而存在的。在新型城镇化进入提质增效新的发展阶段，基本公共服务均等化不仅要覆盖户籍人口，而且要覆盖常住人口。这样，公共服务的供给总量要按照常住人口的标准进行配置，特大城市不仅要弥补总量的不足，更要在弥补总量不足的同时，加快推进质量的提高。

第二，和城市人口的结构与变化相匹配。虽然我国特大城市作为人口的净流入地，不像部分中小城市一样存在城市人口减少和城市收缩的问题，但是在13

个特大城市内部，仍然存在着人口年龄结构差异和变化趋势的不同。以深圳为例，由于深圳是我国的经济特区，是我国较为年轻的城市，长期以来城市发展活力相对充足。因此，大量的年轻人流向深圳，由此产生的后果是深圳的平均年龄相对较小，人口年龄结构中 30 岁以下年轻人较多。与此同时，部分内陆地区的特大城市，人口年龄相对较大，普遍进入到老龄社会。在此背景下，特大城市提供公共服务，也要考虑人口年龄结构的变化，以城市居民的实际需求为依据，提供与实际需求相匹配的公共服务，精准化地满足不同群体的差异化、个性化服务需求。为此，超大城市政府应针对全市不同年龄层次、不同收入水平、不同职业的人群，开展综合性和专业性相结合的公共服务需求调查，如在老年人比重较大的区域，要推进家庭、社区、社会等养老和医疗康复公共服务设施建设，满足老年人生活需要；在年轻人占比较大的区域，要围绕创业就业、休闲娱乐以及子女教育方面提供公共服务。

第三，提高特大城市公共服务设施的建设效率。在对特大城市人口对公共服务需求的规模、质量和结构进行科学预测的基础上，要提高特大城市公共服务的建设效率，尽量能够在投入一定的情况下，提供更多的优质公共服务。如新建的城市公共服务设施尽量采用综合体形式，使社区养老设施、医卫设施、文体设施、托幼设施等集中于同一建筑物中，提高公共服务设施的集约性、便利性、融合性，提升政府管理和居民使用的效率；要结合特大城市地下空间资源的开发和利用，在地下集约建设包括综合交通枢纽、换乘车站、大型商业设施等集约型建筑物；结合旧城区改造，对现有公共服务设施进行挖潜扩能、改造升级，拓展其公共服务功能。

第四，提高城市公共服务设施建成后的运行效率。公共服务设施是公共服务的载体，其建成后的有效运行是公共服务能否让广大市民满意的关键。城市公共服务设施必须重视建成后的运行和维护，重视在设施内从事服务的公共服务人员的引进、配置和能力建设，硬件必须与软件相配合，才能提供高水平、可持续的公共服务。

三、老旧小区改造

在土地资源节约利用、建设用地资源紧缺、城市生态环境恶化等态势的倒逼之下，特大城市要加快转变城市发展理念，积极探索渐进式、可持续的有机更新模式，力争用存量用地的更新来满足城市发展的空间需求。而特大城市中心城区内的老旧住宅小区，由于缺乏经济利益的二次开发驱动，成为了城市更新中容易被忽视的对象。因此，在城市功能修补过程中，要重视老旧小区存在的基础设施老化、建筑年久失修、生命通道堵塞、交通组织不畅、停车矛盾突出、小区环境差、物业管理欠缺等诸多问题。具体展开来说有以下几方面问题：第一，建筑功能相对退化。老旧小区由于建筑时间相对较长，并且当时的建设标准相对较低，导致随着时间的推移，老旧小区的建筑都出现了在供电、供水、供暖、通信网络等管网方面的老化现象，多层建筑普遍缺少电梯，一些建筑还不能满足新的消防安全的标准，没有达到建筑行业节能的标准，使得老旧小区居民的整体舒适度降低。第二，小区缺乏良好的人居环境。老旧小区多数是在传统城市规划和小区设计理念指导下进行规划设计的，没有充分考虑采光、绿化、色彩等要素，在建设过程中也缺乏对小区整体风貌的统一规划，缺乏车库等设计，造成很多居民为了满足基本的生活需要，自建车库车棚等现象频繁出现，同时，存在墙面剥落破损严重、阳台和各类悬空物突出等现象，导致小区人居环境不优。第三，小区缺乏公共活动空间。当时的小区在设计过程中，仅考虑了居住功能，对公共活动空间的考虑不够，对邻里关系的考虑不够，导致居民缺乏公共的活动空间，也缺乏娱乐、健身、休憩等公共服务设施和器材。同时，很多老旧小区原居民逐渐搬离，使得过去相对稳定的社会网络逐渐解体，并且很难在短时间内建立人际关系，加速了小区的衰落，也造成居民流动性过快，普遍缺乏归属感。第四，小区缺乏相应的绿化。虽然一些老旧小区设有公共绿地，但是主要以宅间绿地为主，栽植的植物品种单一，绿化空间利用不够充分，缺乏立体绿化。

特大城市老旧小区改造，要根据居民的实际需求，坚持问题导向，注意几个方面：第一，突出实用性。改造的过程中，要立足于服务居民、服务需求、服务生活，避免形式主义，特别是要多听取居民的建议和意见，从大家最期待改造的地方做起，包括从供水、供电、供暖、供气、网络、通信、绿地以及住房安全等地方做起。第二，突出比较收益。老旧小区的居民很多都是老年人，居民流动性也快，收入水平相对较低。因此，在改造的过程中，要本着尽量节约费用的原则，除了给予一定的财政资金支持外，小区自筹资金部分要提高成本收益率，避免产生浪费。第三，要坚持节能和节约。改造过程中，要提高水节约集约利用水平、提高污水和垃圾收集能力，提高建筑的节能水平，提高太阳能等可再生能源的利用水平。第四，要重塑公共活动空间。随着居民生活水平的提高，邻里之间的和谐关系成为重要需要。因此，在老旧小区改造过程中，要尽可能地重塑小区的公共活动空间，给居民沟通交流提供场所。

四、文化风貌

我国特大城市中多是历史文化名城，是东西方文化融会贯通的城市，是拥有现代气息的同时又不失传统特色的城市。因此，进行城市功能修补，要做到以下几个方面：

第一，提高对城市历史文脉重要作用的思想认识。城市的历史文脉，一头连着城市的过往，一头关乎城市的未来，它是城市的名片和符号，也是城市发展最为宝贵的财富。长期以来，由于对历史文化在城市发展中作用认识不够，在城市建设中，"大拆大建"现象到处可见，使很多具有重要历史、文化和科学等价值的建筑、街道被拆除。在国家明确要求重视城市历史文脉的今天，必须把城市文化遗产保护和建设问题突出出来，把历史文化传承作为城镇化战略的重要内容予以特别强调。吴良镛先生曾指出，"自古太守多诗人"，城市的管理者首先要有文化、有诗意，城市的市长应是有诗情画意之人。首先要提高政府对城市历史文脉重要性的思想认识，把增强城市文化内涵、提升城市文化品位作为城镇规划建设的重要内容。

　　第二，加强城市历史文化遗产的保护和开发。特大城市都蕴藏着丰富的历史文化遗产，像北京、西安的帝都文化、成都的川蜀文化、上海的近代文化、广州的岭南文化等，都是其中璀璨的代表。在城市功能修补过程中，首先要正确处理历史文化遗产保护与开发利用的关系，在保护的前提下才能进行科学的开发利用。作为不可再生的资源，历史文化遗产一旦遭到破坏，其价值也就随着湮灭。应当加快制定科学合理的法律制度，规范和加强历史文化遗产的保护，为历史文化保护建设提供法律保障，真正做到在保护中开发，在开发中保护，延续城市历史文脉，让历史文化遗存遗址在城市中发挥其应有的价值。还应加强舆论宣传，引导全民共同参与历史文化遗产的保护工作，加深对历史文化遗产价值的认识，树立正确的文化遗产保护价值观。此外，还要结合各城市的历史文化和地域特征，以及时代要求，打造自己的城市精神，对外树立形象，对内凝聚人心。

　　第三，推动历史传统文化融入城市规划和建设。随着城市居民在物质方面的需求得到满足，城市居民将越来越多的产生在精神、文化、艺术、教育以及对美的体验方面的需求，因此，在进行城市规划设计的过程中，要把人的需求作为最主要的因素，特别是要在道路、街区、建筑、管道等城市专项规划中，要把城市的历史文脉、民俗文化等内容融入进去、展示出来。

　　第四，用自然山水和历史文化来提升城市品位。城市文化是一座城市自然环境、历史遗产和人文精神的高度精练和凝结。没文化越来越贬值，有文化越来越升值，这就是文化的力量。既要做山水的文章，也要做历史的文章，还要把自然山水与历史文化的元素融入到城市规划当中去。赋予城市建筑物以传承历史文化的重任，用"千年意识"来看待城市建筑物，赋予每一座城市建筑物永久性文化艺术生命，把城市建筑物打造成富有永恒生命力的建筑艺术品。以城市雕塑体系、广场游园体系、水体水系和街区绿化美化体系为重点，努力改善城市人文生活质量。围绕美化自然环境、美化人文环境和优化城市空间结构、提升城市居民素质等，不断提升城市品位，最终通过城市品位的提升来提高城市价值。

第五，培育壮大城市文化产业规模。城市精神是靠文化所形成的，而文化产业就是把抽象变为具体的方式和载体。文化产业与城市规划、建设相融合，可以保护文物遗产，使传统与现代结合，让城市更具魅力和文化底蕴。在百城提质建设的过程中，要抓好城市特色文化产品的供给，将城市文化建设和产业的发展作为提高人民群众福利水平和城市发展水平的长期战略来抓，将城市公共文化建设项目列入城市发展规划，将所需资金投入纳入政府财政预算。各城市还要积极培育和践行社会主义核心价值观，完善城市文化管理体制，鼓励社会资本和企业多方参与城市公共文化产业发展，促进城市公共文化服务产业培育和发展壮大，构建现代公共文化服务体系、现代文化市场体系。经营性文化产品开发过程中要加强对企业社会责任的引导，打造与城市人文精神相吻合的文化氛围。

五、公共活动空间

我国特大城市在发展过程中，普遍面临着常住人口规模不断扩大、规划建设用地总量需求不断增长、生态环境持续恶化、城市边界不断增长这四条底线的约束。在这样的背景下，特大城市以城市修补、生态修复的"城市双修"手段，通过现有资源挖掘以及周边资源共享，盘活存量资产，来扩大城市的公共活动空间。第一，在城市大的空间尺度上，利用新的技术手段来更加精准地了解城市居民的使用情况，如利用地理和地理信息技术以及遥感技术，结合地理位置数据和人流去向等信息来评价人群聚集可能，并做好相应的场所设计和活动组织。第二，在小区尺度上，将建筑物的转角、小区绿化多余的场地、城市拆违后剩下的空地，利用起来放置公共设施。见缝插针增加公共空间，包括建筑转角、楼宇顶层、高架桥下方、社区边角，都打造成为小区的公共活动空间。如北京东城区将试点街巷空间、空间重塑、空间回归、小区生活厅以及慢行游园项目。在东四南，利用胡同边角地的微空间，增加文化展示、休憩交流、绿化美化等设施，打造兼具文化展示和公共交流功能的胡同客厅。在南新仓，以运河和官仓历史文化展示为主线，通过恢复仓墙历史景观、扩展公共绿地、优化道路组织等，建设遗址公园。前门地区桥湾地铁站周边将增加休憩座椅、文化展廊、便民设施、导视系统和自行车停车位等，提升人群的通过性体验。在胡家园小区利用拆除锅炉房用地，地上建设社区服务设施，地下建设停车场，打造适合老人儿童生活、休憩、交往的"生活乐园"。磁器口大街及崇文门外大街路西将变身慢行游园，实现步行空间的有机串联。

第五节 特大城市推进城市"双修"的保障措施

推进特大城市"双修",要将"城市双修"作为城市建设、规划等部门的重要职责,各部门要分工合作,建立长效机制,完善政策,整合资源、资金、项目,共同推进"城市双修"各项工作顺利进行;同时,又要突出重点,把创新投资机制和扩大公众参与作为两项根本性的保障措施。

一、推进规划引领

城市"双修"是一项既立足当前,又着眼未来;既立足全面建成小康,又着眼现代化发展的系统工程。特大城市"双修",首先要加强规划引领,注重规划编制。全面落实习近平总书记关于城市规划建设的重要指示要求,认识、尊重、顺应城市发展规律,端正城市发展指导思想,科学编制城市"双修"规划,增强城市发展的全局性、系统性、持续性、宜居性和集聚性。按照突出前瞻性、全域性、统筹性的要求,立足当前城市发展阶段,积极对接即将出台的空间规划,汇总国土、林业、交通、水利、环保等部门的专项规划,建立规划数据库,统一空间坐标系,建立统一分类标准的多规协调平台,实现各项规划指标和要求的层级传导。特大城市的政府是推动规划实施的责任主体,加强对规划实施的组织领导,落实分工责任,有效地引导社会资源,合理地配置公共资源,研究制定实施城市"双修"的具体措施,在有关规划编制、政策实施、项目安排、体制创新等方面给予积极支持,加强对规划实施情况的跟踪分析和督促检查,适时组织开展规划实施情况的评估。同时,加强各类规划之间在目标、任务、措施上的有机衔接和互补,明确工作分工,完善工作机制,落实工作责任,分步实施,有序推进。

二、创新融资方式

城市在推进"双修"过程中,需要不断加大基础设施和公共服务设施的投入,但是由于财力所限,城市政府不得不依赖于房地产的扩展和土地增值收益。特别是在当前的城市发展过程中,基础设施和公共服务设施的投资主体仍然是城市政府,这种状况已经不能适应城市公用事业发展的巨大融资需求了,并且长期来看存在潜在风险:一是城市地方财政风险进一步积累。目前,地方政府的或有债务主要包括:地方政府担保债务(包括外债)、地方国有企业债务、地方金融机构的呆坏账、社会保障资金缺口等,这些或有债务都会在出现清偿危机时对地方政府造成资产损失。二是财政风险存在向金融风险转化的可能。如果银行在金融风险控制方面弱一些,城市政府财政风险就会积压到银行系统,成为金融风险。随着特大城市进入以提高发展质量为主的新的发展阶段,以及城市居民对城市基础设施和公共服务供给能力的要求不断提高,弥补城市发展短板的要求也越来越迫切,所需要的资金也越来越多。

投融资缺口主要在三个方面:第一,基础设施建设资金需求。这部分资金需求既包括城市道路、桥梁、隧道等交通设施、水电气暖热等各类管网建设,也包括上述各类基础设施的更新和维护。第二,公用事业资金需求。主要包括环境卫生、城市安全、供水排水、电力、燃气、热力、文化体育场所、邮政通信建设等公用设施的布局与建设。第三,公共服务发展资金需求。主要包括就业、养老、住房、卫生、医疗、学校等各项城市基本公共服务设施。因此,在全面摸底调查的基础上,筛选一批项目,按照近期中期顺序来实施。积极探索"城市双修"的资金筹措和使用方式,发挥政府资金的引导作用,大力推广政府和社会资本合作(PPP)模式,吸引民间资本助推"城市双修"。扩大财政资金保障,搞好资金统筹,发挥好政府财政资金杠杆作用,通过利益机制创新,撬动社会资本投资,争取设立城市"双修"基金,规范基金设立、运作程序,突出基金的引导作用。着重解决重大项目资金来源问题,加大向上争取项目资金工作力度,加强对项目申报部门的服务和指导。推荐重点项目列入中央国债贴息资金项目计划,多渠道、多层次争取国家各种政策性资金投入。用足用好地方政府债券政策,积极支持符合条件的项目申请国家级、省级引导资金等相关扶持资金。支持收益较好、实行市场化运作的重点项目开展股权和债权融资。鼓励"城市双修"项目打包,整合各类资金,综合运用地方债、政策性金融工具、资产证券化等多种举措,通过设立政府引导基金、PPP模式、政府购买等多种方式,全面拓宽融资渠道。加强与政策性金融机构协调对接,积极推动城市基础设施建设领域市场化改革,建立健全与市场化相适应的特许经营制度、价格形成机制、财政补贴方式和政府监管机制,引导社会资本参与城市公用设施建设运营。

三、扩大公众参与

城市"双修"工作不仅是城市发展的愿景,同时也是公共政策和社会实践活动,与广大人民群众生活密切相关。扩大公众参与,要拓展规划宣传平台。首先要告诉老百姓规划是什么,才有参与的基础。改变规划宣传方式,由过去的一段文字一张图、现场张贴报上登载的方式向多渠道、可互动、通俗性转变,让更广泛的公众参与到规划中来,让公众参与更有热情与效果。注重重大规划的公众参与,以凝聚社会共识。坚持开门办规划,通过座谈会、研讨会、趣味问答、意见征集等多形式、多渠道，强化名城保护、多规融合、城市双修、城市发展战略、城市总体规划等重大规划的公众参与。创新民生类规划的参与方式。对于老旧小区改造、公共服务设施配套等直接关系到规划地区居民的切身利益的规划和项目，要注重公众参与的内涵延伸，强调全过程、全方位公众参与，形成全社会支持城市"双修"、参与城市"双修"、奉献城市"双修"的强大合力。

四、强化项目支撑

项目是撬动发展的支点，是扎实抓好城市"双修"工作的重要抓手。强化项目支撑，统筹项目建设，要做实"储备、引进、建设"三篇文章，形成"包装一批储备项目、引进一批后续项目、新上一批开工项目、投产一批在建项目"的项目滚动发展局面。着力抓项目储备。主动对接国家支持城市"双修"的投资重点领域，重点围绕山体生态修复、水体生态修复、工业用地修复、公共服务设施完善、基础设施配套完善、城市形象风貌提升、历史文化特色塑造、城市重点区域风貌提升、绿地与公共空间增补等方面，设计、编制和整合一批优势项目，建立项目储备库。着力抓项目引进。围绕修复自然生态、传承历史文脉、提升城市活力、完善民生服务等重点领域，引进一批引领性、突破性和标志性的项目。着力抓项目建设。强化项目带动和项目化推进，研究制订简化和规范投资项目审批流程实施方案，进一步精简、整合审批程序，着力推进这些项目审批流程优化，最大限度地提升项目审批效率，推进这些项目的立项、规划、环保、用地等前期工作。加快推进重点项目开工建设、尽快运营。对经审核具备开工条件的项目，要抓紧落实招投标、施工图设计审查、确定施工及监理单位等配套工作，尽快开工建设。

五、完善考核机制

建立奖励惩戒的激励机制，对各城市、各部门、各单位贯彻实施规划中的好做法、好经验进行总结交流，完善社会监督机制，鼓励公众积极参与规划的实施和监督。加强监督评估，跟踪发展目标任务进展落实情况。组织开展重大项目实施情况的中期评估，全面分析项目实施效果及各项政策落实情况，年度进展情况报告和中期评估报告以适当方式向社会公布。根据建设发展情况及中期评估结论，对城市"双修"工作的重点任务、实施步骤、具体目标和关键节点进行适当必要的调整。建立健全统计和监测体系，督促统计部门结合城市实际，规范统计口径，确定统计范围，改进完善统计监测指标体系和制度方法，提供统计数据的准确性和及时性，实现统计指标可追溯、可比照、可预测。

第九章　我国特大城市提高城市管理效能的策略

城市的发展不仅仅是量的扩张，更重要的是质的提升。城市管理在推动城市发展质量和运行效率提高方面也具有重要意义。2017年全国"两会"上，习近平总书记提出了"城市管理应该像绣花一样精细"的总体要求。特大城市作为我国城市体系的塔尖城市，不仅要在城市建设方面走在全国乃至全球前列，而且要在城市高效率管理方面进行创新，一方面要着力发挥特大城市在带动全国或区域发展领域的积极作用，推进城市—区域的协同发展；另一方面要探索加快特大城市的微更新、微改造，着力提高城市产业持续发展和创新发展能力，更好地满足人民对美好生活的需要，从而在全国起到示范、引领作用。因此，特大城市要在城市管理上下足功夫，构建"城市管理体制科学、社会治理能力现代化、智慧城市建设支撑有力"的一体化城市管理运行体系，全面提高城市管理精细化水平，提高特大城市的运行效率。

第一节　城市管理的内涵与理念

提高城市管理水平，首先要树立以人为本的理念，这是做好城市管理工作的出发点和落脚点。要牢固树立以人为本的城市管理理念。城市是人类选择的一种生活方式，人类是城市的主体。追求城市的可持续发展实质是为了保障人类的生活环境和生活质量。城市规划、城市建设和城市管理都是为了城市居民、依靠城市居民和围绕城市居民而进行的。在一切都可以自由流动的全球化时代，如何满足人们追求自由和愉快的生活，已成为城市管理的内在目标和规则。城市管理的以人为本包含了三个方面的内容：一是城市管理的目的应该是不断满足城市居民的物质需求和精神需求，以及现实需求和潜在需求，营造出舒适、安全以及令人满意的生活环境和工作环境。二是城市管理的主体应该包含城市全体居民，让全体居民共同引导城市发展方向。三是针对城市居民这个城市管理的对象和目标，城市管理部门需要通过各种宣传教育和法律法规帮助或强制城市居民树立良好的生活习惯和道德意识，进而提高城市居民的整体素质，最终实现全体居民的公共利益最大化。总之，城市管理工作是一项动态性、反复性很强的工作，必须将以人为本的理念在城市管理的规划及其实际操作过程中体现出来，始终贯彻于城市管理体系，才能确保城市管理的创新是向着有意义、有价值的方向发展的，其创新是能够被广大人民群众所接受和喜欢的。

以人为本的城市管理理念，具体落实到城市管理的目标中，主要包括两个层面：第一个层面从城市体系的角度看，我国特大城市也要把握全球城市发展的规律，将对标城市可以分为三个层级：最高层级的对标城市——纽约和伦敦，它们是全球中心城市和区域门户城市；第二层级的对标城市——巴黎和东京，它们是全球中心城市和国家门户城市；第三层级的对标城市——香港和新加坡，它们是亚太中心城市和亚太门户城市。特大城市迈向卓越的全球城市的发展进程至少可以分为两个阶段：第一阶段的发展目标是从国家中心城市到亚太中心城市和从国家门户城市到亚太门户城市，主要对标案例是香港和新加坡，也要借鉴纽约和伦敦的区域门户城市发展经验；第二阶段的发展目标是从亚太中心城市到全球中心城市，主要对标案例是纽约和伦敦，也要借鉴巴黎和东京的全球中心城市属性。从发展的历史进程看，我国在全球所扮演的角色也将发生转变。特大城市作为我国城市体系的塔尖城市，承担了国家中心城市的职能，也加快成为全球城市体系的重要组成部分，未来将在全国城市体系中承担的经济中心、文化中心、创新中心和服务中心等高端职能也将进一步强化。具体来说，随着中国从世界工厂转变为全球经济引领者，特大城市成为引领全球科技创新和智能制造的核心力量；随着中国从资本承接地转变为全球组织者，特大城市将承担全球市场组织和生产管理枢纽的功能；随着中国进入消费作为经济核心驱动力的城市时代，可持续发展将成为中国城市面临的最紧迫挑战，特大城市发展应由围绕服务生产制造的园区思维，走向围绕服务城市人的消费思维，由高投入、高能耗的粗放发展转向高效率、低消耗的可持续、包容性发展。这要求我国特大城市强长板（经济影响力、物质资本）和补短板（科技影响力、文化影响力、体制资本、人力资本和环境资本）。

第二个层面从单体城市发展的角度看，一是经济持续增长。城市只有拥有雄厚的经济基础、先进的产业结构和强大的发展潜力，才能为城市居民提供充足的就业机会和较高的收入，才能为宜居城市物质设施建设提供保证。二是社会和谐稳定。只有在政局稳定、治安良好、民族团结、各阶层融洽、社区亲和的城市，居民才能安居乐业，才能充分享受丰富多彩的现代城市生活，才能将城市视为自己物质的家园和精神的归宿。三是文化丰富厚重。只有具有文化丰厚的城市，才能称之为思想、教育、科技、文化中心，才能充分发挥城市育人化人的职能，才能提高城市居民的整体素质。四是生活舒适便捷。生活的舒适便捷主要反映在以下方面：居住舒适，要有配套设施齐备、符合健康要求的住房；交通便捷，公共交通网络发达；公共产品和公共服务如教育、医疗、卫生等质量良好，供给充足；生态良好，天蓝水碧，住区安静整洁，人均绿地多，生态平衡，景观优美怡人。五是人文环境优良。城市是一个人文景观与自然景观的复合体，这既需要城市的人文景观与自然景观相互协调，又要求人文景观如道路、建筑、广场、小品、公园等的设计和建设具有人文尺度，体现人文关怀，从而起到陶冶居民心性的功效。六是公共安全感较强。公共安全是城市通过有效抵御地震、洪水、暴雨等自然灾害，防御和处理大暴乱、恐怖袭击、突发公共事件等人为灾害，从而为社会和公民个人从事和进行正常的生活、工作、学习、娱乐和交往创造的稳定外部环境和秩序，并确保城市居民生命和财产的安全。公共安全是宜居城市建设的前提条件，只有有了安全感，居民才能安居乐业。

在城市化进程和人口老龄化的趋势下，推进特大城市管理，要面临经济、社会、环境以及城市基础设施四大挑战。根据经济学人智库报告（2017）对特大城市发展面临的难题进行的调查，20%的受访者直指就业问题为其城市所面临的最严峻的经济挑战，并列第二位的是物价和经济增长（选择人数占14%）。只有7%的被调查者选择了资金问题。能否在吸引高层次人才的同时，消化不断涌入的劳动力，正在成为"航母"城市未来经济发展的关键。从目前的趋势来判断，我国特大城市可能面临以下几个方面的挑战：一是城市老化和人口增长不确定性的挑战。由于特大城市人口持续的净流入，部分特大城市出台了关于对人口总量进行限制、对人口净流入进行管控的措施，这一方面在短期内缓解了特大城市由于人口增长造成的交通、住房、生态等城市病问题，另一方面从中长期来看，特大城市将很难摆脱全国人口增速减缓的整体趋势，同样面临人口老龄化的严峻挑战，还可能面对人口红利减少、老龄化和城市老化三重危机叠加的风险。二是生态系统退化和环境恶化的危机。从建成区绿地率、绿化率、垃圾处理率、污水处理率等指标上看，我国特大城市在用地结构、基础设施建设上更加重视生态建设，生态环境质量相对高于城市平均水平，但高密度城市开发使环境负荷不断增大，生态保护与城市建设的冲突正在加大。三是科技创新与经济转型的挑战。新一轮的全球化中，科技创新和经济转型成为制约城市竞争力的核心因素。虽然特大城市具有在全国的领先地位，但是和巴黎、伦敦、东京等具有全球领先地位的城市相比，在高端制造、高端服务、高端创新等领域仍存在一定的差距，特别是在国际金融中心、创新中心、文化中心等全球城市基本职能建设方面，差距更为明显。四是多重城市安全风险的威胁。未来科技变革带来无限可能的同时，也使城市的复杂性呈现出几何级的增长。未来城市的风险将愈发呈现出多样性、连锁性和复杂性的特征。面向未来，除了全球气候变暖、极端气候等持续存在威胁的自然灾害外，社会分化、公共服务不足、公共安全失控等社会安全隐患，甚至实体空间与虚拟空间风险交织的危险都存在，这些调整，也需要我国的特大城市做到未雨绸缪。

第二节　处理好政府与市场、政府与社会的关系

处理好政府与市场、政府与社会的关系是特大城市提高城市管理效能的基本依据。要把政府的法治化管理和发挥市场在资源配置中的决定性作用、发挥社会各参与主体的积极作用结合起来。

一、处理好政府与市场的关系

就市场经济条件下的政府行为而言，政府是对市场机制的有效补充，但政府行为的效率取决于三个相互依存的前提条件：一是政府决策的民主性、科学性和合理性及决策程序的规范性；二是政府有执行决策的全部能力，不存在执行的组织、信息及观念障碍；三是政府作为公共利益的代表者及社会利益矛盾的仲裁人不受自身利益和其他特殊利益集团的影响，具有公正性。无论是在理论上还是在实践中，这些前提条件都或多或少地难以满足，这也必然导致政府失灵，主要表现就是政府的越位和缺位。越位是指政府替代了市场机制来配置资源，应该退出对资源进行配置的领域而没有退出；缺位是指本应由政府承担的义务却没有完成，对应该管理的领域没有进行有效的管理。比如，城市下一级政府可能会制定各种措施使经济要素资源过度集中在某些区域，导致空间布局失衡、产业同构、重复建设等问题；还有些出于各自地方利益和规避投入责任的考虑，使得社会事业共建共享进展缓慢。政府失灵的主要原因在于市场化的改革使地方政府成为新的利益主体，多元化的利益格局开始形成，但由于相应的激励与约束机制不健全，地方政府在追求自身利益最大化与社会效益最大化之间产生矛盾。

由于市场化改革不充分而导致市场机制在资源配置的某些领域运作不灵，达不到资源的最优配置，导致市场失灵。首先，一般意义上的外部性、公共产品提供、垄断、信息不对称、周期波动性及收入公平等问题，使得市场机制被破坏而扭曲了资源配置取向。最典型的例子就是市场经济很难解决的外部性问题，上游地区产生的污染需要下游地区来治理。未来大都市区是一个相互紧密关联的有机整体，区域内的重大基础设施、生态资源及环境的开发与利用等都存在正的或负的外部性，不论是正的外部性还是负的外部性都会造成私人收益与社会收益的差

距，从而引发矛盾。其次，由于存在影响要素资源分布的空间因素，如各个城镇之间的自然资源禀赋可能存在显著差异，市场机制本身无法解决为实现大都市区协调发展的目标而出现"市场失灵"。在区域内部存在着较严重的经济垄断和行政性垄断、市场分割与封锁现象，阻碍了区域统一、开放、竞争和有序的市场格局的形成，也由此加剧了地方之间、部门之间的利益冲突，并干扰上级政策的贯彻执行。

从城市发展起源来看，公共产品供给的规模效益与经济要素集聚的交易效率是城市孕育、发展、成熟的动力，城市是代表着公共产品的"城"与代表着市场交易的"市"的融合。城市高效运转仅依靠政府的努力是难以实现的，日益复杂的经济、社会和环境治理等问题，都需要建立能够打破政府之间、政府与社会之间、政府与企业之间权力界限的合作机制。随着经济社会的发展，政府职能进行重新定位，市场竞争机制不断引入，而政府改革的一个重要环节就是分权，即权力下放。大都市管理体制变革不再仅局限于基于科层制行政管理而设立的权威的、集权的、统一的大都市政府模式，或是基于市场机制的分散化地方政府竞争模式。有效的管治必须建立在良好的市场基础之上，运用市场原则来实现区域内的资源配置，充分发挥市场的作用。在市场经济体制约束下，政府使用资源主要是用于向社会提供公共品及服务，维护和完善市场经济体制的秩序，反映在发展战略中就是实现发展战略目标，既要充分履行政府应尽职能，又要最大限度地利用市场的力量去配置资源，这是一种可能达到的均衡状态。

二、处理好政府与社会的关系

城市作为人口最为密集的地域，必然存在各种各样的偏好和需求，这种偏好或需求通过价值观念、经济利益等多元化方式表现出来，进而分化为众多阶层以及各种各样的利益主体。当前政府并没有完全的能力来满足各方需求，必然需要借助外力来实现。城市从根本上来说是市民的城市，不是政府的城市。随着新公共管理主义的兴起，国家、市场、社会之间的关系发生了根本性的变化，这一变化包括政府职能的市场化、公共决策民主化、公共权力多中心化。这促使了除政府和市场之外的第三部门快速发展，增进了人与人的相互信任与合作，这正是市民社会（亦称公民社会）崛起的基础，也为特大城市的管理提供了新的思路。当然，要在繁杂的、多样化的组织之间都形成正式的跨界合作制度体系，本身也是不现实和不可能的，这就需要大量的非正式、松散性的互动合作。在很多情况下，这种非正式的合作更多依靠相关部门和非政府组织之间建立在常年工作关系基础上的地缘情节和社会资本，而不是正式的制度和政策。不管是在中国传统文化背景下，还是在西方的市民社会体系中，政治文化和心理因素是跨行政区域治理必须考虑的重要因素，以"人际交往"为核心的社会资本，是保障城市有效运转的内在支撑力。

政府放权并不仅是在政府内部各层级之间的权力转移，还包括权力向市场、向社会的转移。新的治理理念强调多种主体参与到社会的运作，从而在各个主体的相互冲突协作中形成多元化的治理结构。公民以集体参与的形式组成各种各样的第三部门组织，使第三部门在承担大量社会服务过程中不断壮大，逐渐在国家—市场—市民社会的治理结构中占据重要的一极，这也是避免政府失灵和市场失灵的最佳途径。在世界区域治理案例中，公众参与在区域规划和区域内各城市间的协调工作中发挥着重要作用，在很大程度上成为推动区域协调健康发展的重要因素。然而，在我国城市治理过程中的公众参与机制还很匮乏，参与程度很低，与发达国家的城市治理中公共参与水平相差甚远。在长期存在的"强政府、弱社会"的社会体制下，城市群社会组织发育程度很低，参与治理的渠道很狭窄。除此之外，现有的社会组织大多是在政府管理部门的培育和推动下产生的，对政府的依附性很强，在发动市民参与城市群治理方面的作用极为有限，其作为城市治理的主体地位也体现不出来。因此，城市治理必须充分将市民和社会组织吸纳进来，加快培育社会组织，以填补政府和市场双失灵领域的空白。

第三节　提高法治化治理水平

除了着眼于满足超大城市人民群众对美好生活的需要，增加多层次、高水平公共服务供给，使高品质生活成为提升城市能级的助推力外，关键是创新特大城市的社会治理，构建起和谐与共的社会治理体系。借鉴国外全球城市的社会治理经验，特大城市提高社会治理水平，一般包括以下几个要素：一是高效透明的法治政府。政府在行政执法、行政监督、行政救济等方面制度完善，具备重大行政决策、政府政务公开、重大决策听证咨询、重要事项公示通报等各项行政制度。具体标准包括：立法科学民主，实现公众对立法的参与，构建完善科学的法律体系；行政决策程序科学公正，重大行政决策建立公众参与制度；政府信息公开透明，包括决策公开、执行公开、管理公开、服务公开、结果公开；政府行政行为高效；行政执法规范。二是成熟完善的社会信用体系。以完善的法律法规体系为基础，构建成熟的信用信息共享机制。具体标准包括：高覆盖的社会信用体系；方便社会公众使用的社会信用体系；完善的社会信用体系监管制度。三是发育成熟的社会组织。建立起政府部门和社会组织合作共赢的发展模式。具体标准包括：发育完善的各类社会组织；社会组织在政府委托的公共事务中承担重要角色；完善的社会组织管理。

从高效透明法治政府建设的角度，要优化城市政府的组织结构。完善行政组织和行政程序法律制度，推进机构、职能、权限、程序、责任法定化。深化行政体制改革，优化政府机构设置、职能配置、工作流程，理顺部门职责关系，积极稳妥实施大部门制。创新行政管理方式，完善政府绩效管理。推进城市政府事权规范化、法律化。完善政府立法体制机制。严格落实立法规定，坚持立改废释并举，完善行政法规、规章制定程序，健全政府立法立项、起草、论证、协调、审议机制，推进政府立法精细化，增强政府立法的及时性、系统性、针对性、有效性。完善立法项目向社会公开征集制度。通过开展立法前评估等方式，健全立法项目论证制度。重要行政管理法律法规由政府法制机构组织起草，有效防止部门利益和地方保护主义法律化。对部门间争议较大的重要立法事项，由决策机关引入第三方评估，充分听取各方意见，协调决定，不能久拖不决。探索委托第三方起草法律法规规章草案。定期开展法规规章立法后评估，提高政府立法科学性。对不适应改革和经济社会发展要求的法律、法规、规章，要及时修改和废止，同时加强行政法规、规章解释工作。提高政府立法公众参与度。拓展社会各方有序参与政府立法的途径和方式。健全法律、法规、规章起草征求人大代表意见制度，充分发挥政协委员、民主党派、工商联、无党派人士、人民团体、社会组织在立法协商中的作用。拟设定的制度涉及群众切身利益或各方面存在较大意见分歧的，要采取座谈会、论证会、听证会、问卷调查等形式广泛听取意见。除依法需要保密的情况外，法律法规规章草案要通过网络、报纸等媒体向社会公开征求意见。加强与社会公众的沟通，健全公众意见采纳情况反馈机制，广泛凝聚社会共识。规范性文件不得设定行政许可、行政处罚、行政强制等事项，不得减损公民、法人和其他组织合法权益或者增加其义务。涉及公民、法人和其他组织权利义务的规范性文件，应当按照法定要求和程序予以公布，未经公布的不得作为行政管理依据。加强备案审查制度和能力建设，把所有规范性文件纳入备案审查范围，健全公民、法人和其他组织对规范性文件的建议审查制度，加大备案审查力度，做到有件必备、有错必纠。健全依法决策机制。完善重大行政决策程序制度，明确决策主体、事项范围、法定程序、法律责任，规范决策流程，强化决策法定程序的刚性约束。健全行政权力运行制约和监督体系。坚持用制度管权管事管人，坚持决策权、执行权、监督权既相互制约又相互协调，完善各方面监督制度，确保行政机关按照法定权限和程序行使权力。起草法律法规规章和规范性文件，有效落实公开行政权力运行流程、惩治和预防腐败、防控廉政风险、防止利益冲突等要求，切实把权力关进制度的笼子。加强行政程序制度建设，严格规范作出各类行政行为的主体、权限、方式、步骤和时限。发挥政府诚信建设示范作用，加快政府守信践诺机制建设。加强公务员诚信管理，建立公务员诚信档案。

城市管理执法过程中一个突出的问题就是城市管理综合执法问题。城市管理部门在市政管理、交通运行、生态建设、应急机制、公共安全、土地利用等方面仍有较多不足，不仅影响了城市运行效率的提高，而且影响了居民生活质量的提升。为此，要完善城市管理综合执法制度，一是界定管理职责。确定城市管理综合执法机构的职责范围是推进城市管理综合执法体制改革的前提。推进城市管理综合执法体制改革，要根据特大城市的现有规模、基础设施建设水平、公共服务供给能力、净人口流入量、人口密度等基本情况，来确定对城市管理综合执法的总体需求。但是，城市管理的基本职责权限，应该包括市政管理、交通管理、环境管理、应急管理和城市规划的实施管理等内容，基本执法方式应该是跨部门的综合执法，基本改革方向是依法建立权力责任清单，并实行动态管理和调整。二是推进立法工作。科学、良好的立法是解决城市管理综合执法体制问题的必要手段。当前，我国城市管理综合行政执法领域的立法工作远远滞后于实践的需要。国家层面缺少专门的《城市管理法》对城市管理做出宏观、统一指导，法律体系不完善，配套措施不健全的问题极为突出。在城市层面，对于城市管理综合执法机构的身份定位、职能范围、执法手段、执法程序、责任义务、权利救济等多个方面的问题并无相关法律依据。在中央有明确指导意见的背景下，要加快推进城市管理综合执法的立法工作，进一步明确相关的法律概念、发展原则、对象任务、管辖范围、权力职责、实施机构、法律责任等要素，构建一整套完备的法律标准体系。三是加强工作协调。城市管理综合执法机构接受、承担相关职能部门的执法职权后，需要与相关职能部门之间按照责权明确、分工科学、协调配合、运行有序、上下联动、内外协助的思路，建立科学、合理的合作机制与执法协助机制，把每个部门在综合执法过程中应承担的责任、应配合的事项、应提供的服务、应遵循的程序、应履行的义务等内容明确下来，更加有效地推进联合执法，实现有效治理。如相关职能部门在城市管理中实施了行政许可或在后续监管中发现违法行为需要及时纠正的，应当及时告知城市管理综合执法部门，城市管理执法部门在进行查处后应当及时向有关职能部门进行反馈，以便于实现信息的互联互通，促进协作治理。加强城市管理综合执法，重点在基层，难点也在基层，这是由城市管理执法工作的发展规律决定的。随着城市化进程的加快，城市规模不断扩大，城市人口大量增加，城市管理综合执法事项不断增多，面临的社会矛盾和利益纠纷也日趋复杂，城市管理综合执法的重心也必须向基层倾斜。在机构设置上，要按照精简统一效能的原则，推进市县两级政府城市管理领域大部门制改革，整合市政公用、市容环卫、园林绿化、城市规划管理相关职能，实现管理执法机构综合设置，并统筹解决好执法机构的性质问题，具备条件的纳入政府行政机构序列。在人员配置上，要结合常住人口，确定一定的人员比例。这样可以让城市管理部门有更多的自主权，根据执法难度、程度、密度来确定配备人员的比例。在规范发展上，建立健全协管人员的招聘、管理、奖惩、退出等制度。

第四节　加快推进信用体系建设

城市社会治理存在的关键问题之一是城市社会信用体系建设问题。社会信用体系建设滞后，就会造成特大城市效率的"X"损失。社会信用体系建设是一项具有重大战略意义的系统工程，是整顿和规范市场经济秩序的治本之策。当前，特大城市社会信用体系建设，是整体推进和重点突破相结合的集体行动、共同动作，必须自上而下统一协调、组织实施，更加注重系统规划、顶层设计。

一、持续强化思想认识

抓信用建设这项工作与抓其他工作不同，其成绩和效果也不同于一般性的工程建设。具体来看，就是信用建设周期长，至少有十多年的建设期；花钱建成信用平台容易，把各单位信用信息整合进平台很难；信用平台建成就要推广应用，不用就没有生命力，因此，各相关单位要充分认识社会信用体系建设的重要性，统一思想，提高认识，加强协作，密切配合，把社会信用体系建设作为一项基础性工作抓好抓实，抓出成效。技术层面，抓紧建立"一网、三库、一平台"的公共信用信息系统，作为信用建设的主要载体。即"信用城市"官方网站，企业、个人、非企业法人三个基本信用信息数据库、公共信用信息交换和共享平台，并明确将该平台作为城市唯一的整合处理公共信用信息的官方平台，其他各单位、各行业或局部单位之间公共信用信息的互换、共享都通过这一平台实现。一方面，可以节约资源，避免重复建设；另一方面，有利于形成互联互通的信用网络，避免形成新的信用孤岛。

二、发挥政府表率作用

对政府来说，信用是一种基础性执政资源，民众对政府的信任是其执政的重要基础。政府带头讲诚信，就能引领和支撑社会公信。就目前看，虽然经过了改革开放40多年的发展，我国社会主义市场经济体制不断完善，但一些地方和部门领导失信于民的现象依然存在，不仅损害了政府形象，影响了民间资本的投资信心，也破坏了当地营商环境。因此，只有政府带头讲诚信，才能政令畅通，市场主体才有稳定预期，社会诚信才能蔚然成风。一方面，要打造诚信政府，建立健全政务信用管理体系和监督体系，加强履职过程中的诚信管理，对各级政府失信行为纳入政务失信记录，实施失信惩戒措施，并向公众公开，真正架起政府诚信的"高压线"。另一方面，推动公务员诚信建设。明确公务员诚信建设的指导思想、总体目标、基本原则、主要任务和工作步骤，对公务员诚信行为从平时工作制度及日常社会生活方面加以规范。要尽快完善具体的实施细则，进一步明确公务员诚信档案信息的报送、录入、公布、使用等方面，加快工作部署和推进。建立公正严格的监督、奖惩机制。及时对公务员诚信记录进行分类梳理，严格监控有失信记录的公务员，对严重失信的个人实行跟踪监督。在城市门户网站设置公务员诚信举报投诉窗口，公众可通过窗口对公务员在工作和个人生活中的失信行为进行举报投诉。通过内部控制和外部监督，有力推动公务员诚信建设。将公务员诚信纳入公务员考核中，通过对公务员诚信行为的管理，使诚信的公务员得到有效的激励，使失信的公务员受到相应的惩罚，真正做到将公务员的诚信行为与公务员的考奖、提职、晋级等挂钩，形成对公务员诚信行为的监控机制。逐步完善公务员诚信管理系统建设。建立面向社会开放、接受群众监督、真实完整反映公务员工作和生活全面情况的公务员诚信平台。内容包括公务员个人基本信息、岗位职责和履职方面信息、公务员社会公德方面等信息。公务员诚信档案作为重点人群信用记录之一，在城市信用网公开发布，接受社会的监督，使公务员个人诚信违纪情况得到有效的记录和监督，便于相关部门全面掌握公务员日常行为信息和个人诚信度，有针对性地强化管理和监督，全面提升公务员队伍建设。

三、完善信用服务市场体系

规范信用服务市场。建立健全信用服务相关行业领域法律制度，制定信用服务行业监督管理方面法规政策，实施信用分类监管，保护公平竞争；制定信用服务机构基本行为准则，严格征信机构及其从业人员准入标准，依法查处提供虚假信息、侵犯商业秘密和个人隐私等行为；反对不正当竞争，鼓励信用行业强化守信意识和诚信自律，建立信用业同业监督机制，引导成立城市信用评价协会，促进城市信用服务业的规范发展；建立和完善信用服务机构备案、回访、投诉处理等制度，加强行业的统一管理，定期公布行业发展情况，加强行业执法，维护信用活动各方的权益。培育信用服务机构。坚持以市场为导向，培育和发展种类齐全、功能互补、依法经营、有市场公信力的信用调查、咨询、评估、担保等信用中介组织和服务机构，形成全方位、多层次的信用中介市场。鼓励信用服务机构建立科学的信用调查和评价体系，支持信用服务机构开发和创新信用产品，提高信用服务水平。增强技术创新、产品创新和市场创新能力，对信用信息进行深度开发，提高信用产品质量，引导信用服务机构适应市场需求变化，扩大信用产品及服务种类，满足全社会多层次、多样化、专业化的信用服务需求。促进信用服务市场发展。在积极推动政府及其各部门在行政监管和提供服务中使用信用记录和信用报告的同时，积极引导金融机构在信贷审批、信用担保、信用工具投放等方面，企事业单位在商品采购、产品销售、签订合同、项目承包、对外投资合作、招投标等商业活动及高管人员招聘中，主动使用信用产品和服务。鼓励信用服务机构开发和创新信用产品，提高信用服务水平。

四、建立部门守信激励和失信惩戒联合机制

加强协调各个管理部门，尽快出台城市信用工作联合奖惩办法，建立多部门、跨地区信用联合奖惩机制，将信用联合奖惩工作制度化、规范化。通过信用信息交换共享，实现多部门、跨地区信用奖惩联动，使守信者处处受益、失信者寸步难行。建立健全由政府部门、行业组织、有关单位、各类信用中介机构等共同参与的工作机制，加强城市信用工作联合监管。加强对守信主体的奖励和激励。加大对守信行为的表彰和宣传力度。按规定对诚信企业和模范个人给予表彰，通过新闻媒体广泛宣传，营造守信光荣的舆论氛围。城市的发展改革、财政、金融、环境保护、住房城乡建设、交通运输、商务、工商、税务、质检、安全监管、海关、知识产权等部门，在市场监管和公共服务过程中，要深化信用信息和信用产品的应用，对诚实守信者实行优先办理、简化程序等"绿色通道"支持激励政策。加强对失信主体的约束和惩戒。强化行政监管性约束和惩戒。在现有行政处罚措施的基础上，健全失信惩戒制度，建立各行业黑名单制度和市场退出机制。在市场监管和公共服务的市场准入、资质认定、行政审批、政策扶持等方面实施信用分类监管，结合监管对象的失信类别和程度，使失信者受到惩戒。推动形成市场性约束和惩戒。制定信用基准性评价指标体系和评价方法，完善失信信息记录和披露制度，使失信者在市场交易中受到制约。推动形成行业性约束和惩戒。通过行业协会制定行业自律规则并监督会员遵守。对违规的失信者，按照情节轻重，对机构会员和个人会员实行警告、行业内通报批评、公开谴责等惩戒措施。推动形成社会性约束和惩戒。完善社会舆论监督机制，加强对失信行为的披露和曝光，发挥群众评议讨论、批评报道等作用，通过社会的道德谴责，形成社会震慑力，约束社会成员的失信行为。建立失信行为有奖举报制度。切实落实对举报人的奖励，保护举报人的合法权益。

五、加强社会信用信息共享平台建设

加快公共信用信息系统平台建设。在行业信用数据库的基础上，按照"条块结合、属地管理、互联互通、信息共享"的原则，推进覆盖全社会的征信系统建

设，按照全国统一的信用信息采集和分类管理标准，以及统一信用指标目录和建设规范，推动在城市经济社会活动中广泛使用自然人、法人和其他组织统一社会信用代码制度。利用现代信息技术，研究政府内部信用信息交换及共享方式、方法，全面整合归集有关行业和部门所记录的社会成员信用信息，并逐步扩大信用信息采集范围，完善市级公共信用信息系统平台——"城市信用"网站，实现行业和部门信用信息的互通互享，逐步建立企业、事业单位、社会组织和个人信用信息基础数据库，实现信息记录动态更新和实时查询。依托公共信用信息平台，建立信用信息发布查询系统，在保护涉及公共安全、商业秘密、个人隐私等信用信息的基础上，依法使各类社会主体的信用状况透明、可核查。在行政管理事务和公用服务中加大对公共信用信息的调取、运用力度，实现全社会信用信息共享、共用。

六、完善诚信教育体系

建立诚信教育体系是建立社会信用体系的一项长期的基础性工作。全体社会成员的诚信意识提高了，市场主体的守法意识增强了，现代信用知识增加了，自我约束和自我保护能力增强了，社会信用体系的建立和完善就有了坚实的基础。开展诚信教育，目前应主要从以下三方面入手：一是认真贯彻《关于开展社会诚信宣传教育工作的意见》，利用广播、电视、图书、报刊、网络等现代传播工具，大力开展形式多样、内容丰富、通俗易懂的宣传教育活动，在全社会普遍形成守信光荣、失信可耻的社会氛围。二是组织编写现代信用知识普及性教材，普及现代信用知识，开设面向政府、企业的多种类型的短期培训和在职教育。由城市行业协会等中介机构组织信用服务行业从业人员的培训，提高信用服务从业人员的业务素质和水平。三是运用各种宣传教育手段，广泛开展内容丰富、形式多样的诚信教育。广泛普及信用知识，开展培训活动。组织力量编写现代信用知识的普及性教材，会同党校、行政学院（校）搞好领导干部、公务员、企业负责人和试点单位的人员培训。教育社会成员牢固树立诚信守法意识，重视社会对自身的信用评价，增强对各类失信行为的防范意识和自我保护能力。在全社会形成诚信光荣、失信可耻的社会环境。

第十章　支撑我国特大城市提高效率的智慧城市建设研究

随着新一代信息技术的广泛应用和互联网技术与工业、服务业、城市管理、城市规划、城市建设的深度融合，通过智慧城市建设使提高特大城市的经济、社会、生态效率成为可能。为此，我国特大城市要依托智慧城市建设，提高城市的运行效率。

第一节　我国特大城市建设智慧城市的路径选择模式

目前国内建设智慧城市的路径选择主要有以下几种可以借鉴：第一，整体推进模式。这种模式即按照系统的观点，把智慧基础设施、智慧产业体系、智慧政务服务、智慧人文环境作为一个整体来系统推进。第二，重点突破模式。即把突出发展一个重点领域作为突破口，从而带动整个智慧城市建设的进程。例如，武汉在智慧城市建设过程中，着力打造武汉光谷，把发展信息服务业、物联网、"互联网＋"、制造业与信息化的融合以及云计算作为突破口，取得了较好的成效。第三，应用突破模式。即以当前面临的任务为导向，从当前能够应用、当前能够做起的进行突破，特别是从有较好发展基础的智慧交通、智慧政务、智慧医疗做起，为城市运营和管理提供更好的指导能力和管控能力。

第二节　我国特大城市建设智慧城市需规避的问题

从国内部分城市建设实践看，智慧城市有三个方面的基本要求，即拥有高效率的信息化的基础设施支撑，拥有能够熟练应用智慧化终端设备的民众，拥有能够与互联网融合的产业体系。多数城市都围绕这三个方面加快智慧城市建设，主要方向是符合智慧城市要求的。但是，仍然存在一些对智慧城市理解的误区：第一，对智慧城市的应有之义理解不准确。一些城市在制定实施方案中，把智慧城市等同于数字城市，认为智慧城市就是加快信息基础设施建设，提高网络运行速度，把尽可能多的应用板块纳入到网络系统中。第二，信息孤岛仍然存在。虽然在最近一次机构改革中，设立了大数据管理部门，尝试将各个部门原来掌握的数据统一到一个信息平台上，但是长期以来在经济社会发展中存在的条块管理思维仍然存在，很多城市管理部门仍然保留本部门的数据平台，没有完全将数据传到一个平台上，仍然保留了自己相对分割的体系，形成了众多的"信息孤岛"。同时，由于各个部门没有形成统一的标准，造成在信息平台建设过程中，没有统一的标准和体系，取得的数据无法进行有效的整合。各搞各的业务传感与应用装备，造成"有网无联"。第三，投融资模式落后，建设资金难以为继。在投资、建设和运营方面，当前的主要模式是财政拨款投资，政府部门内设机构直接负责建设和运营，造成运行效率低下，与公众的真正需求不匹配，影响了智慧城市建设的持续性发展。第四，基础设施水平还有待进一步提高。由于我国特大城市的信息化基础设施建设起步早，到5G时代，城市信息基础设施存在更新换代的要求，另外运营商在提速降费方面的速度也相对较慢，导致很多城市在建设智慧城市过程中，认为只要能够上网就行，普遍存在各类网络自成体系，相容性低，传输速度慢、收费偏高等问题，传感网、专用物联网的建设更加滞后。

第三节　我国特大城市建设智慧城市的总体思路

加快推进智慧城市建设的总体思路可以确定为：按照发展、集约、智能、绿色、低碳的新型城镇化建设的总体要求，以改善民生为根本出发点和落脚点，以"系统互联互通、资源共享共用、业务协同创新"为主线，以"提高政务运行效率、提升居民生活质量、推动智慧产业发展"为重点方向，以提高融资能力和水平为根本保障，坚持基础先行、标准统一、国际领先、支撑有力的要求，能够满足对特大城市产业发展效率、空间组织效率、生态建设效率、公共服务效率的最大支撑。

一、建设智慧城市的原则

顶层设计，资源整合。立足于居民生活、企业生产与运营、政府管理与服务的实际需求及信息化现状，科学制定智慧城市发展规划，精心制定项目实施计划，有组织、有步骤地推进。积极发挥政府在智慧城市建设中的引导作用，完善智慧城市顶层设计、标准体系、重点领域、投融资保障、平台统一、数据共享等方面的体制机制，积极吸引社会力量参与，形成政府、企业、社会合力推进的格局，促进智慧城市建设持续深入发展。

示范带动，分步实施。围绕特大城市产业向高质量发展、向国际化迈进以及城市空间资源高效利用、生态环境高效建设等战略重点、群众对公共服务的迫切要求和创新社会管理的实际需求，加快提升信息化基础设施总体水平，加强统一规划，适度超前，优先在城市规划、城市建设、交通、能源、电力、管线、医疗卫生、社会保障、生态环保、政务服务等方面进行专题数据库建设，确保智慧城市建设取得实效。

消除壁垒，资源共享。综合运用各种有效的机制和措施，先地方块块信息系统整合，后系统条条信息系统整合；先建设基础信息资源库，后建设业务信息数据库；先系统内部业务流程优化再造，后系统之间业务衔接协同创新，着力解决当前信息孤岛、信息化建设烟囱式发展问题。

产业转型，创新发展。把智慧产业发展和智慧城市建设有机结合起来，推进信息化和工业化深度融合，大力推进智慧园区载体建设，选择适应产业结构、有利于推动产业转型的物联网、云计算、新一代通信网络、高端软件、智能终端、智能处理等领域的项目融入特大城市的产业链和产业集群，加快产业转型升级的步伐。

二、建设智慧城市的阶段性目标

智慧城市建设可以分为三个阶段有序推进，相应的目标为：第一个阶段重点是在现有发展基础上，进一步完善建设各领域的信息化基础设施，即完善公共通信网（通信网、互联网以及广电网）的建设，并启动基于应用的物联网感知以及云计算基础设施建设，同时率先在智慧政务、智慧城管、智慧环保、智慧交通四大重点领域启动项目建设，充分发挥示范带动作用，为智慧城市建设打好基础。第二个阶段重点是进一步更新优化各个领域的信息化基础网络设施，建设政务专用应急网，完成政务服务型转变，以智慧旅游为代表的产业智慧化建设完成、投入使用并通过验收，在城市管理的医疗、交通、环保方面以及中心商务区、特色产业园区、总部经济等方面基本实现智慧化，各领域信息化在示范项目的带动作用下全面开展并初显成效。第三个阶段各领域不断发展并实现跨越，基本建成无缝、宽带、可靠的信息化基础网络，智慧政务全面建设完成，民生各领域基本按照规划实现智慧化，产业智慧化不断深入完善和优化，其他产业实现信息化并逐步向智慧化跨越，"智慧城市"初具规模。

三、建设智慧城市的重点任务

建设智慧城市的重点任务可以按照基础设施、数据平台、智慧应用三个领域展开。第一，完善信息基础设施。完善的基础网络设施是智慧城市建设的首要条件，因此，需进一步加强网络建设，加大有线、无线宽带网、通信网、广电网、物联网等基础设施的建设力度，大力推动基站、管道等基础性资源共建共用，加快推动三网融合、光网城市、移动通信5G网络、下一代互联网等工程建设，推进物联网感知终端的深度普及。加快"无线城市"建设，在各主要公共场所实现无线WiFi覆盖。第二，加快信息数据平台建设。按照国家统一部署，整合散布在不同部门的基础信息资源，统一建设人口、法人、空间地理、宏观经济、文化五大基础信息资源库和数据共享交换目录库。其中，人口基础信息数据库以人力资源和社会保障局社会保障数据库为基础，统筹整合公安局、卫生计生委、民政局、民族宗教委、残联、外事侨务办、税务局、统计局、档案局、人民银行支行等相关部门数据进行建设。法人基础信息资源库以工商局企业注册数据库为基础，统筹整合组织部、民政局、编办、质监局、统计局、档案局、人民银行支行等相关部门数据进行建设。空间地理（自然资源）基础信息资源库以住房和城乡建设局为基础，统筹整合自然资源局、水利局、生态环境局、交通运输局、旅游局、气象局、人防办、防震减灾局、城市管理局、档案局等相关部门数据进行建设。宏观经济基础信息资源库以发展改革委数据库为基础，统筹整合工信局、科技局、财政局、人力资源和社会保障局、统计局、自然资源局、生态环境局、交通运输局、水利局、农业局、商务局、旅游局、气象局、工商局、税务局、档案局、人民银行支行等相关部门数据进行建设。文化基础信息资源库以文化广电新闻出版局数据库为基础，统筹整合教育局、体育局、科技局、档案局等相关部门数据进行建设。最后，在上述五大基础信息资源库基础上，由发展改革委或工信局牵头建设数据共享交换目录库，便于数据共享、交换、提供利用、数据公开和数据的安全、保密。第三，推进智慧城市应用。围绕城市运行管理、社会民生服务、资源环境管理、产业经济发展等重点方向，积极智慧政务、智慧医疗、智慧城管、智慧环保、智慧交通、智慧旅游、智慧产业、平安城市八大领域开展智慧城市应用（见表10-1）。

表10-1　智慧城市应用的八大领域

智慧政务	把数据统一到一个服务平台上，坚持推进一网通办，并借助大数据分析技术全面感知用户的多样化需求，根据用户的需求反馈，结合营商环境监测评价，对企业和居民的需求进行全面了解和掌握，并在了解需求的基础上作出针对性改进，提高智慧政务服务水平
智慧医疗	建立居民个人健康数据库，完善数据采集方式，加强与社区医院、家庭医生的数据链接。积极推进医院数据平台的统一，完善检查检验结果共享互认制度，发展"互联网+医疗"发展模式，完善医保异地联网结算等制度

续表

智慧城管	把城市管理相关内容以法律法规的形式固定下来，推进城市管理法治化与智慧化相结合。加快推进城市基础信息数据库建设，把城市交通、供水、供电、供气、供暖、天气信息、园林绿化、通信、消防、防灾减灾、河道等基础设施的相关信息统一到一个平台，依托三维城市仿真和规划辅助决策平台，实现城市建设各部件要素资源信息共享共建，构筑智慧城市管理模式
智慧环保	按照水体、大气、土壤一体化治理和垃圾、污水、噪声协同化防治的要求，将水体、大气、土壤、垃圾处理、污水处理、噪声防治等信息纳入到统一的环保治理基础数据库中，完善在线监测系统，全方位提高环保监测与处理的及时性、准确性和科学性
智慧交通	以城市主干路、次干路、支路及红绿灯、车流量信息、换乘枢纽人流量等信息纳入到统一的城市公共交通数据平台，及时将相关信息传输到城市公共交通调控部门，推动交通管控、智慧、服务、决策更加及时和科学，提高城市的交通运行效率
智慧旅游	加快建立能够有效覆盖主要车站和机场、主要轨道交通线路、主要换乘枢纽、主要景区以及主要旅行社和旅游酒店的旅游信息平台，确保节假日等旅游高峰期能够及时将数据信息传递到旅游管理部门、各旅游景区，实现旅游信息主动推送，确保国内外旅游能够通过 APP 等方式查询到即时旅游信息，合理安排旅游出行，提高城市运行效率
智慧产业	顺应数字经济、消费经济、绿色经济、共享经济的发展潮流，通过互联网、大数据、人工智能与实体经济的深度融合，大力发展新技术、新产业、新业态、新模式"四新经济"，推动产业融合发展，推进柔性化、定制化生产，加快产业业态和模式创新。积极引导企业应用信息技术构筑智慧管理体系，提升劳动生产率和核心竞争力
平安城市	建设城乡一体化的安全监控体系，在主要交通要道、治安卡口、学校、医院以及治安复杂场所安装红绿灯及摄像监控设备，利用视频专网、互联网、移动等网络将视频监控点的数据传送至平安城市监控指挥中心，实现整个城市的治安、交通、城管、应急等各职能部门的联动，从而提高城市公共安全管理的效率和相关部门在突发事件发生时的应急能力

第十一章　郑州国家中心城市建设中的城市效率提升研究

从城市增长边界政策趋紧下郑州城市效率的评价结果看，郑州和厦门是仅有的两个还处在规模报酬递增阶段的特大城市，郑州和深圳也是为数不多的两个开发强度超过 40% 的特大城市。随着郑州建设国家中心城市的进程不断加快，郑州面临的城市持续增长和空间开发约束将更加凸显。为此，需要站位国家战略要求和国家中心城市职能定位的视角，对郑州的城市发展历程、城市职能定位、城市空间开发、城市发展任务、城市运行管理和城市区域协同发展等方面进行案例研究。

第一节　提升郑州城市效率的现实基础

郑州地处中原，区位交通优势明显，经济社会发展迅速，尤其是近年来随着中原经济区、郑州航空港经济综合实验区、郑洛国家自主创新示范区、河南自贸区、中原城市群等一系列国家战略在郑州实现叠加，为郑州发展带来了更多的优惠政策和经济社会资源，郑州迎来了全面发展的黄金时期。2018 年，郑州市经济总量在全国排名第 16 位，在中部地区仅次于武汉和长沙位居第 3，在全国区域经济版图中的地位愈发突出。此外，郑州经济、人口、城市规模的不断扩大，辐射带动能力逐渐加强，以郑州为核心的郑州大都市区和中原城市群建设成果逐渐显现，这些都为郑州向国家中心城市迈进提供了更加坚实的基础。

一、综合经济实力不断增强

2018 年，全市实现地区生产总值 10143.3 亿元，居全国 298 个地级以上城市第 16 位；地方财政一般公共预算收入达到 1152.1 亿元，市场主体达到 107.5 万户，成为第 8 个超百万的省会城市。现代产业体系加快构建。高技术产业增加值增长 12.4%，战略性新兴产业增加值占规模以上工业比重达到 20%，初步形成电子信息、汽车及装备制造两个 5000 亿级产业集群，国家级技术创新和制造业单项冠军示范企业达到 9 家。服务业增加值达到 5545.5 亿元，旅游接待总人数 1.15 亿人次、总收入突破 1300 亿元，卢森堡旅游签证（郑州）便捷服务平台投运，郑东新区中央商务区成为"中国最具活力中央商务区"之一。全年居民人均可支配收入 33105 元，城镇居民人均可支配收入 39042 元，农村居民人均可支配收入 21652 元。

二、城市功能体系日益完善

城市基础设施加快建设，城市精细化管理三年行动计划全面启动，环卫保洁标准大幅提升，城市管理范围从三环内拓展至近郊 48 个乡镇，面积达到 1440 平方千米。生态建设成效明显，强力推进国土绿化提速行动，铁路沿线、干线公路、高速立交及出入市口等区域违建全部拆除，提质连通生态廊道 528 千米，市区新增绿地 1356 万平方米，建成高铁公园等公园、游园、微公园 411 个。国家综合交通枢纽地位进一步强化，被确定为全国 12 个最高等级国际性综合交通枢纽之一。陆港型、空港型、生产服务型、商贸服务型物流枢纽地位巩固提升。高铁客流量发送 3303.8 万人次，航空货邮吞吐量 51.3 万吨、客运量 2733.5 万人次，分别居全国大型机场第 7 位、第 12 位。实有公交车 6373 辆，城市公交客运量达 9.4 亿人次，BRT 客运量 3.1 亿人次，地铁客运量 2.9 亿人次。

三、集聚辐射带动能力持续提升

2018 年，郑州对全省经济增长的贡献度进一步提升，以占全省 4.45% 的地域面积、10.55% 的人口，创造了占全省 21.1% 的 GDP、30.6% 的一般公共预算收入、20.7% 的社会消费品零售总额、32.9% 的重点项目投资、74.5% 的进出口总值，航空港实验区进出口总额突破 500 亿美元，占全省进出口总额的 62.8%；引进境内外资金 356.7 亿美元，其中实际吸收外资 42.1 亿美元，占全省吸收外资的 23.6%。共建成各类研发中心 2543 家，其中国家级的有 39 家。政府主导的 20 个创新创业综合体已建成面积 582 万平方米，入驻企业 3.6 万家，建成各类创新创业载体总面积突破 910 万平方米，在孵企业达到 1 万家，科技创新创业者突破 8 万人，集聚了全省 73.6% 的创客在郑州创新创业，初步形成了区域创新创业中心。人口吸纳力持续增强，外省流入河南的人口中的 36.8% 流入到郑州，省内跨市流动人口中的 59.8% 流入到郑州。郑州连续 8 年常住人口增量超过 15 万，呈现出了快速增长的势头，每年人口净流入数量在全国位居前列。

四、城市区域联动发展不断加快

城市的发展在经历了向市中心集聚的城市化阶段之后，便会进入向郊区发展的城郊化发展阶段，这是城市发展的必然趋势。随着人口、经济规模和城市框架的持续扩张，尤其是高速公路、城际轨道等快捷交通基础设施的建设，郑州与周边的开封、新乡、焦作、许昌等城市及外围区域的联系愈发紧密。"郑汴一体化"向纵深推进。郑州至开封两个城市的空间距离是 60 千米，随着郑州向东、开封向西的相向发展，实际相距只剩 38 千米，具有一体化发展的现实基础。郑州可以借助开封相对富裕的土地资源和人力资本，打造中原城市群增核心增长极；开封则需要吸引来自郑州的产业转移和投资，培育新的增长点，为当地经济发展注入新的动力和活力。开封市提出了郑汴一体化升级版总体方案，将深入推进郑州开封"五同城一共享"，即金融同城、电信同城、交通同城、产业同城、生态同城和资源共享。"郑汴一体化"地区已经成为了郑州大都市区的核心区和先行区。

郑新融合发展渐入佳境。郑州与新乡隔河相望，直线距离仅 80 千米，具备实现融合的良好基础和条件。不管是郑州还是新乡，随着经济社会发展和城市规模的不断扩大，对接发展的愿望都在不断增强。随着郑州"东扩北跨"战略与新乡"东移南扩"战略的实施，两座城市在黄河岸边自然相撞，顺势融合。特别是近年来郑州航空港的崛起和新乡平原示范区的快速发展，两座城市在区域发展合作中关系日渐紧密，郑新融合发展成果丰硕。

郑州与焦作融合发展不断加速。郑州、焦作之间仅一河之隔，市区相距仅 70 千米，两市对于一体化发展的愿望和需求均十分强烈。焦作市作为资源枯竭型城市，产业结构矛盾突出，传统优势产业支撑力明显下降，新的经济增长点还没有形成规模，迫切需要借力发展，尽早完成转型升级。郑州正在加快建设国际商都，努力向国家中心城市迈进，但自身发展空间受限，黄河以南的空间已经显得十分拥挤，迫切需要跨过黄河向北发展。随着郑云高速（郑州—云台山）的开通、郑焦城际铁路的运行和迎宾路南延黄河大桥的建设，郑州与焦作联系更加紧密，在人流、物流、信息流等方面，在推进郑焦经济联动发展、基础设施建设、产业空间布局等方面，都有了一定程度的融合发展。郑焦两市主要产业分别处于产业链的不同位置，优势各异，产业的上下游配套能力较强，融合互补发展的优势明显。

郑州与许昌联动发展积极推进。许昌与郑州相距 86 千米，与航空港相毗邻，许昌下辖的长葛距新郑国际机场 20 千米，其中北区边界距机场仅 15 千米，区位优势优越。作为中原城市群紧密层内两个重要的城市，近年来在规划、交通、产业分工与合作等方面联动发展取得了显著成效，在空间规划上已经实现全面对接。随着郑州市区不断向东向南扩展，对许昌市的辐射带动作用显著增强；而许昌市围绕推进与郑州空间对接，依托 107 国道，在京广铁路和京珠高速之间规划了许（昌）长（葛）城乡统筹试验区；围绕航空港实验区，许昌规划了 150 平方千米的航空经济承接区。两市之间的交通联系也在逐步加强。郑州与许昌之间现有京珠高速、京广铁路、107 国道相连，石武客专、安信公路（新 107）、许昌至新郑机场城际轨道交通正在规划建设中，两市间交通联系进一步增强。郑州与许昌之间的产业分工协作日益密切。郑州的汽车、装备制造等先进制造业和高新技术产业具备一定的基础，许昌市依托许昌新区，重点发展以电力装备、汽车零部件为主的现代装备制造业和以食品、纺织服装生产为主的都市轻型工业。随着产业集聚区和重大项目建设的加速推进，两市产业错位发展和分工协作更加密切。

第二节　郑州发展空间利用情况分析

郑州地区的人类活动遗存可追溯至 8000 年前。原始社会末期，进入阶级社会后，郑州以适中的位置、优越的自然条件、丰富的矿藏资源，为古代人类聚居和城镇的形成与发展奠定了良好的基础，成为夏、商王朝统治的中心地区。位于现郑州市区中心的郑州商代城池是中国早期城市中规模最大的一座，距今 3600 年以上。长期封建社会中，郑州和周边的洛阳、开封相比，仍然只是一座小城。20 世纪初，贯通中国东西、联络南北的交通大动脉陇海铁路、京汉铁路在此交汇，促动了郑州城市空间的又一次飞跃式扩张。1954 年，河南省会由开封迁到郑州，又一次为郑州发展提供了重要机遇。省直办公机构和生活居住用地集中于金水路两侧及以北地区，一批省级文化、商业、体育等公共设施围绕行政中心相继建成，郑州城市规模再一次扩大，由此开始逐步迈入特大城市的行列。改革开放后特别是进入到社会主义市场经济体制时期后，郑州进入快速发展时期，市区常住人口和建成区面积跨越式增长，已经形成包含中原区、二七区、管城回族区、金水区、惠济区、高新技术开发区、经济技术开发区、郑东新区和航空港经济综合实验区在内的城市主城区，中牟、荥阳、上街、新郑、新密、登封等周边县市已经和中心城区连为一体，新乡、焦作、开封、许昌密切联系的大都市区域。但是，因为郑州城市空间扩展中存在的诸多问题，导致增长边界约束政策导向趋紧下郑州提升城市效率需要解决以下几个方面的问题：

一、郑州城市空间利用情况

（一）郑州城市空间扩展的主要阶段

从集聚与扩散的角度来看，郑州城市空间发展先后经历了三个不同阶段：

第一，以城市集聚为主的城市化阶段。这一阶段在极化作用下城市人口和产业不断向城市中心集聚，形成城市人口、产业、资本、技术高密度集中的初级城市中心，这一时期大约始于20世纪80年代。《1982年郑州市总体规划》提出，郑州市是河南省省会、重要铁路交通枢纽和以轻纺工业为主的工业城市。1985年，中心城区人口规模控制在85万人，2000年控制在100万人。在1982版总体规划的指导下，郑州城市人口和产业不断向城市中心集聚，到1992年底，中心城区人口达到115万人，建成区面积达到87.9平方千米，先后建设了高新区、经开区和黄河度假区，同时还修建了新的国际民航机场、郑汴洛高等级公路、京深公路，基本形成了人口集聚和产业集中的空间布局。

第二，城市集中与城市分散并存的大城市形成阶段。随着城市空间的不断扩张，郑州中心城区用地出现紧张，城市开始沿京广、陇海两条铁路线向外围扩散，郊区出现居民住房、工业区、学校、商业区等，城市郊区化开始蔓延。随着城市产业和经济活动的外迁，城市中心的职能开始逐步升级和转换，控制和管理功能进一步向城市中心集聚，进而形成了集聚与扩散并存的大城市化阶段，此阶段主要始于20世纪90年代末。《1998年郑州市总体规划》提出，确定东西为城市主要发展方向，中心城区总用地面积为189平方千米，城市人口规模为230万人。国务院同时将郑州定位为河南省省会、陇海—兰新地带重要的中心城市、全国重要的交通枢纽、著名商埠。中心城区空间由中心组团、北部花园口组团、西部须水组团、东部圃田组团和东南部小李庄组团组成，采取"多中心、组团式"布局，以中心组团为核心，各组团之间留有绿地系统分隔，形成相对独立的城市发展区。

第三，多中心与复合型并存的城市分散阶段。随着城市化水平的提高，城市中心的承载力远远不及城市的扩展速度，城市用地、人口及各项经济活动开始大规模外迁，城市总体向外蔓延的同时局部又相对集中，郊区出现诸如外围城市、边缘城市等次中心地区，城市向多中心、复合型大城市不断分散发展。《郑州市城市总体规划（2010—2020年）》（2017年修订）提出，构建"一主、一城、三区、四组团"的城镇布局结构，逐步形成以主城区、航空城和新城区为主体，以外围组团为支撑，以新市镇为节点，其他小城镇拱卫的层级分明、结构合理、互动发展的网络化城镇体系。2020年，市域总人口1245万人，城镇人口1025万人，城镇化水平82%左右。中心城区城市人口610万人。其中，主城区470万人，航空城140万人。中心城区城市建设用地控制在583平方千米，主城区城市建设用地控制在420平方千米，航空城城市建设用地控制在163平方千米。

（二）郑州城市空间利用情况

将郑州城市空间扩展划分为1988～1996年、1997～2000年、2001～2006

年、2007～2010 年及 2011～2016 年五个阶段，其中，这五个阶段郑州城市空间
扩展新增的面积分别为 43.618 平方千米、50.463 平方千米、121.230 平方千米、
344.110 平方千米、121.103 平方千米，1988 年以来郑州市扩展区面积增长迅速，
扩展区面积从 1988 年的 82.58 平方千米，增加到 2016 年的 763.10 平方千米，在
28 年的时间里扩展区面积扩展了 9.2 倍，年均扩展速度达到 26.174 平方千米/
年。这五个阶段的郑州市扩展区城市空间扩展速度分别为 7.55 平方千米/年、
8.0 平方千米/年、13.72 平方千米/年、23.1 平方千米/年、4.72 平方千米/年，
在不同的阶段其扩展的速度各不相同，扩展速度呈现由缓慢到高速向外扩展再变
为缓慢扩展的规律，其中在 1988～2006 年间呈现缓慢扩展，2007～2010 年郑州
市扩展区呈现高速向外扩展的特征，2011～2016 年期间扩展速度略微放缓，但
仍比 2005 年之前的速度快。从扩展强度方面来说，郑州市扩展区城市空间扩展
强度呈现出由中速扩展转为高速扩展的特征，其中，1988～2000 年空间扩展强度
指数介于 0.59～1.05，属于中速扩展；2000～2006 年、2006～2010 年和 2010～
2016 年三个阶段的空间扩展强度指数分别为 2.40、6.81、3.00，均大于 1.92，
属于高速扩展，这与此阶段城市经济飞速发展、人口大规模集聚有着密切的联系
（见表 11-1 和图 11-1）。

表 11-1　1988～2016 年城市空间拓展面积、空间拓展速度和空间拓展强度

年份	1988～1996	1997～2000	2001～2006	2007～2010	2011～2016
扩展区面积 （平方千米）	126.20	176.66	297.89	642.00	763.10
拓展速度 （平方千米/年）	7.55	8.00	13.72	23.10	4.72
拓展强度 （%）	0.62	1.00	2.40	6.81	3.00

资料来源：根据《河南统计年鉴》（1989～2017）整理。

　　从城市建设用地的空间拓展方向上来看，1996 年和 2006 年郑州城市建设用
地主要集中在东部，2016 年城市建设用地主要集中在东北部和东南部。1996～
2016 年这 20 年来，郑州一直将东部作为主要的扩展方向，以向东扩张为主，向
南、向北扩张为辅，在郑东新区的建设基础上，开始推动航空港区、北龙湖区域
发展，进而带动整个区域的发展。2019 年 8 月，郑州市委十一届十次全会上确立
了"东强、南动、西美、北静、中优、外联"的城市功能布局，对当前及未来
一个时期郑州市社会经济发展和城市空间布局起到了重要的引领作用。

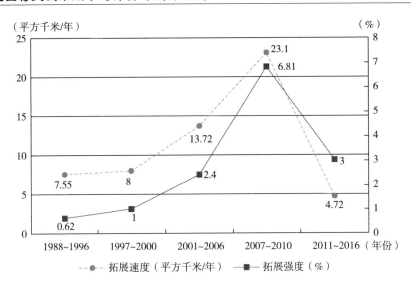

图 11-1　1988~2016 年郑州市分阶段城市空间拓展速度及强度变化

（三）郑州城市未利用空间评估

根据最新的郑州土地调查数据显示，截至 2014 年底，郑州市农用地面积471521.83 公顷、建设用地面积 208252.72 公顷、其他土地面积 76943.87 公顷，占土地总面积的比重分别为 62.31%、27.52% 和 10.17%。建设用地中，城乡建设用地 179951.05 公顷，占土地总面积的 23.78%；交通水利及其他建设用地28301.67 公顷，占 3.74%。城乡建设用地中城镇工矿用地和农村居民点用地分别为 92637.42 公顷和 87313.63 公顷，占土地总面积比重分别为 12.24% 和11.54%。根据《郑州市土地利用总体规划（2006-2020 年）》调整方案提出，2020 年郑州市城乡建设用地控制规模调整为 200006.05 公顷，规模增加了42900.87 公顷，各县（市、区）控制规模均有不同程度的增加，调整后控制规模增加 20055 公顷。与此同时，耕地面积增加 1833.59 公顷，园地面积减少128.43 公顷，林地面积减少 9164.93 公顷，交通水利及其他建设用地增加392.37 公顷，这在一定程度上为城市空间优化预留了很大的用地空间。

二、郑州大都市区空间利用情况

郑州大都市区可利用土地资源具有一定潜力。大都市区地形以平原为主，地质灾害风险较小，整体用地条件较好，综合基本农田、生态敏感性因子及工程地质评价，大都市区适宜建设用地、限制建设用地、禁止建设用地面积占比分别为36.0%、19.4% 和 44.6%。比较现状城乡建设用地开发强度（22.26%）和适宜开发建设用地比例（36%），大都市区可利用国土空间具有一定潜力。随着城镇化步伐加快和人地挂钩政策的实施，城镇可利用土地潜力将进一步增加。生态敏感区域比重较低。综合考虑自然地理（高程、坡度）、生态资源（植被覆盖、水系、生态限制性区域）、生态安全（洪水风险、地质灾害、土地沙化、土壤侵蚀）、社会经济（土地利用现状）等因素，规划区内生态极敏感地区、高敏感地区、中敏感地区、低敏感地区和轻敏感地区的面积比例分别为 6.0%、10.3%、17.7%、40.8% 和 25.2%。总体上看，极敏感地区比重小，低敏感地区和轻敏感地区占比大，超过区域总面积的 2/3，且主要分布在平原地区，具备大规模开发建设的基础和条件。

在对各市县人口聚集、经济发展、交通区位、地形地貌、地质状况、土地资源、水资源、生态、灾害等指标综合分析的基础上，划分出大都市区国土空间开发适宜性评价结果。其中，最适宜开发区域位于京广通道、路桥通道沿线地区，其地势平坦，交通区位优势明显，人口集聚度高，水土资源相对丰富，是大都市区发展条件最优越的地区，面积为 3008.3 平方千米，约占总面积的 18.9%。较适宜开发区域主要位于京广线以东平原地区，地势较为平坦，交通相对便捷，区域开发宜以点状、线状开发为主，面积为 2713.9 平方千米，约占总面积的 17.1%。较不适宜开发区域包括新密、荥阳、巩义、登封、焦作等山前丘陵和黄土丘陵区以及黄河滩区、南水北调沿线区域，该区域应以点状开发为主，限制大规模、高强度开发，面积为 1508.6 平方千米，约占总面积的 9.5%。不适宜开发区域主要包括大都市区生态涵养区和基本农田分布区域，总体上应控制开发，以生态保育和耕地保护为主。其中，生态涵养区主要包括太行山、嵩山、黄河沿岸等自然保护区、风景名胜区、森林公园、湿地公园、生态公益林以及生态保护红线分布区域，面积为 2782.2 平方千米，约占总面积的 17.5%；基本农田主要分布在各城市中心城区周边区县，是集中连片度高、质量较好的优质耕地，面积为 5867 平方千米，约占总面积的 37.0%；二者叠加面积为 8649.2 平方千米，约占总面积的 54.5%①。

三、郑州城市发展空间利用存在的问题

第一，城市发展空间密度过大。目前旧城区集中了全市大部分的经济和社会活动，建筑太多、太密，道路交通和基础设施处于超负荷运行状态，为了满足交通需求，近 10 年来旧城区高架路、立交桥铺天盖地涌现出来，使城市空间发展逐步走向恶性循环，城市空间密度不断提高。例如，中原区的建设路社区，每平

① 《郑州大都市区发展规划》。

方千米人口超过 4 万人，远远高于城市规划中每平方千米 1 万人的标准；郑东新区等新建设的城区，由于没有充分考虑生态、生产、生活空间，现在也同样出现交通不畅、建筑密度过高、空间格局不舒展的现象。总体上看，郑州的城市开发强度超过了 40%，也高于国际公认的警戒标准。

第二，部分空间构成要素发展适当。多年来郑州在基础设施方面投入了巨大的资金，城市建设取得了很多方面的进步，但在城市空间结构的一些构成要素仍存在规划建设失当问题。如路网密度过大、新旧城市之间通道过少、交通设计不合理、严重缺乏城市广场和绿化隔离带等，这对城市经济效应和居民生活质量的提高造成了不良的影响，城市生态环境也受到破坏。

第三，城市总体布局不够合理。城市布局是城市内部各种功能用地的分布和比例，是城市空间结构的重要内容，城市布局的合理性程度对于城市经济的聚集效应和居住环境有着直接的影响。郑州旧城区城市空间功能的混乱已非一朝一夕，航空港经济综合实验区、高新技术开发区、经济技术开发区等在各自和相互之间的城市空间的功能区分上也不是十分明确和清晰，不仅生态、生活、生产空间分布不够合理，而且对居住区、工业区、商业区、办公区、体育区等缺乏整体合理的安排和引导，产生职住分离等问题。

第四，城市区域协同理念发展滞后。城市区域协同发展，是我国工业化、城镇化发展到一定阶段的必然趋势。郑州作为国家中心城市，要承担起国家级城市群中心城市和中部地区核心增长的功能，需要在城市—区域系统中优化空间布局，做强郑州都市圈这个中原城市群发展的"硬核"。目前，郑州已进入大都市区建设的起步阶段，大都市区发展的雏形业已凸显，其主要特征表现为集聚和扩散并行。郑州作为大都市区核心城市，在交通基础设施、教育、医疗等公共服务资源、产业结构、非核心功能疏解等方面的辐射带动功能已经逐步展开，同时在人口、高端人才、高端产业以及新观念、新机制、新管理、新模式、新技术、新业态、新产业等方面的大规模集聚效应仍将持续。郑州大都市区发展呈现出人口由"区域分散"向"大都市集聚"转变、城镇体系由"各自为战"向"整体联动"转变、产业空间布局由"传统一二产业"向"现代二三产业"转变、城市职能由"生产经营空间"向"生态宜居空间"转变和生产要素由"全面虹吸"向"吸高疏低"转变五大趋势。

四、增长边界导向约束趋紧下郑州提升城市效率面临的制约因素

三次产业结构、科技创新能力、金融支撑能力、开放发展能力、公共服务供给、生态环境建设等都是影响城市效率提升的关键制约因素。从三次产业结构看，2018 年郑州实现第一产业增加值 147.1 亿元，第二产业增加值 4450.7 亿元，

第三产业增加值 5545.5 亿元。但是和其他城市相比，服务业总量小、占比低、发展滞后是郑州市产业结构存在的突出问题。北京、上海、广州和深圳四个全球城市第三产业增加值均已超过万亿元，分别是郑州的 4.9 倍、4.8 倍、3.3 倍和 2.9 倍；重庆、杭州、成都、武汉、南京、青岛分别是郑州的 2.1 倍、1.7 倍、1.6 倍、1.6 倍、1.5 倍和 1.4 倍；郑州仅比沈阳、西安和厦门略高，但是这三个城市的人口规模和经济总量都要明显低于郑州。此外，从服务业增加值占 GDP 比重看，郑州的比重刚超过 50%，只是略高于重庆，分别比北京、上海、广州、深圳低 20%~30%，比西部地区的西安低 10%。而且从行业内部结构来看，郑州第三产业仍以餐饮、住宿、批发零售等传统服务业为主，金融、保险、信息技术等高端服务性行业发展滞后，缺乏战略新兴产业支撑，未来需要进一步调整第三产业结构布局，优化传统服务业转型升级，引导和培育新兴服务业和新的增长点，进一步推动现代服务业发展。从科技创新能力看，京深沪研发投入占 GDP 的比重最高，已经达到了发达经济体的水平。与此同时，天津、广州、武汉、杭州、成都等城市也在努力追赶。但是，郑州的科技研发投入强度相对较低，不仅低于国内其他国际中心城市，而且在省内也低于洛阳的平均水平，科技创新能力的排名远远落后经济规模、人口规模的排名。从科技创新人才支撑的重要指标看。郑州虽然也有 50 多所普通高等学校，在校大学生人数超过 80 万人，但是郑州仅有郑州大学一所学校进入全国 "211" 工程大学和 "双一流" 大学建设名单，没有一所大学进入国家 "985" 工程大学名单，高校资源不足限制了郑州在科技研发实力上的提升。从金融支撑能力看，2018 年，全市金融机构各项存款余额达到 21767.2 亿元，金融机构各项贷款余额达到 21202.2 亿元。同期，武汉全市金融机构各项存款余额达到 26331.22 亿元，金融机构各项贷款余额达到 28270.77 亿元，分别高于郑州 4000 多亿元和 7000 亿元。从开放发展能力上看，2018 年郑州实际利用外商直接投资仅为 42.1 亿美元，仅比沈阳、厦门和南京略高，外商来郑州投资资源明显不强。郑州要想建设成为国家中心城市，仍需大力发展外向型经济，提升自身参与国家竞争的能力。此外，领事馆区是城市国际化的重要标志，是城市对外交往的门户，促进国家间的经贸、文化、政治等多方面的交流。北京有 218 家领事馆，上海有 73 家领事馆，广州有 46 家领事馆；西部地区的成都和重庆分别有 11 家和 10 家领事馆，武汉也已经有 3 家领事馆，而郑州当前仍为 0 家。从公共服务供给能力上看，郑州人均道路面积在国家中心城市中排名靠后，道路建设严重不足，同时郑州的公共交通建设远远滞后于人口和经济规模的快速增长，在一定程度上造成了交通拥堵等大城市病。

第三节　增长边界政策导向趋紧下郑州
提升城市效率的策略

增长边界政策导向趋紧下，郑州提升城市效率的路径既包括从城市—区域系统的角度来提升城市空间利用水平，也包括从产业、创新、生态等方面来提升城市子系统运行效率。

一、提高郑州城市空间利用效率

提高城市空间利用效率，要从城市优化空间机构、推进城市功能修补、优化土地利用结构、合理确定开发时序等方面入手。

（一）加快实施城市"双修"

当前，郑州城市发展已由增量建设转变为存量治理，从外延式扩张转向内涵式发展。郑州城市空间拓展优化要做好城市空间"织补"，以百城提质建设工程为载体，修复城市中被破坏的自然环境和地形地貌，改善生态环境质量，实施生态修复；立足城市细部的改造、修复、更新再生和塑造，拆除违章建筑，修复城市设施、空间环境、景观风貌，提升城市特色和活力，实现城市修补，为城市增添新的文化内涵和生态服务功能，提升城市品质和优化城市功能。

修复受损生态，改善城市生态功能。加强郑州市域范围内水生态、林田生态、自然山体等的保护和修复，统筹森林、湿地、流域、农田、城市五大生态系统建设，构建市域生态安全空间。加强山体修复，提高邙山黄土山区的山体森林覆盖率。开展水环境治理和修复，重点推进贾鲁河综合治理、大运河文化带郑州通济渠整治提升、金水河上游水系治理等工程。推进沿黄地区湿地生态修复，加强黄河湿地国家级自然保护区修复治理。开展土壤污染治理与修复，修复电子废弃物拆解、废旧塑料回收、非正规垃圾填埋场、化工厂等企业用地的土壤污染。推进海绵城市建设，对公园、绿地、道路等实施海绵化改造，建设海绵型绿地系统和海绵型道路广场，提高城市治水蓄水能力。中心城区实施绿化提质提升工程，有序推进城市建成区内低端工业企业和批发市场搬迁清理，将城市因功能改变而调整出来的空地，优先用于造林绿化，增建社区公园、街头游园。实施郊区防护圈增绿工程，建设环城森林生态防护圈、城市外围森林屏障带，实施乡村绿化美化工程，建设森林特色小镇和森林乡村。

修补城市功能，提升环境品质。围绕做优新城、更新老城，统筹推进城市基础设施、城市特色风貌等的修补改造，突出城市品质提升和城市功能完善，营造良好的生产、生活空间。改善交通通行能力，提高通行效率。构建城市快速通道，以轨道交通、快速公交等公共交通连接周围城市组团。完善城区路网结构，推行"窄马路、密路网"，加快"断头路"打通工程，增强城区通行能力。提升市政设施承载力，加快城市供水、供热、供气管网的更新改造和污水处理设施建设，推进综合管廊建设，提高市政设施的运营效率和安全保障能力。完善公共服务网络，均衡配置教育、医疗、养老、体育、文化等公共资源，构建全覆盖均等化的基本公共服务体系。塑造城市特色风貌，加强历史文化名城、历史文化街区、历史建筑的保护与利用，重点打造商都历史文化区、古荥大运河文化区、百年德化提升工程、二砂文创园"四个文化片区"彰显特质文化风貌的城市名片。规范户外广告设置，实施公交站台、通信电力交接箱、线杆、标识牌及道路隔离带、信号指示灯等"城市家具"专项整治行动，实现"城市客厅"整洁靓丽、规范有序。整治沿街建筑立面，实施"亮化郑州"工程。实施老旧小区整治提升工程。以改善人居环境、提升居住品质为目标，做好老城区背街小巷和老旧小区的联动整治工作，大力推进环境净化、绿化亮化、立面整治和供暖供气、雨污水管网及强弱电规范管理等重点工作。

（二）维持土地利用结构动态平衡

充分发挥土地利用总体规划的宏观调控作用，改革土地供给方式，加大土地储备力度，提升城市空间拓展建设用地储备的前瞻性，稳定建设用地总规模，加大存量土地挖潜力度，对产业集聚区和工业园区进行升级改造，适度提高土地开发强度，支持土地用途混合和立体复合利用，提高土地利用效率，维持土地利用结构动态平衡。

改革土地供给方式。加快推进国土资源供给侧结构性改革，重点保障重大基础设施、战略性新兴产业、先进制造业及科技型创业创新项目用地，确保重点建设项目顺利实施，优先安排社会民生与国家扶持的产业发展用地，支持教育、文化、旅游等产业用地。对新建项目用地严把产业政策准入门槛，促进过剩产能企业市场化退出。加大政府土地储备力度。有计划地增加土地储备量，加大公共服务设施用地、经营性用地和中长期战略性地块的储备力度。全面盘活政府储备土地。及时处置失管、占用行为和权属、司法争议土地，尽快分期分批逐步完善规划手续，及时配置用地指标。加大存量土地挖潜。推进工业用地原址升级改造，以人口密度、产出强度和资源环境承载力为基准，调整完善新区和产业集聚区规划。在符合控制性详细规划的前提下，现有制造业企业通过调整绿化面积和辅助设施用地，扩大生产性用房，适当提高建筑密度，或在原有建设用地上通过加层改造改建等途径提高工业用地容积率。加大低效闲置土地处置力度，对建成区内批而未供、供而未建等低效闲置土地采取协议收地、以房换地、兼并重组、合作开发、调整土地使用条件等方式，加快推动低效闲置土地盘活利用。对低效闲置土地开展专项招商，鼓励优质企业通过兼并重组、合作开发等方式盘活低效闲置土地。适度提高土地开发利用强度。鼓励土地用途混合和立体复合利用，为促进人口集聚、发展服务业拓展空间。加快完善混合用地实施机制，鼓励公共管理与服务设施用地、交通设施用地、城市绿地与各类用地的混合使用，实施公益性和经营性设施混合的供地政策。积极对轨道交通车辆段、停车场等设施用地，实施综合开发，复合利用。推动地下空间横向连通和地上地下空间一体化发展。加快推动地下综合管廊和城市倒影工程建设，选取试点在中心城区将商服设施、物资仓库、交通设施、电力管线、垃圾转运站、污水处理场等转入地下空间建设。

（三）合理确定空间开发时序

郑州空间开发需要遵循一定的建设时序。郑州城市新的空间形态结构的形成主要目的是要更好满足人民群众生产生活生态需求，满足这些需求的城市功能配套建设则要根据不同发展阶段的要求和目标，科学安排其建设时序。确定郑州城市新空间拓展优化的开发时序首先要与城市的发展目标相适应，其次要与城市的功能定位相适应，再次要与城市发展方向相适应，最后也要与城市的现实基础条件相适应。

其一，与郑州国家中心城市发展目标相适应。郑州建设国家中心城市，是国家实施区域协同发展战略作出的重大战略部署。《郑州建设国家中心城市行动纲要》将建设目标分为三个阶段：近期（2017~2020年），全面开启郑州建设国家中心城市新征程，全面建成人民群众认可、经得起历史检验的高质量、高水平小康社会，进入全国经济总量万亿城市行列。中期（2021~2035年），郑州国家中心城市的地位更加突出，跻身国家创新型城市前列，建成国际综合枢纽、国际物流中心、国家重要的经济增长中心。远期（2036~2050年），建成富强民主文明和谐美丽的社会主义现代化强市，成为具有全球影响力的城市。郑州城市空间拓展优化要以实现这三个阶段的建设目标作为确定近期、中期、远期开发时序的标准，促进规划蓝图的实现。其二，与城市的功能定位相适应。在《郑州大都市区空间规划》中，郑州的功能定位是国际商贸物流中枢、国家先进制造业基地、国家创新智慧高地、华夏文明传承创新核心区、生态宜居典范区。航空港经济试验区、高新技术产业区、黄河生态文化带、郑州西部生态区等是承载这些城市功能的重要区域，也是城市空间拓展优化开发的重点。其三，与城市的发展方向相适应。郑州未来发展要突出"东强、南动、西美、北静、中优、外联"，据此发展方向推进产城融合、平台统筹、空间拓展、内涵塑造、协调发展。其四，与城市发展的基础条件相适应。基础条件包括基础设施建设的速度和规模、空间资源集约利用提高水平以及城市的财力和融资能力。城市空间的拓展优化不能脱离基础条件的约束，必须循序渐进，量力而行。

（四）坚持基础设施引导发展

基础设施是城市的骨架，决定着城市的承载能力。完善的基础设施建设是吸引人口和产业集聚的重要条件，引导城市的发展方向和布局。郑州空间拓展优化要以交通、生态、水利、能源、信息等基础设施建设为载体，构建互联互通、安全高效的城市生产、生活、生态空间，促进城市形态布局优化。

以交通体系建设促进城市基本框架形成。建设由航空、铁路、城际轨道、高速公路、干线公路为骨架的一体化综合交通运输体系，以郑州轨道枢纽建设为支撑，构建郑州主体的通勤圈，强化郑州的辐射带动能力，实现郑州与门户枢纽、外围组团、相邻城市中心区间的"三个15分钟"高效衔接。构建国家高速公路复合通道，优化都市区内部干线交通网络，构建城际快速路体系，提高郑州对外交通联系效率。以森林、湿地、农田、流域、城市五大生态系统建设为载体，引导城市生态安全空间形成。建设自然保护区、风景名胜区、森林公园、地质公园、湿地公园、生态廊道、黄河文化生态带、南水北调生态保护带、城市绿地系统，形成城市的生态空间格局。以水利、能源、信息、环保等基础设施建设支撑城市生产和生活空间形成。完善供水设施建设，统筹推进骨干水源工程、水资源调配工程、应急备用水源工程、管网互联互通工程建设；加快城乡电网建设和改造升级；推动天然气运输管道向郊区和周围组团延伸；推进信息基础设施升级和超前布局，提升信息化和智能化水平；完善城镇污水处理系统和城乡垃圾收运及处理体系，使城市新的发展空间能够容纳更多的城市活动，支撑多样化、充满活力的城市生产和生活空间。

二、优化郑州城市职能体系

当前，国家在重大战略规划中涉及的国家中心城市共有9个，相比较而言，郑州是9个国家中心城市中综合竞争力较弱的城市之一。这就要求郑州要根据国家的战略意图，落实国家优化国土空间开发、统筹区域协调发展方面的战略部署，按照科学定位、明确目标、突出优势、拉长短板的总体要求，遵循国家中心城市职能体系的空间变化规律，加快构建符合自身实际、符合发展趋势、符合国家要求的职能体系。

（一）郑州国家中心城市具体职能识别的空间属性

从区域发展总体格局上看，我国中部地区作为国内重要的生产资料生产基地、劳动力的供应基地、内需消费市场，迫切地需要一到两个能够对接全球经济体系、直接带动区域转型发展的核心城市，而经济全球化带来了全球城市体系的扁平化发展趋势，为郑州成为中部地区承担若干专业职能的国家中心城市提供了机遇。郑州要承担起国家中心城市的功能，就要在服务中部崛起和带动东中西部协同发展的大局中确定自己的功能定位。

第一，中原城市群的核心城市。这是郑州的首要功能定位或者最能体现无可替代、毫无争议的功能定位。虽然郑州与武汉、长沙等其他省会城市相比，2017年经济首位度仅为 20.5%，分别低于武汉、长沙近 17% 和 10%，但是和中原城市群副中心城市洛阳相比，经济总量是洛阳的 2 倍多，仍然具有绝对优势。同时，在高速公路、高速铁路、城际轨道交通等大运量、高速度、零换乘、无缝衔接的现代综合交通运输体系下，中心城市的辐射带动能力既和经济总量、人口规模有关，也与次一级中心城市和周边城镇的联系便利性、通勤时间有更大关系。

第二，中部地区的核心城市。国家发改委在《关于支持郑州建设国家中心城市的指导意见》中明确指出，加快建设国家中心城市，有利于推动郑州提升综合经济实力，引领中原城市群一体化发展，带动中部地区供给侧结构性改革，支撑中部地区崛起。而郑州更早一些被明确为国家中心城市，也是在国家发改委制定发布的《促进中部地区崛起"十三五"规划》中。从人力资源丰富、市场空间广阔、发展潜力巨大等基础条件来看，郑州和武汉将共同承担起支持中部崛起的核心城市作用，这一点也是郑州在经济总量不如长沙的情况下，被列为国家中心城市的重要因素，是国家在优化宏观经济布局和国土空间开发格局中的战略考虑。在此背景下，郑州建设国家中心城市的功能定位，要着眼于发挥中部崛起的核心战略支点作用，特别基于空间距离衰减规律作用，在北京、武汉、西安无法在山西南部、河南全省、安徽北部、陕西东部、河北南部等地区发挥较强辐射带动能力的情况下，郑州要成为这一区域的核心增长极，增强辐射带动能力，带动区域的跨越发展。

第三，"一带一路"的节点城市。以郑州、洛阳、开封为核心的中原地区，自古就是我国丝绸之路的起点。经过改革开放特别是近年来现代综合交通运输体系的建设与布局，郑州已经成为我国国际性综合交通枢纽城市。郑州独特的战略枢纽定位，有利于从交通、区位优势上，引发人才、技术、文化、产业、经济全方位的承东接西、连南贯北的发展，这也是郑州在建设国家中心城市过程中要着力发挥的重要职能，是郑州开放性、国际性的集中体现。

（二）郑州国家中心城市具体职能识别的时间属性

从时间属性上看，郑州建设国家中心城市要完成三步走的战略目标：

近期（2019～2020 年），综合竞争力持续增强，在提高发展平衡性、包容性、可持续性的基础上，进入全国经济总量万亿城市行列。发展质量效益显著提升，现代化经济体系加快建设，产业高端化、集群化、智能化、融合化、绿色化发展取得较大进展，国际枢纽地位基本确立，对外开放水平、科技创新能力明显提升。生态环境有效改善，生态建设各项约束性指标全面完成，资源节约型、环境友好型社会建设取得明显成效，生态环境质量明显好转。人民生活更有质量，率先全面完成脱贫攻坚任务，城乡基础设施承载力和公共服务保障水平大幅提升，居民收入水平与经济发展同步增长，社会就业更加充分，社会保障体系更加完善。各项事业全面发展，文化特色更加彰显，民主法治更有保障，治理体系更加完善，文明程度明显提升，社会更加安定团结、文明和谐。

中期（2021～2035年），郑州国家中心城市的地位更加突出，跻身国家创新型城市前列，建成国际综合枢纽、国际物流中心、国家重要的经济增长中心、国家极具活力的创新创业中心、国家内陆地区对外开放门户、华夏历史文明传承创新中心，对中原出彩的辐射带动和全国大局的服务支撑作用充分彰显。治理体系和治理能力现代化基本实现，生态环境根本好转，人民生活更为宽裕。争取提前五年，在2030年率先基本实现社会主义现代化。

远期（2036～2050年），全面提升物质文明、政治文明、精神文明、社会文明、生态文明水平，实现治理体系和治理能力现代化，基本实现共同富裕，人民享有更加幸福安康的生活，建成富强民主文明和谐美丽的社会主义现代化强市，成为具有全球影响力的城市。

（三）郑州建设国家中心城市核心职能的发展策略

根据国家中心城市九大具体职能的发展趋势，立足郑州的发展基础和发展阶段，将郑州建设国家中心城市的核心职能体系确定为优势且强化、优势且保持、劣势且强化、劣势且弱化四类，分别提出相应的发展策略。

1. 优势且强化

交通枢纽中心。郑州是国内高速公路网络的重要枢纽，郑州机场可实现与国内外主要枢纽机场的快速连通，"米"字形高速铁路网和现代综合交通枢纽格局正在加速形成，铁海联运、公铁联运加快发展，郑欧班列无论是向周边区域输送欧洲产品，还是作为欧洲输入货物的分拨地，郑州的核心价值都无可替代。同时，空中丝绸之路初具规模，以郑州为亚太地区物流中心、以卢森堡为欧美地区物流中心，覆盖全球的航空货运网络加快形成。从全国的发展格局来看，郑州目前作为交通枢纽、物流枢纽的优势在不断凸显，郑州往全国各地的运输成本都比较便宜，这种交通物流优势带动产业要素向郑州集聚。

国家交往中心。对外开放中心和交通枢纽中心特别是空中丝绸之路建设密切相连。当前，郑州持续拓展延伸郑州—卢森堡"空中丝绸之路"、郑欧班列"陆上丝绸之路"、跨境电商"网上丝绸之路"，不断提升运营水平，保持在内陆地区的领先地位。以自贸区为引领，统筹航空港实验区、国际陆港、跨境电商综试区、海关特殊监管区和各类功能口岸，高水平建设EWTO核心功能集聚区，积极申建自由贸易港，加快完善投资自由化、贸易便利化、监管法治化的政策体制和营商环境、汽车、肉类等10个功能性口岸获批建设，郑州成为全国拥有商品口岸最多的内陆城市。跨境电子商务和中欧班列（郑州）的运行机制、经营规模位居全国前列，初步实现"买全球、卖全球"。2018年，郑州市进出口总额达到4105亿元，稳居中部六省省会城市第一位。

2. 优势且保持

商贸集散中心。郑州曾作为商朝早期都城，故有"商都"之雅号。20世纪90年代，由于交通区位优势突出，郑州商贸集散业务较快发展，并在二七商圈上演的一场闻名全国的商战，多年以来一直保持全国商贸集散中心的地位。2017年，郑州市全年实现社会消费品零售总额4057.2亿元，比上年增长10.7%。总量在全国35个大中城市居第16位，比上年同期提高3位，超越了沈阳、哈尔滨和宁波。但是，从网上销售额的情况看，郑州市排在第21位，落后于社会消费品总额的位次，而且占不足1%，远远落后于广州、深圳、杭州、佛山、金华等城市。

信息交流中心。2014年9月，郑州国家级互联网骨干直联点建成开通运行，河南和周边省份互联网网间访问不再经过北上广长途绕转，而是就近在郑州直联点进行转接，大幅提升了郑州通信枢纽和信息集散中心的地位。腾讯研究院发布的《数字中国指数报告（2019）》在城市排名中，郑州市数字产业、数字文化、数字政务、数字生活指数分别居全国第8位、第13位、第11位和第10位。但是，从行业发展类型来看，前五位城市的数字化过程已经渗透进入到较深层次的产业领域，但是，郑州等城市的数字化场景仍然停留在刚需的政务服务、文化生活等领域。未来，随着城市的数字化进程，数字经济会逐步取代数字政务成为后线城市数字化进程的主要推手。

3. 劣势且强化

科技创新中心。创新能力位居全国第一梯队是国家中心城市必须具备的基本功能。郑州与北京、上海、广州、深圳以及武汉、重庆、成都等其他城市相比，郑州在创新引领方面存在明显差距，与国家中心城市的要求相比更加明显，这也在很大程度上限制了郑州对中原城市群、中部地区的辐射带动作用。以科技创新能力为例，郑州和武汉相比，每万人高校在校生人数、高技术制造业占规模以上工业增加值的比重、超过百亿规模的高新技术企业数量、专利授权数等方面，武汉均远远领先于郑州，反映出郑州存在的综合创新能力较弱、创新主体不多、投入产出不匹配、高端人才流失等问题。从研发投入强度来看，2017年郑州仅为1.7%，不仅低于北京、上海、深圳等头部城市和西安、合肥、厦门等新兴一线城市，而且兰州、马鞍山、湘潭、鹰潭等广大东北和中西部地区城市，在全国

298 个地级以上城市排名中位居第 70 多。从科技服务人员的数量看，2017 年，郑州全市科技、技术服务人员数仅为 6.2 万人，在 21 个主要大中城市中，排在第 11 位，低于北京、上海、成都、西安、广州、天津、武汉、重庆等国家中心城市（见表 11-2）。

表 11-2　2017 年郑州与其他国家中心城市科技创新能力比较

城市	北京市	上海市	成都市	西安市	广州市	天津市	杭州市	南京市	武汉市	重庆市	郑州市
全市科技、技术服务人员数（万人）	71.25	24.55	17.97	14.14	13.87	11.94	11.42	8.62	8.44	8.22	6.20

城市	长沙市	长春市	沈阳市	太原市	合肥市	哈尔滨	济南市	石家庄市	福州市	南昌市
全市科技、技术服务人员数（万人）	4.94	4.53	4.49	3.96	3.95	3.93	3.80	3.57	3.21	2.78

从城市的核心职能上看，国家中心城市是各种创新资源的集聚地，是各种创新成果的发源地。郑州作为国家中心城市，必须具有较强的吸收创新能力，在引进国内外先进技术和向周边扩散过程中，发挥着承上启下、承外启内、合理嫁接、消化创新的作用，这就要求郑州保持强化科技创新的职能。

公共服务中心。综观纽约、伦敦、东京、巴黎等国际大都市，它们有着相同的特征，都是国家或区域的政治中心、经济中心、文化中心、商贸中心，也都有相同的内涵——公共服务中心。这些城市公共服务设施配套完善，公共服务水平整体较高，有全球著名的大学、医院等，对周边地区（甚至对世界）的服务、引领、带动能力都比较强。从某种程度上讲，是领先的公共服务提升了这些城市在国际上的知名度。从城市竞争力排名来看，公共服务也是评价一个国家、一个城市的国际竞争力的重要指标。无论从建设实践还是从指标体系来看，公共服务都是国际城市应有的内涵。以武汉为例进行对比，2018 年郑州在公共图书馆藏书、轨道交通通车里程等方面处于劣势，在每千人执业（助理）医师、每千人床位数等指标方面领先。从郑州的城市发展定位来看，近期必须立足中原城市群核心城市和中部地区的核心城市，全面提高公共服务能力。

金融服务中心。金融是现代经济的血液，是城市综合竞争能力和城市职能的主要体现。从郑州、武汉、成都、西安四个中西部地区国家中心城市的对比情况看，郑州和武汉、成都在金融领域的最大差距是境内外上市挂牌公司总数，这反映出郑州在直接融资方面较为落后，金融支持实体经济发展的能力相对较弱。从另一个存贷比来看，郑州和武汉相对，也存在一定差距。武汉在中西部几个国家中心城市中处于领先地区（见表11-3）。

表11-3 中西部国家中心城市金融服务能力比较

城市	郑州	武汉	成都	西安
年末全市金融机构各项存款余额（亿元）	21767.2	26331.62	37825.7	21266.72
金融机构各项贷款余额（亿元）	21202.2	28270.77	32637.2	19891.6
境内外上市挂牌公司总数（家）	35	77	97	34
全年全市保险公司保费收入（亿元）	708.8	621.02	927.1	478.56

资料来源：根据各市统计公报整理。其中境内外上市挂牌公司总数截止到2019年2月。

4. 劣势且弱化

商品生产中心。从郑州当前的主要商品生产能力来看，2018年郑州移动通信手持机（手机）生产19805.9万台，汽车产量58.9万辆，新能源汽车3.9万辆，磨具12.4万吨，速冻食品产量125.5万吨，耐火材料制品产量744.8万吨，服装产量0.3亿件，卷烟1525.4亿支，电力电缆12.3万千米，郑州是作为商品的提供中心而存在。但是随着国家中心城市功能的逐渐突出，未来要成为全国乃至全球的商品消费中心，甚至要成为部分商品世界级的定价中心。

行政管理中心。从一般规律上看，国家机关、政党和社会团体从业人数占本市从业总人数的比例越低，说明其他部门从业人员的数量越多，比重越高，反映出产业发展水平越高，能够为居民提供越多的就业岗位，行政管理部门不是居民就业的主要部门。随着国家中心城市辐射带动能力的提升，郑州要更好地发挥辐射和引领功能，就要突破行政区划的藩篱，按照市场经济的原则，弱化行政管理中心的职能。在我国城市体系中，行政资源对区域要素的集聚作用突出，等级化的城市行政管理体制使我国各个行政等级的城市拥有不同的获取资源分配的权限。一般而言，高行政级别城市会凭借其行政手段和行政等级的优势攫取下级城市的资源，同时影响相关市场要素的基本流向，使之从低等级城市向高等级城市流动。城市职能过度集中所引发的大城市病问题，在我国诸多特大城市，特别在省会城市体现得尤为明显。一方面，城市功能叠加和资源过度集中使得省会城市规模不断扩张，加剧了环境污染、交通拥挤、住房紧张等一系列大城市病，进而出现较大的城市治理难题和宜居发展困境，不利于省会城市的健康持续发展；另一方面，省会城市拥有的强大政治势能优势，很大程度上会助推其在省域内形成单极发展，加剧了省域各城市间发展的不平衡和不协调，不利于区域的持续协调发展。

（四）郑州优化国家中心城市职能体系的对策建议

从时空间属性的角度看，郑州在建设国家中心城市的过程中优势、劣势并存，必须坚持优势巩固提升、短板补齐强化的选择，选择重点职能进行发展。

1. 以人才和金融为重点集聚高端生产要素

发挥龙头城市效应，强化对人才和金融等高端要素的集聚能力。加快推进人才发展体制改革和政策创新，引进和集聚更多高端领军人才，形成具有国际国内影响力的人才制度优势。采用多种方式吸引国内外高级经营管理人才、高级专业技术人才和创业者到郑州创新创业，为这些高端人才的工作生活提供全方位的支持和服务。建立灵活多样的创新型人才聘用与流动方式，建立科研人员在事业单位和企业间流动通道，支持科技人员开展成果转化、创新创业。通过构建金融发展核心功能区，采用内设和外引的方法，大力发展证券期货、保险、信托等多种金融业，吸引外资金融机构等多渠道推进金融集聚水平的提升；建立金融产品与服务的持续创新机制，使金融产品和服务要满足客户的差异化需求；规范金融生态建设，尽快完成各部门之间的信息共享，尤其是信用信息的共享，使金融发展的金融生态环境得到优化；加快建设金融产品研究中心，为金融业务的创新提供支持，真正成为提升金融业质量的后续动力。

2. 以互联互通为导向巩固交通枢纽地位

适应交通运输产业转型升级需要，按照网络化布局、智能化管理、一体化服务、绿色化发展要求，构建以轨道交通为骨干的多节点、网格状、全覆盖的交通网络，加强各种运输方式衔接，达到客运"零距离换乘"、货运"无缝衔接"，实现快速交通一体化发展。重点是在铁路枢纽建设方面，大力发展轨道交通，强化国家干线铁路、城际铁路、市域铁路和城市轨道的高效衔接。推动郑万高铁、郑合高铁、郑济高铁开工建设，加快建设郑州高铁南站、郑徐高铁开封北站、新焦济洛城际铁路等重点项目建设。在公路枢纽建设方面，完善公路交通网，继续加快高速公路建设，加大普通干线公路升级改造力度，全面实施农村公路畅通安全工程，建设功能完善、内联外畅的公路交通网络。在城市轨道网建设方面，郑州市目前规划的城市轨道交通线路有20多条，大力建设市域之间的轨道交通，加强郑州中心城区和周边城镇的轨道交通线建设，完善轨道站点交通接驳设施，实现轨道交通与其他交通方式便捷顺畅衔接。全面提升地面公交服务能力和水平，全面优化整合地面公交线路，科学配置地面公交运力，扩大公交线网和站点覆盖范围，加强城市轨道交通、地面公交等多种交通网络的融合衔接，提升公交换乘的快捷性和便利性。在航空枢纽建设方面，抓住国家把郑州航空港经济综合试验区纳入国家战略的机遇，依托新郑国际机场，建设现代化的候机楼综合交通转换体系及集疏运网络体系，加强新郑机场与轨道、高速公路等多种交通方式的衔接，建设形成由京广高铁、郑开、郑焦、郑机城际、机场高速等组成的综合快速联络通道，显著提升大都市区航空枢纽的国际竞争力。加快郑州——卢森堡航空物流双枢纽建设，打造国际航空货运枢纽。

3. 以生态和公共服务为关键提升人居环境

加快打造城市公共中心——片区公共中心——社区服务中心三级公共服务中心体系，对公众提供不同层级差异化的公共服务。以已建成的文化中心、美术馆、博物馆等文化设施、教育设施、医疗中心等大型服务设施为依托，加快建设城市公共中心，提升服务能级。以城市次中心为依托，完善公共服务设施，形成多个具有活力和吸引力的片区公共服务中心。以社区服务中心为平台，建设 15 分钟城乡社区生活圈，加大基本公共服务设施建设力度，提高社区公共服务水平，保障城乡居民就近享受生活服务。增加街头绿地、广场、口袋公园等休闲空间，提供层次完整的休闲文化场所，激发居民参与康体健身、休闲活动的热情，满足人们日常休闲散步、跑步健身等公共活动需求，营造具有活力的社区空间环境，形成绿色友好的宜居氛围。

4. 以开放和创新为动力推进双轮驱动发展

虽然郑州是我国内陆地区最重要的对外开放门户城市之一，但是仍然存在开放短板，例如，截至 2018 年底，郑州领事馆数量仍然没有实现零的突破，不仅低于北京、上海、广州等我国东部沿海发达地区的对外开放门户城市，而且低于西安、武汉、成都等中西部城市。今后，要持续将郑州航空港经济综合实验区作为最大的开放品牌，提升郑州航空港多式联运物流功能，推进产业集聚和城市功能完善，增强航空港的国际影响力和区域带动力。打通连接世界重要枢纽机场和主要经济体的航空物流通道，建设多式联运的国际物流中心。推动郑州新郑综合保税区优化升级，提升郑欧班列品牌影响力，建设跨境电子商务综合试验区，积极申建内陆型自由贸易试验区，促进这些开放平台功能集合和联动发展，形成多层次、全覆盖、立体化的开放平台支撑体系。全面融入"一带一路"战略。大力推进文化、旅游、教育、卫生、科技、环保等领域的交流合作，积极参与"丝绸之路文化之旅"，与沿线国家联合举办丝绸之路艺术节、文化年等，开展丰富多彩的人文交流活动。健全对外投资促进政策和服务体系，提高便利化水平。

主动服务国家和省内的重大创新战略，开展一批科技前沿和战略必争领域的技术研究项目，力争在信息、基础材料、生物医学、农业生物遗传、能源等领域取得一批具有国际国内影响力的原始创新成果。强化企业创新主体地位和主导作用，推动科技资源开放共享，加快建设企业主导的产学研用协同创新体系，形成协同创新的良好局面。增强高校、科研院所创新服务能力，搭建协同创新平台网络,鼓励高校、科研院所与企业共建研发机构。鼓励大型企业建立技术转移和服务平台,向创业者提供技术支撑服务。完善创业培育服务,打造创业服务与创业投资结合的开放式服务载体。国家超算郑州中心建设要加强应用培育,坚持开放视野和市场思维,着力在数字经济、社会管理、精准医学、生物育种、人工智能、环境防治、国土资源管理等方面不断拓宽应用领域。要强化组织领导,夯实各方责任、建立联动机制,推进郑州中心早日为全省乃至全国创新驱动、经济社会发展提供动力支撑。

三、以都市区为载体推进郑州城市效率提升

郑州城市远远高于 20% 的国际公认开发强度。同时,郑州综合经济实力不足,又面临着增强辐射带动能力、支撑中原城市群和中部地区北部板块发展的艰巨任务。因此,必须以大都市区为载体全面增强辐射带动能力。郑州大都市区建设以快速交通网络体系建设为先导,坚持战略共谋、资源共享、设施共建、利益共赢、生态共保,促进区内外要素资源自由流动,优化区域重大功能布局,加快重点区域合作开发,加强产业分工合作,推进基础设施共建共享,增强社会民生同城效应,强化生态环境共保共治,促进郑州大都市区经济社会文化实现全方位、多层次、宽领域上的一体化发展,建设成为市场开放统一、基础设施一体高效、公共服务共建共享、产业专业化分工协作、生态环境共保共治、城乡融合发展的大都市区,成为全国重要的国际综合商贸物流枢纽、产业创新示范基地、内陆对外开放门户、华夏文明传承创新核心区和中西部地区体制机制创新先导区。

(一)按照都市区的理念优化城市空间布局

把郑州大都市区作为一个有机整体,合理统筹全域空间、人口、资源、环境、产业,构建"全域郑州"的大都市区空间规划体系,强化城市空间开发管制,科学确立城市功能定位和形态。

构建"全域郑州"的大都市区空间规划体系。在郑州城镇开发边界内,将经济社会发展、土地利用、城市总体规划、历史风貌空间保护规划、公共设施布局专项规划等多项规划合并到大都市区全域空间规划一张蓝图上,构建"一核四轴三带多点"的大都市区空间格局,形成"核心区—次级中心城市—新兴增长中心—重点镇(特色镇)——一般镇"高度融合的网络状城镇体系,并将空间规划体系延伸覆盖到村,形成"结构合理、功能互补、网络完善、产城融合"的城乡空间布局。核心区由郑州主城区、航空港区、开封主城区共同组成,其发展重点是要提升郑州国家中心城市核心竞争力和综合服务功能;次级中心城市开封、新乡、焦作、许昌四市中心城区,次级中心城市注重完善综合配套,吸引人口集聚,推动产业和服务同步发展,实现居住、就业、基本公共服务设施均衡布

局。新兴增长中心包括巩义市区、新郑市区、荥阳市区、长葛市区、新乡平原城乡一体化示范区、新密市区、登封市区、中牟县城、尉氏县城、武陟县城、原阳县城，新兴增长中心重点是提升综合服务功能，承接郑州中心城区人口、功能的疏解，辐射带动镇村协调发展，加快农村城市化进程。重点镇（特色镇）、一般镇作为城乡一体化发展的重要节点，通过完善综合功能，进一步提升服务能级和承载力。美丽乡村、新型农村社区作为城乡一体化发展的最基本单元，加强村庄整治，改善城乡居民生产生活环境，实现居住、产业、土地相对集中。

强化大都市区全域空间开发管制。以在多规合一基础上形成的空间规划为龙头，把规划作为框定总量的重要手段，严格控制建设用地规划，防止城市边界无序蔓延。合理确定大都市区城市功能定位和形态、城市开发边界、开发强度和保护性空间，统筹城区与周边乡村发展。航空港等新城区的建设，以人口密度、产出强度和资源环境承载力为基准，科学合理编制规划，控制建设标准过度超前。合理划定城市禁建区、限建区、适建区及绿线、蓝线、紫线、黄线等"三区四线"，加强道路红线和建筑红线对建设项目的定位控制。合理把握建筑尺度，避免城市建设过度超前。

（二）树立全通勤时间理念推进快速交通运输体系建设

目前，郑州大都市区内存在有航空、铁路、高速公路等多种交通运输方式，但是衔接还不够紧密，各种交通枢纽大多独立、分散建设，还没有形成真正意义上的一体化综合交通枢纽。但是，大都市区更侧重于核心城市功能的外溢和疏解、强调通勤联系。因此，未来要立足于郑州大都市区的整体空间布局，适应交通运输产业转型升级需要，按照网络化布局、智能化管理、一体化服务、绿色化发展要求，构建以轨道交通为骨干的多节点、网格状、全覆盖的交通网络，加强各种运输方式衔接，达到客运"零距离换乘"、货运"无缝衔接"，实现快速交通一体化发展。

缩短客流通勤时间。首先，是在铁路枢纽建设方面，大力发展轨道交通，强化国家干线铁路、城际铁路、市域铁路和城市轨道的高效衔接，按照人流、物流的密度和强度，依次加快修建中心城区到新乡、焦作、许昌等周边主要城镇之间快速交通联系，按照小编组、高密度、智能化、零换乘的要求，努力缩短全通勤时间。推动郑万高铁、郑合高铁、郑济高铁开工建设，加快建设郑州高铁南站、郑徐高铁开封北站、新焦济洛城际铁路等重点项目建设。其次，在公路枢纽建设方面，完善公路交通网，继续加快高速公路建设，加大普通干线公路升级改造力度，全面实施农村公路畅通安全工程，推动开港大道、官渡黄河大桥、许昌至机场快速通道、焦作至荥阳黄河公路大桥等重点项目建设，建设功能完善、内联外畅的公路交通网络。最后，在城市轨道网建设方面，郑州市目前规划的城市轨道交通线路有 20 多条，覆盖了郑州市区以及新密、荥阳、中牟、新郑等各个区域。除了加快建设这些规划中的轨道交通线路外，也要进一步加密城市轨道交通网，大力建设市域之间的轨道交通，加强郑州中心城区和周边城镇的轨道交通线建设，完善轨道站点交通接驳设施，实现轨道交通与其他交通方式便捷顺畅衔接。全面提升地面公交服务能力和水平，全面优化整合地面公交线路，科学配置地面公交运力，扩大公交线网和站点覆盖范围，加强城市轨道交通、地面公交等多种交通网络的融合衔接，提升公交换乘的快捷性和便利性。另外，在航空枢纽建设方面，抓住国家把郑州航空港经济综合试验区纳入国家战略的机遇，依托新郑国际机场，建设现代化的候机楼综合交通转换体系及集疏运网络体系，加强新郑机场与轨道、高速公路等多种交通方式的衔接，建设形成由京广高铁、郑开、郑焦、郑机城际、机场高速等组成的综合快速联络通道，显著提升大都市区航空枢纽的国际竞争力。加快郑州—卢森堡航空物流双枢纽建设，打造国际航空货运枢纽。

提高物流运行效率。一是要加快物流园区（货运枢纽）建设。完善物流园区规划，优化物流设施布局，将区域性物流园区向都市区中心城区外有序疏解。在郑州与焦作、开封、新乡、许昌等城市交汇的郑州北部、东部、南部等方向，规划布局若干大型综合性物流园区，在郑州市四环沿线规划建设一批服务于城市配送的物流园区。推动邮政集团加快对接万国邮联，构建辐射中西部的快件物流中心。加快开封保税物流中心、焦作（中站）物流金融港、河南（武陟）国家干线铁路公路物流港、中原国际农产品物流港二期、许昌粮食物流园、中棉集团河南物流园等专业园区建设。二是要推进传统货运场站的转型升级。规范目前郑州市四环以内的物流和货运场站，推动传统货运场站向物流园区转型升级，积极打造与产业集聚区相配套的物流园区，重点建设具备多式联运功能的物流园区，提升货物运输衔接转换效率。三是推进城市配送发展。以快速消费品配送、冷藏货物配送等为重点，大力发展专业化城市配送，保障大都市区基本民生和城市运行需求。结合物联网加快发展末端配送网点建设，推广社区自提柜、冷链储藏柜、代收服务等新型社区化配送模式。

（三）树立分工协作理念推进产业互补与链式发展

郑州大都市区产业发展：一是链式发展，以产业链、价值链、供应链为基础，形成以区域中心城市为主体，辐射带动周边城市的产业生态体系；二是错位发展，根据自身资源禀赋优势，形成差异化、特色化的产业布局，避免资源重复浪费。根据上述分析，提出郑州大都市区的产业布局和发展思路。

整合区域内资源，着力打造五大产业集群，在集群内各区域实现产业错位和链式发展。一是电子信息产业集群。以智能终端产业为引领，做精应用电子领域的特色产业,重点发展智能手机、平板电脑、智能家电、可穿戴智能终端和北斗导航终端等产品。发展区域为郑州航空港综合试验区、郑州经济开发区为主要载体,新乡红旗区光电信息产业园、平原示范区电子信息产业园、港尉新区和市城乡一体化示范区电子信息产业园等为项目承接地,整合中国兵器工业焦作光电产业园资源,推进电子产业集群发展。二是汽车(含新能源汽车)及零部件产业集群。强化郑州汽车制造基地规模优势,瞄准行业未来和市场需求,强力推进新能源汽车和智能汽车产业发展,建设成为中西部重要的汽车产业基地。以发展区域郑州经济技术开发区和中牟产业集聚区为核心,整合周边资源,如新乡电池产业链、焦作风神轮胎产业园、汽车零部件和通用机械产业园,打造产业链式集群,集聚推动新能源汽车发展。三是高端装备制造产业集群。郑州、新乡、许昌等都提出要发展高端装备制造业,各地区依托地区发展基础,错位发展。依托中原电气谷,发展电气装备;郑州重点发展机械装备。四是新材料产业集群。重点推进长葛超硬材料及制品产业集群、荥阳市新材料产业基地、登封、新郑非晶带材产业发展、焦作(焦煤集团)新材料产业园等建设,寻求产业间的互补和合作。五是生物医药产业集群。布局郑州航空港经济综合实验区、新乡华兰生物为主的生物医药产业集群,许昌为主要承接地。此外,要整合发展传统产业集群。食品产业集群要巩固农副产品加工、食品制造、饮料制造、烟草制品等产业优势,推进郑州、新乡、许昌长葛、焦作温县等地的食品区域优化整合,推进产业链向食品物流、食品观光旅游等延伸。服装加工业要优化许昌纺织、尉氏纺织、新乡化纤生产、郑州成衣制作等区域分工,打通产业链,实现终端产品错位发展。铝精深加工业要推进巩义和焦作建设铝精深加工产业基地。

郑州大都市区推进产业创新发展,要加大以云计算、物联网、大数据为代表的信息技术与现代制造业、生产性服务业的融合创新,努力实现以传统行业向"互联网+"的融合发展转变,确保为产业发展创造新动力、新价值、新业态。把制造业发展战略主攻方向调整到数字化、网络化、智能化方面,尽快实现工业生产从规模批量到定制生产、从全能性生产到网络性生产、从制造业信息化到制造业互联网化的转变。要顺应服务化发展趋势,加速发展现代服务业,坚持生产性服务业和生活性服务业齐头并进,推动一二三产业融合发展。推广新型孵化模式,大力发展众创、众包、众扶、众筹,集聚庞大的创客队伍,培育创新型企业。强化在职培训坚持高端人才和高技能人才的引进相结合,积极构建集研发、孵化、融资、服务和园区承接、知识产权保护等于一体的创新生态,以创新型经济的发展来提高城市的"经济容积率"。

(四)树立公共服务均等化的理念有效缩小公共服务圈层落差

城市圈或大都市区的优质公共服务资源集中于城市核,并呈现出圈层化的逐级递减趋势。在大都市区发展过程中，要着眼于提高公共服务总体供给质量，缩小城市之间、城乡之间、圈层之间的公共服务供给落差，要努力推进五个一体化：

教育服务一体化。在小城镇公共服务设施配置标准的制定上，向郑州中心城区配置标准靠拢。在乡镇公共服务设施配置标准的制定上，逐步向城市地区配置标准靠拢，通过加大乡镇基础教育投入力度，为广大农村地区提供教育服务，从而增强城镇的集聚能力。同时，建立远程教学网络，发展"互联网＋"教育，开展名家名师网络课堂，缩短因为空间和时间因素导致的教育资源差距，重点培育职高、职中、成人学校等其他类型的网络学校，扩大大都市区内居民的受教育面，特别是要围绕大都市区各地的产业结构和经济发展需求，有针对性地加快培养技能型使用人才，实现大都市区内教育软设施的均衡共享，从而在大都市城市化进程中确保农业转移人口、下岗失业人员的再就业培训水平上升到新的高度。还可以设立大都市区社会力量办学专项资金，在保障基本教育需求的基础上，提供高标准、有特色的网络教育服务，满足居民多层次、个性化和高品质的教育需求。

就业与社会保障服务一体化。健全公共就业服务体系，强化政府促进就业的公共服务职责，不断完善市、县（区）、镇（街道）和用工单位四级信息网络，建设统一的就业信息共享平台，及时收集并公布就业信息，实现大都市区域内和城乡间的劳动力资源信息共享，打破区域间要素流动壁垒，才能实现就业信息及时、充分的传播，促进人才要素自由流动。根据大都市区各地的产业结构调整与产业规划，依托产城融合发展目标，开展用人单位劳动力需求状况调查，开展有针对性的就业培训，提高劳动力与产业的匹配度。加大对"4050"人员、农业转移人口、贫困人口等群体的就业关注度，拓宽就业培训渠道，开发就业岗位优先满足这一群体的需求。改善农村劳动力进城就业环境，提高城乡就业服务与就业管理水平，保障城乡劳动者平等就业机会。根据大都市区各地的经济发展能力和居民承受能力，逐步提高社会保险统筹层次，坚持资金多方筹集、个人缴费为主、政府适当补贴的原则，增强统筹调剂能力；重点推进大都市区的灵活就业人员、个体私营职工、农民、残疾人参与社会保险，提高社会救助、社会福利和社会优抚水平，促进社会保障的无条件、无障碍转移接续，提高区域内社会保障服务的响应度。建立大都市区社会保险城乡统筹工作领导小组，打造社会保险一体化合作平台，拓宽大都市区社会保险工作的合作空间，调动群众参保的积极性。按照属地管理、实际统筹原则和城乡一体化发展要求，将大都市区内的农业人口统一纳入城镇居民医疗保险体系，大幅提高农业人口的医疗保险水平，实现同区同待遇，推动医保就医在大都市区内实行无障碍异地即时报销和区内医保药店无门槛、无障碍购药。同时，在加快户籍制度改革的基础上，加速出台大都市区内农民养老并入城镇居民养老保险体系，实现居民养老覆盖率达到100%的目标。

医疗卫生服务一体化。依托郑州作为省辖市的优势，实现大都市区内省级综合医院—市（县）级综合医院—乡镇（社区）卫生院三级配备，实现梯度化发展。可以结合大都市区公共服务中心的分级情况，重点加强基层镇卫生院的标准化配置，实现大都市区所属范围内乡镇医疗卫生均衡共享。在提升基层医疗设施建设整体水平的基础上，重点加强建设一批规模较大、质量水平较高的综合医院及高标准卫生院。医疗设施的分级建设，也使政府能够明确投资重点，从而提升整个区域的医疗设施配置效率。在加快医疗设施建设的同时，还要加快完善优质医疗队伍人才流动机制，建立医生下基层轮岗就诊制度，解决基层医疗人才资源短缺的问题。鼓励河南省人民医院、郑州大学第一附属医院等三甲综合医院的医生下基层轮流坐诊，对到基层医院坐诊的高水平医生在工资福利、补助、晋升待遇等方面给予优先考虑。还可以利用大数据技术和智慧城市建设契机，推进"互联网＋"医疗和"智慧医疗"工程，建立大都市区内医疗电子档案全区通用数据库，建立疑难杂症网络会诊平台，完善医生跟踪诊断和联合诊断机制，实现优势医疗资源在大都市区内的共享。

养老服务一体化。随着大都市区经济社会的不断融合，人口的流动性会越来越明显，家庭规模的日益缩小，空巢家庭也不断增加，传统家庭的养老功能在逐渐削弱，家庭养老模式面临巨大挑战，向社会化养老转化已经成为一种趋势。应当改革现行的经营机制，鼓励社会资本举办养老机构，加快发展武陟等周边节点城市的养老服务产业。通过发展公办和民营的老年福利设施，促使公共资源和民间资本互补，从而扩大老年福利设施的供给。鼓励养老机构、老年人协会等民间服务机构共同参与农村居家养老服务，政府通过经费补足、购买服务、以奖代补等形式给予支持。依托较高建设水准的福利设施及相关优惠政策，吸纳更多高素质的护理人员及社会工作者进入养老服务产业。在养老设施建设和机构管理方面，应提高养老设施的建设标准和建设水平，实行分区管理和服务，实现养老设施功能合理化分区，改善目前混住混养的现状，以更为人性化的方式为老年人提供优质的养老服务，使老人在身体和精神上都能得到慰藉。

文化体育服务一体化。按照设施所覆盖的人均规模均等的标准，增加文化体育设施的数量和分布密度。统一布局社区文化体育活动中心、街乡、区县级文化体育馆、图书馆以及市级文化体育设施，并根据不同级别对文体设施的配置种类、规模和标准进行适当的差异化调整，以满足居民需求的提升。大型文化体育设施的布局需要充分考虑大都市区范围内各县（市、区）居民的实际生活半径，不能被现有的行政区划范围所制约。有必要加大文化馆、科技馆、博物馆、图书馆、纪念馆、美术馆等省级、市级大型场馆建设在大都市区空间范围内的统筹规划力度，避免优质文化体育资源过于集中。在公共交通互联互通的基础上，重大场馆应向核心城区外的周边延伸建设，以实现区域内居民能够更便捷地享受到高层次的文化体育服务。全面提升农村地区文化体育设施档次和服务水平，统筹配置、合理布局、城乡共享，真正为满足居民的文化体育生活需求发挥作用，促进全民文化素质的提高。

（五）树立共建共享理念推动生产、生活、生态空间优化

共筑大都市区生态屏障。坚持区域生态建设一体化，推动大都市区生态建设联动，加快推进与大都市区生态安全关系密切的周边重点生态功能区建设，筑牢大都市区生态安全屏障。强化市级统筹，推动毗邻地区与郑州、新乡、焦作、许昌等共建太行山生物多样性及水源涵养生态功能区、焦新矿区生态恢复及水土保持生态功能区、嵩山矿区生态恢复与水土保持生态功能区、豫北黄河故道湿地生物多样性保护生态功能区、豫东黄河湿地生态功能区，共筑区域生态屏障。

共建大都市区生态廊道。以郑徐高铁、京广铁路、陇海铁路、郑焦城际铁路、郑开城际铁路、连霍高速、京珠高速、环城快速路等主要交通通道及黄河、贾鲁河、惠济河、颍河、卫河等主要河流为重点，完善城市通风绿廊体系，维护流域水生态空间，共建大都市区大生态廊道，实现主要铁路、公路、河流两侧绿化加宽加厚，形成互联互通的区域生态网络。

共保城市间生态空间。依托大都市区内的生态本底，以保护好城市基本生态网络为目标，加强生态空间管制，严守生态保护红线，合理划定城市开发界线，构建城市间生态安全格局。着力提升生态空间管制效力。以空间规划为统领，强化"三区三线"功能管控。落实空间环境准入制度，建设项目环评要依据所在区域的环境功能区划开展，凡建设项目环评与当地环境功能区划要求不相符合的，一律禁止建设。强化排污总量控制制度，建设项目新增污染物排放量，必须在满足排污总量削减替代比例要求的同时，严格按不同环境功能区进行排污总量削减替代。推行负面清单管理。根据特殊管控要求，对环境禁止准入和限制准入区域的项目进入，实行严格控制和监管。强化环境承载能力监测预警。根据不同环境功能分区特点制定环境承载能力量化指标体系及评估技术方法，建立动态监测和预警机制，对环境功能或环境质量不达标的区域实行预警，实施限制性措施。合理划定城市开发边界，收集城市及相邻区域的地形地貌、生态环境、自然灾害、历史文化以及基本农田分布等相关资料，充分考虑生态红线、自然灾害影响范围和永久基本农田等限制条件，以道路、山脉、河流或者行政区划分界线等清晰可辨的地物为参照，选择其中集中成片或成组的建设用地，结合城市发展总体规划、土地利用总体规划等相关规划，确定城市开发边界的范围和面积。

实施环境共治。深化跨区域水污染联防联治。以改善水质、保护水系为目

标，全面实施化学需氧量、氨氮等多污染物协同控制和涉水工业企业全面达标排放计划，大力实施水环境综合整治工程，强化工业废水污染治理，抓好农村地区水污染防治，系统推进水污染防治和水生态保护，促进大都市水环境质量明显提升。推进大气污染联防联控。加强地市联动、区域协作，建立统一协调、联合执法、信息共享、区域预警的大气污染联防联控机制，对重大建设项目实行环境影响评价区域会商机制，开展区域大气环境联合执法检查，全面开展二氧化硫、氮氧化物、颗粒物、扬尘、工业烟粉尘、挥发性有机物以及城市面源等多污染源多污染物协同控制，推动大都市区大气污染协同治理。加强固废危废污染联防联治。坚持预防为先，着力消除固废危污染隐患，强化城市间固体废弃物联合处理处置，鼓励跨区域合作共建危废处理设施，健全生态环境事件应急网络，妥善处置环境突发事件，维护生态环境安全。

（六）树立创新开放引领理念实施创新与开放双轮驱动

创新与开放能力不足，是制约郑州大都市区发展的重要因素。从创新角度看，郑州大都市区的创新能力不仅低于沿海发达都市圈、都市区，而且低于武汉、西安、成都等中西部地区的都市圈、都市区。从开放角度看，河南省是一个内陆省份，长期以来外贸和利用外资规模相对较小，对外经济发展水平相对较低，急需要实行更加积极的对外开放战略，全面提高开放型经济发展水平。当前，要利用郑州航空港经济综合实验区对外开放门户功能，创新开放型经济发展模式，探索内陆开放高地建设的新路径，为构建互利共赢、多元平衡、安全高效的开放型经济体系奠定坚实基础。实施创新与开放双轮驱动。

增强区域创新能力。主动服务国家和省内的重大创新战略，开展一批科技前沿和战略必争领域的技术研究项目，力争在信息、基础材料、生物医学、农业生物遗传、能源等领域取得一批具有国际国内影响力的原始创新成果。强化企业创新主体地位和主导作用。鼓励企业开展基础性和前沿性创新研究，深入实施创新企业百强工程，形成一批有国际国内竞争力的创新型领军企业，支持科技型中小企业发展。积极推进产学研用协同创新。推动科技资源开放共享，加快建设企业主导的产学研用协同创新体系，形成协同创新的良好局面。增强高校、科研院所创新服务能力，搭建协同创新平台网络，鼓励高校、科研院所与企业共建研发机构。要把"大众创业、万众创新"融入发展各领域各环节，鼓励支持各类主体开发新技术、新产品，促进形成新业态、新模式形成，打造经济发展的新引擎。建设创业创新公共服务平台。实施"双创"行动计划，大力发展面向大众、服务中小微企业的低成本、便利化、开放式服务平台。鼓励大型企业建立技术转移和服务平台，向创业者提供技术支撑服务。完善创业培育服务，打造创业服务与创业投资结合的开放式服务载体。全面推进众创众包众扶众筹。全面推进众创，培育一批基于互联网的新型孵化平台，推动技术、开发、营销等资源共享。积极推广众包，推广研发创意、生活服务众包，推动大众参与线上生产流通分工。建立立体式众扶，开放共享公共科技资源和信息资源，探索政府和公益机构、企业帮扶援助、个人互助互扶支持小微企业和创业者成长的方式。稳妥推进众筹，探索消费电子、智能家居、健康设备等实物众筹，开展股权众筹融资试点，推动设立网络借贷平台。倡导创新创业精神。树立创新创业的价值导向，加强各类媒体对创新创业的新闻宣传和舆论引导，保护企业家精神，宽容创业失败，包容创新对传统利益格局的挑战，依法保护企业家财产权和创新收益。强化人才对创新的支撑作用，就是要实施人才优先发展战略，推进人才发展体制改革和政策创新，引进和集聚更多高端领军人才，形成具有国际国内影响力的人才制度优势。采用多种方式吸引国内外高级经营管理人才、高级专业技术人才和创业者到郑州大都市区创新创业，为这些高端人才的工作生活提供全方位的支持和服务。建立灵活多样的创新型人才聘用与流动方式，建立科研人员在事业单位和企业间流动通道，支持科技人员开展成果转化、创新创业。

提高开放型经济发展水平。强化郑州航空港开放优势。把郑州航空港经济综合实验区作为大都市区最大的开放品牌，以建设大枢纽、大物流、大产业、大都市为方向，提升郑州航空港多式联运物流功能，推进产业集聚和城市功能完善，增强航空港的国际影响力和区域带动力。打造以航空运输为主体的现代综合枢纽，构建以航空枢纽为主体，融合城市轨道交通、高速铁路、城际铁路等多种交通方式的综合枢纽。打通连接世界重要枢纽机场和主要经济体的航空物流通道，建设多式联运的国际物流中心。推动智能手机、航空维修、精密机械、生物医药等产业发展，建设以航空经济为引领的电子信息产业基地、航空维修基地和生物医药产业基地。推进北部科技研发产业区、东部会展城片区、南部园博会片区等城市功能区连片综合开发，建设成为国际化绿色智慧航空都市区。完善提升对外开放支撑平台。加快建设郑州航空、铁路国际"双枢纽"口岸，推动郑州新郑综合保税区优化升级，提升郑欧班列品牌影响力，建设跨境电子商务综合试验区，积极申建内陆型自由贸易试验区，促进这些开放平台功能集合和联动发展，形成多层次、全覆盖、立体化的开放平台支撑体系。全面融入"一带一路"倡议，深度参与国家战略性重大基础设施项目建设，积极参与中蒙俄、中巴、孟中印缅等经济走廊基础设施项目建设，着力构建陆路、陆海、航空、网络综合运输传输通道，畅通东联西进的出境出海通道。支持农业、能源、物流、装备制造等优势产业加强与"一带一路"沿线国家进行合作，带动技术、标准、品牌和服务的输出。依托重大基础工程项目，推动装备制造领域优势企业到沿线国家投资建厂，积极参与国家级合作工业园开发。加强金融信息服务，引导金融机构在沿线国家和地区拓展服务网络。大力推进文化、旅游、教育、卫生、科技、环保等领域的交流合作，积极参与"丝绸之路文化之旅"，与沿线国家联合举办丝绸之路艺术节、文化年等形式，开展丰富多彩的人文交流活动。加强教育合作，以"一带一路"沿线国家学生为重点实施留学计划，支持中医、武术、农业等特色院校赴沿线国家开展合作办学或设立分校。全力提升开放型经济发展水平，根据经济全球化的新形势和经济转型升级的新需求，以更加开阔的视野和更加开放的姿态，充分利用国际国内两个市场、两种资源，积极参与全球产业分工格局重构，着力提高国际分工的地位，加快培育开放合作和竞争新优势。营造优良营商环境，完善境外投资管理体制。健全对外投资促进政策和服务体系，提高便利化水平。建立国有资本、国有企业境外投资审计制度，健全境外经营业绩考核和责任追究制度。推动个人境外投资，健全合格境内个人投资者制度。

（七）树立宜居宜业理念提升居民居住品质

构建层次清晰的公共服务中心体系。大都市区建设区域中心—城市公共中心—片区公共中心—社区服务中心四层公共服务中心体系，对公众提供不同层级差异化的公共服务。一个区域中心，为郑东新区，以已建成的文化中心、美术馆、博物馆等文化设施、龙子湖科教园区等教育设施、在建医疗中心等医疗设施为龙头的大型服务设施为依托，提升服务能级，组织公共活动，扩大区域影响力，建设成大都市区区域公共服务中心。五个城市公共中心，分别为新乡、焦作、开封、许昌的中心城区和郑州老城区，推进城市级公共服务设施集聚布局，引导文化艺术、体育娱乐、医疗养老、科教研发等高等级设施向公共中心形成城市级公共服务中心。多个片区公共中心，以设区城市中的区和外围县城为依托，完善本级公共服务设施，形成多个具有活力和吸引力的片区公共服务中心。社区服务中心，加大基本公共服务设施建设力度，提高社区公共服务水平，保障城乡居民就近享受生活服务。

建设15分钟城乡社区生活圈。建立以社区综合服务设施为主体、专项服务设施为配套、服务网点为依托、信息系统为支撑的社区服务设施网络，构建网络化、无障碍、功能复合的公共活动网络，积极打造15分钟生活圈，逐步实现城乡社区综合服务设施全覆盖。以TOD模式为导向，强化公共交通站点周边的功能深度混合，促进公共交通、慢行等绿色出行，提高街道活力和社区生活便捷度。增加街头绿地、广场、口袋公园等休闲空间，提供层次完整的休闲文化场所，激发居民参与康体健身、休闲活动的热情，满足人们日常休闲散步、跑步健身等公共活动需求，营造具有活力的社区空间环境，形成绿色友好的宜居氛围。丰富休闲空间的类型，加强小型点状、线状休闲空间建设，不过于强求单个休闲空间的用地规模。鼓励对现状消极空间的充分利用，如一些建筑边角空间、用途不明的废弃空间、未经设计的冗余空间等都可改造成口袋公园，利用座椅，园林小品等设施进行空间组织，塑造供人们停留、休息、交流的空间，提高空地利用率。

推进以文化城。强化文化软实力在推动大都市区内部融合发展中的作用，通过加强城市间人文交流来促进多元文化的交流融合，深入挖掘城市共有的文化底蕴，打造地方特色明显的文化品牌，提升广大群众的文化认同感和归属感，实现经济建设与人文建设的共同发展。加强对城市的空间立体性、平面协调性、风貌整体性、文脉延续性等方面的规划和管控，留住城市特有的地域环境、文化特色、建筑风格等"基因"。既要不断融入现代先进元素，也必须保护和弘扬优秀传统文化，通过深入挖掘与弘扬厚重的历史积淀，在城市特色培育、文化品牌打造、城市风格设计等方面突出特色，发展有历史记忆、中原特色、民俗特点的美丽城市，历史渊源、城市精神、历史文化与现代城市发展浓缩成一条主线——以文化人、以文化城，人以文名、城以人兴。坚持做好"以文化城、城以文兴"这篇大文章，把文化融入城区每个角落，让一砖一瓦、一草一木都浸润着文化的符号，每一幢楼、每一座桥、每一条街都能成为文化的标记，促进自然与人文、现代与传统交融，避免千城一面、万楼一貌。同时，还要注重城市公共文化体系和公共文化空间建设，建设一批文化广场、历史建筑、人文景观、公园、自然景观、美术馆、图书馆、科技馆、影剧院、博物馆、体育馆、艺术中心和市民活动中心等，提高公共文化服务能力。对各生活圈的历史、文化进行细致的了解，加强对社区历史文脉、特色元素的挖掘和传承，通过现代手法进行演绎，将能代表社区文化、历史积淀的元素融入社区口袋公园、街头绿地等休闲空间的设计中。

推动生态城镇建设。加强城镇自然山水格局保护，与生态保护红线对接，合理布局绿心、绿楔、绿环、绿廊等结构性绿地，构建绿色空间体系。加强道路绿化隔离带、道路分车带和林荫路建设，乔灌草（地被）合理配置，提升道路绿地滞尘、降噪、遮阴、防护等生态功能。加强公园绿地建设，逐步建成类型丰富、特色鲜明、设施齐备、服务覆盖全面的城市公园系统。推动近郊发展建设郊野公园，构建满足城市居民需求和社会发展需要的休闲游憩体系。加快棚户区和老旧街区改造，通过拆迁建绿、拆违还绿、破硬增绿、立体绿化等措施，积极拓展老旧城区、中心城区的绿色空间。加快生活垃圾处理设施建设，完善收运系统，提高生活垃圾无害化处理率。健全再生资源回收利用网络，加强生活垃圾分类回收与再生资源回收的衔接。推广废旧商品回收利用、焚烧发电、生物处理等生活垃圾资源化利用方式。统筹餐厨垃圾、园林垃圾等无害化处理和资源化利用。全面推动海绵城市建设，提高城市应对环境变化和自然灾害的能力。

第十二章 结语

本书的研究从我国城镇化进入质与量并重发展阶段后塑造全国城市体系新格局入手，立足于特大城市面临的规模持续扩张与增长边界约束的双重困境，从新的切入视角、新的分析框架和新的政策架构的角度进行研究，期待取得可能的创新之处，也意识到存在的问题和不足，并对今后的进一步深入研究进行展望。

第一节 可能的创新之处

本书在研究过程中可能的创新之处主要有三个地方：第一，尝试通过诸多专家学者的研究成果和文献资料，在对 2006 年以来我国城市增长边界约束政策导向从"软要求"到"硬约束"的演进特征和特大城市的发展历程进行梳理总结的基础上，对我国特大城市在增长边界政策约束导向下的人口增长、土地利用、经济产出、产业发展、新旧城区协调发展程度、特大城市之间的分异、特大城市多中心空间结构的形成和演进等内容进行深入分析，尝试推动特大城市跨越规模经济效益与集聚经济效益递减的"效率陷阱"，进行有效的制度供给和政策创新研究；第二，尝试将土地要素作为约束条件引入城市效率的评价过程，对其约束性作出质与量的测度，从而形成问题导向性的研究方法和视角；第三，尝试厘清增长边界政策导向下我国特大城市提升效率的路径和机制，让特大城市在规模扩张与边界约束之间实现动态均衡，为北京、上海等特大城市正在进行的非核心功能有机疏散提供支撑，为其他大中城市在发展中兼顾空间管控与效率提升提供经验借鉴。

第二节 不足与展望

本书在研究过程中存在的问题和不足之处主要有两个方面：一方面，从城市系统的构成看，特大城市是一个复杂开放的巨系统，研究过程主要针对城市的经济

—社会—生态系统的效率进行定量和定性分析，相应的提升路径和政策设计也主要围绕这三个子系统来进行，对城市其他子系统的运行效率的研究还没有深入涉及；另一方面，从特大城市与腹地的关系看，受特大城市所处的发展阶段、产业结构、历史传统等因素的影响，特大城市和腹地的协调度也将影响城市的整体效率，本书虽然对特大城市与腹地的协调耦合度进行了测度，提出了相应的改进措施和建议，但是还需要深入研究。

参考文献

［1］ Sybert，Richard. Population，immigration and growth in California ［J］. The San Diego Law Review，1994.

［2］ Porter，D. Living cities feasibility study ［J］. Electronics Times，2007 （21）.

［3］ Duany，Andres. Towns and town – making principles ［M］. Rizzoli，1998.

［4］ Puertas O. L，Cristian Henríquez Ruiz，Meza F. J. Assessing spatial dynami-cs of urban growth using an integrated land use model. Application in Santiago Metropolitan Area，2010 – 2045 ［J］. Land Use Policy，2014，38 （2）：415 –425.

［5］ Nelson，Arthur C. Towards a theory of the American rural residential land market ［J］. Journal of Rural Studies，1986，2 （4）：309 –319.

［6］ Prof. dr. G. A. van der Knaap，Prof. dr. G. A. van der Knaap，Drs. J. van der Meulen. Segmentation at the labour market of large cities ［J］. Economics and Business Administration，1995.

［7］ Jun M J. The effects of portland's urban growth boundary on housing prices ［J］. Journal of the American Planning Association，2006，72 （2）：239 –243.

［8］ Weitz D J. Transit villages in the 21st Century ［J］. Economic Geography，1998，74 （4）：440.

［9］ Anas A，Rhee H J. When are urban growth boundaries not second – best poli-cies to congestion tolls? ［J］. Journal of Urban Economics，2007，61 （2）：263 –286.

［10］ Kono T，Joshi K K. A new interpretation on the optimal density regulations：Closed and open city ［J］. Journal of Housing Economics，2012，21 （3）.

［11］ Marin M C. Impacts of urban growth boundary versus exclusive farm use zon-ing on agricultural land uses ［J］. Urban Affairs Review，2007，43 （2）：199 –220.

［12］ Hongxing，Liu，Kenneth，et al. Development of an antarctic digital eleva-tion model by integrating cartographic and remotely sensed data：A geographic informa-tion system based approach ［J］. Journal of Geophysical Research，1999.

[13] Nrtee. Cleaning up the past, building the future: A national brownfield redevelopment strategy for Canada [J]. Planning, 2003.

[14] Rees, William W. E. Rees, Ecological footprint and appropriate caring capacity [J]. Environment and Urbanization, 1992, 4 (2): 121 – 130.

[15] Charnes A, Cooper W W, Li S. Using data envelopment analysis to evaluate efficiency in the economic performance of Chinese cities [J]. Socio Economic Planning Sciences, 1989, 23 (6): 325 – 344.

[16] Kuzmanovic M, Martic M. An approach to competitive product line design using conjoint data [J]. Expert Systems with Applications, 2011, 38 (8): 7262 – 7269.

[17] Alonso, William. Location and land use: Toward a general theory of land rent [M] // The exploration of Egypt and the Old Testament: Oliphant, Anderson & Ferrier, 1964.

[18] William, Alonso. The economics of urban size [J]. Papers in Regional Science, 1971.

[19] Belal, N, Fallah, et al. Urban sprawl and productivity: Evidence from US metropolitan areas [J]. Papers in Regional Science, 2011.

[20] Berry, B J L, Gillard Q. The changing shape of metropo; otan America: Commuting patterns, urban fields, and decentralization processes, 1960 – 1970 [M]. Pensacola, FL: Ballinger Publishing Company, 1977.

[21] Leorey O M, Nariidac S. A framework for linkong urban form and air quality [J]. Environmental Modelling & Software, 1999, 14 (6): 541 – 548.

[22] Camagni R, Gibelli M C, Rigamonti P. Urban mobility and urban form: The social and environmental costs of different patterns of urban expansion [J]. Ecological Economics, 2002, 40 (2): 199 – 216.

[23] Wilson H E, Hurd H D, Civco D L, et al. Development of a geospatial model to quantify, describe and map urban growth [J]. Remote Sensing of Environment, 2003, 86 (3): 275 – 285.

[24] Stone P A. The structure size and costs of urban settlements [M]. Cambridge, UK: Cambridge University Press, 1973.

[25] Pryor, Frederic L. Review of "urbanization and settlement systems: International perspectives" by L S Bourne, R Sinclair, and K Dziewonski [J]. Economic Development & Cultural Change, 1986.

[26] Form W H. The place of social structure in the determination of land use

[J]. Social Forces, 1954, 32 (4): 317 –323.

[27] Alonso W. Location and land use [M]. Cambridge, MA: Harvard University Press, 1965.

[28] Harvey D. The urban process under capitalism: A framework for analysis [J]. International Journal of Urban and Regional Research, 1978, 2 (1 – 4): 101 – 131.

[29] Stern P C, Young O R, Druckman D. Global environmental change: Understanding the human dimensions [M]. Washington, DC: National Academy Press, 1992.

[30] McNeil J. Toward a typology and regionalization of land – cover and land – use change: Report of working group B//Turner B L, Meyer W. Changes in land use and land cover: A global perspective [M]. New York: Cambridge University Press, 1994: 55 –71.

[31] Muller P O. Transportation and urban form: Stages in the spatial evolution of American metropolis//Hanson S, Giuliano G. The geography of urban transportation [M]. New York: The Guildford Press, 2004: 59 –85.

[32] Wright C A, Davis E J, Ward J F, et al. Proceedings of SPE Annual Technical Conference and Exhibition Realtime Fracture Mapping from the \ "Live \ " Treatment Well [A]. Society of Petroleum Engineers SPE annual Technical Conference and Exhibition [C]. 2001.

[33] Zhang S, Bixiong Y E. Prediction UGB based on integration of GIS/RS and radial basis function network [J]. Computer Engineering & Applications, 2012, 48 (20): 227 –230.

[34] Margheim J. Imagining portland's urban growth boundary: Planning regulation as cultural icon [J]. Journal of the American Planning Association, 2008, 74 (2): 196 –208.

[35] Tayyebi A, Pijanowski B C, Tayyebi A H. An urban growth boundary model using neural networks, GIS and radial parameterization: An application to Tehran, Iran [J]. Landscape & Urban Planning, 2011, 100 (1): 35 –44.

[36] Mubarak F A. Urban growth boundary policy and residential suburbanization: Riyadh, saudi arabia [J]. Habitat International, 2004, 28 (4): 567 –591.

[37] Seong – Hoon C, Zhuo C, Yen S T, et al. Estimating effects of an urban growth boundary on land development [J]. Journal of Agricultural & Applied Economics, 2006, 38 (2): 287 –298.

［38］ Wang Z，Zhang Q，Zhang X，et al. Urban growth boundary delimitation of Hefei City based on the resources and environment carrying capability ［J］. Geographical Research，2013，34（5）：580 - 586.

［39］ Venkataraman M. Analyzing urban growth boundary effects in the city of Bengaluru ［J］. Social Science Electronic Publishing，2014，49（48）：54 - 61.

［40］ Phyllis Richardson. Growth poles and regional policies ［M］. Mouton，1976.

［41］ Sheng J，Qing G，Chun - Yu W，et al. Ecological suitability evaluation for urban growth boundary in red soil hilly areas based on fuzzy theory ［J］. 中南大学学报（英文版），2012，19（5）：1364 - 1369.

［42］ Huber M T，Currie T M. The Urbanization of an idea：Imagining nature through urban growth boundary policy in Portland，Oregon ［J］. Urban Geography，2007，28（8）：705 - 731.

［43］ Seong - Hoon C，Omitaomu O A，Poudyal N C，et al. The impact of an urban growth boundary on land development in Knox County，Tennessee：A comparison of two - stage probit least squares and multilayer neural network models ［J］. Journal of Agricultural & Applied Economics，2007，39（3）：701 - 717.

［44］ Turnbull G K. Urban growth controls：transitional dynamics of development fees and growth boundaries ［J］. Journal of Urban Economics，2004，55（2）：215 - 237.

［45］ Yong L，Arp H P. Examination of the relationship between urban form and urban eco - efficiency in China ［J］. Habitat International，2012，36（1）：171.

［46］ Wang L，Hui L I，Shi C. Urban land - use efficiency，spatial spillover，and determinants in China ［J］. Acta Geographica Sinica，2015，70（11）：1788 - 1799.

［47］ Lin J，Li Y，Wang W，et al. An eco - efficiency - based urban sustainability assessment method and its application ［J］. International Journal of Sustainable Development & World Ecology，2010，17（4）：356 - 361.

［48］ Tayyebi A，Pijanowski B C，Tayyebi A H. An urban growth boundary model using neural networks，GIS and radial parameterization：An application to Tehran，Iran ［J］. Landscape & Urban Planning，2011，100（1 - 2）：35 - 44.

［49］ Lynch，Kevin. Good city form ［M］. Cambridge：MIT Press，1981.

［50］ 程永辉，刘科伟，赵丹等. "多规合一"下城市开发边界划定的若干问题探讨 ［J］. 城市发展研究，2015，22（7）.

［51］ 张庭伟. 控制城市用地蔓延：一个全球的问题 ［J］. 城市规划，1999

（8）：44 - 48.

[52] 龙瀛，韩昊英，毛其智．利用约束性 CA 制定城市增长边界 [J]．地理学报，2009（8）：105 - 114.

[53] 孙小群．基于城市增长边界的城市空间管理研究 [D]．西南大学，2010.

[54] 吕斌，徐勤政．我国应用城市增长边界（UGB）的技术与制度问题探讨 [C] // 规划创新：2010 中国城市规划年会论文集．中国城市规划学会，2010.

[55] 王丹，黄华明．村域城镇化水平测度及格局特征——以江苏省扬州市市区为例 [J]．江苏农业科学，2008（4）.

[56] 杨建军，周文，钱颖．城市增长边界的性质及划定方法探讨——杭州市生态带保护与控制规划实践 [J]．华中建筑，2010，28（1）：122 - 125.

[57] 蒋芳，刘盛和，袁弘．城市增长管理的政策工具及其效果评价 [J]．城市规划学刊，2007（1）：33 - 38.

[58] 欧定余，尹碧波．现代城市化标准与城市边界 [J]．统计与决策，2006（20）：68 - 70.

[59] 石伟伟，梅昀，刘灵辉．武汉市建成区用地扩张的经济驱动力分析 [J]．国土资源科技管理，2008（2）：5 - 8.

[60] 祝仲文，莫滨，谢芙蓉．基于土地生态适宜性评价的城市空间增长边界划定——以防城港市为例 [J]．规划师，2009，25（11）：40 - 44.

[61] 何锦，张福存，韩双宝等．中国北方高氟地下水分布特征和成因分析 [C]．地方病与地质环境国际学术研讨会，2010：621 - 626.

[62] 蒋玮．成都市中心城区城市空间增长边界研究 [D]．西南交通大学，2012.

[63] 王玉国，尹小玲，李贵才．基于土地生态适宜性评价的城市空间增长边界划定——以深汕特别合作区为例 [J]．城市发展研究，2012，19（11）：76 - 82.

[64] 吴小平，申传健．水文地质对岩土工程勘察的影响 [J]．城市建设理论研究（电子版），2015（7）：825 - 826.

[65] 黄勇，王宗记．城市综合承载力导向下的城市增长边界划定——以常州城市承载力规划研究为例 [C]．2011 城市发展与规划大会论文集，2011.

[66] 苏伟忠，杨桂山，陈爽等．城市增长边界分析方法研究——以长江三角洲常州市为例 [J]．自然资源学报，2012，27（2）：322 - 331.

[67] 勒明凤．基于 CA - Markov 模型的香格里拉县城市增长边界设定研究

［D］．云南大学，2014.

［68］李咏华．生态视角下的城市增长边界划定方法——以杭州市为例
［J］．城市规划，2011，35（12）：83-90.

［69］张世良，叶必雄，肖守中．径向基函数网络与 GIS/RS 融合的 UGB 预测［J］．计算机工程与应用，2012，48（20）：227-231，235.

［70］张振广，张尚武．空间结构导向下城市增长边界划定理念与方法探索——基于杭州市的案例研究［J］．城市规划学刊，2013（4）：33-41.

［71］匡晓明，魏本胜，王路等．城市增长边界划定与适宜性验证——以贵阳双龙航空港经济区为例［C］// 新常态：传承与变革——2015 中国城市规划年会论文集（07 城市生态规划），2015.

［72］王嗣均．城市效率差异对我国未来城镇化的影响［J］．经济地理，1994，14（1）：46-52.

［73］韦亚平，赵民，汪劲柏．紧凑城市发展与土地利用绩效的测度——"屠能—阿隆索"模型的扩展与应用［J］．城市规划学刊，2008（3）：32-40.

［74］葛海鹰，丁永健，兆文军．产业集群培育与城市功能优化［J］．大连理工大学学报（社会科学版），2004，25（4）：36-40.

［75］李郇，徐现祥，陈浩辉．20 世纪 90 年代中国城市效率的时空变化［J］．地理学报，2005，60（4）：615-625.

［76］刘兆德，陈国忠．山东省城市经济效率分析［J］．地域研究与开发，1998（1）：44-48.

［77］宋树龙，孙贤国，单习章．论珠江三角洲城市效率及其对城市化影响［J］．地理与地理信息科学，1999（3）：34-37.

［78］傅利平，王中亚等．基于 DEA 模型的资源型城市经济发展效率实证研究［J］．电子科技大学学报（社科版），2010.

［79］朱艳科，杨辉耀．广东省各城市经济发展相对效率的 DEA 评价［J］．南方经济，2002（11）：42-44.

［80］袁晓玲，张宝山，张小妮．基于超效率 DEA 的城市效率演变特征［J］．城市发展研究，2008，15（6）：102-107.

［81］徐大伟．基于循环经济的城市效率评价研究［D］．中国科学技术大学，2009.

［82］任世鑫，谢志祥，李阳等．中原经济区城市效率时空格局演变研究［J］．河南大学学报（自然版），2017（2）：147-154.

［83］吕红亮，林纪，许顺才．资源枯竭型城市生态足迹分析［C］．中国城市规划年会，2006.

［84］岳凌云，林宏．深化技术性贸易措施推动浙江产业转型升级［J］．统计科学与实践，2011（5）：13－14．

［85］朱长征，魏倩倩．西安城市交通生态足迹研究［J］．物流工程与管理，2015，37（2）：82－84．

［86］戴永安．中国城市效率差异及其影响因素——基于地级及以上城市面板数据的研究［J］．上海经济研究，2010（12）：12－19．

［87］钱鹏升，李全林，杨如树．淮海经济区城市效率时空格局分析［J］．云南地理环境研究，2010（3）：52－58．

［88］刘兆德，徐振兴．中国地级以上城市效率评价研究［C］．中国城市规划年会，2011．

［89］郭琪，贺灿飞．密度、距离、分割与城市劳动生产率——基于中国2004－2009年城市面板数据的经验研究［J］．中国软科学，2012（11）．

［90］崔俊山，孙华．城市功能运行效率评价研究内容初探［J］．中国科技博览，2012（19）：170－171．

［91］魏后凯．中国特大城市的过度扩张及其治理策略［J］．城市与环境研究，2015（2）：30－35．

［92］赵鸿雁，年素英，周志刚．市场定位下的会计专业教学模式改革［J］．市场周刊（理论研究），2009（7）：159－160．

［93］朱锡金．城市的轴向发展［J］．城市规划学刊，1983．

［94］武进．中国城市形态：结构、特征及其演变［M］．南京：江苏科学技术出版社，1990．

［95］丛晓男，刘治彦．基于GIS与RS的北京城市空间增长及其形态演变分析［J］．杭州师范大学学报（社会科学版），2015（5）：122－130．

［96］张新生，何建邦．城市空间增长与格局变化的预测［J］．地理学与国土研究，1996（3）：12－15．

［97］杨荣南，张雪莲．城市空间扩展的动力机制与模式研究［J］．地域研究与开发，1997（2）：1－4．

［98］王宏伟，袁中金，侯爱敏．城市化的开发区模式研究［J］．地域研究与开发，2004，23（2）：9－12．

［99］李翅，吕斌．城市土地集约利用的影响因素及用地模式探讨［J］．中国国土资源经济，2007（8）：7－9．

［100］张振龙，顾朝林，李少星．1979年以来南京都市区空间增长模式分析［J］．地理研究，2009，28（3）：817－828．

［101］叶昌东，周春山．中国特大城市空间形态演变研究［J］．地理与地

理信息科学，2013，29（3）：70 - 75.

［102］马淇蔚，李咏华. 2000 - 2010 年杭州市人口分布格局时空演变［J］.经济地理，2016（8）：87 - 92.

［103］朱建华，戚伟，修春亮. 中国城市市辖区的空间结构及演化机制［J］. 地理研究，2019，38（5）：1003 - 1015.

［104］于卓，吴志华. 多维城市空间增长探讨［C］. 生态文明视角下的城乡规划——2008 中国城市规划年会论文集，2008.

［105］杨荣南，张雪莲. 城市空间扩展的动力机制与模式研究［J］. 地域研究与开发，1997（2）：1 - 4.

［106］顾朝林，甄峰，张京祥. 集聚与扩散：城市空间结构新论［M］. 南京：东南大学出版社，2000.

［107］张庭伟. 1990 年代中国城市空间结构的变化及其动力机制［J］. 城市规划，2001，25（7）：7 - 14.

［108］鲁奇，战金艳，任国柱. 北京近百年城市用地变化与相关社会人文因素简论［J］. 地理研究，2001，20（6）：688 - 696.

［109］修春亮，祝翔凌. 地方性中心城市空间扩张的多元动力——基于葫芦岛市的调查和分析［J］. 人文地理，2005（2）：9 - 12.

［110］侯敏，朱荣付. 北京地区交通对城市空间形态的影响研究［J］. 测绘通报，2007（12）：59 - 61.

［111］张京祥，吴缚龙，马润潮. 体制转型与中国城市空间重构——建立一种空间演化的制度分析框架［J］. 城市规划，2008（6）：55 - 60.

［112］李开宇. 行政区划调整对城市空间扩展的影响研究——以广州市番禺区为例［J］. 经济地理，2010（1）：22 - 26.

［113］施一峰，王兴平，王乙喆等. 集约低碳导向的开发区再开发规划体系优化初探——以苏南地区为例［C］. 中国城市规划年会，2018.

［114］杨荫凯. 智能交通系统（ITS）概述及我国的发展对策选择［J］. 地理科学进展，1999（3）：3 - 5.

［115］陈长伟，吴小根. 基于有机疏散理论的城市旅游用地研究［J］. 江西农业学报，2011，23（1）：190 - 192.

［116］孙斌栋，黄鑫楠. 上海城市非核心功能疏解研究［J］. 规划师，2018，34（9）：11 - 17.

［117］林坚，乔治洋，叶子君等. 城市开发边界的"划"与"用"——我国 14 个大城市开发边界划定试点进展分析与思考［J］. 城市规划学刊，2017（2）.

[118] 赵丹,刘科伟,李建伟等.城市开发边界内涵及划定方法研究 [J]. 西北大学学报 (自然科学版),2017,47 (1):123-126.

[119] 梁占强.城市增长边界的国际经验及对中国的启示 [D]. 河北师范大学,2016.

[120] 杨秋惠.空间发展、管制与变革——国内外 "城市开发边界" 发展评述及启示 [J]. 上海城市规划,2015 (3):46-54.

[121] 林坚,刘乌兰.如何划好用好城市开发边界 [J]. 中国土地,2014 (8):19-20.

[122] 许景权.空间规划改革视角下的城市开发边界研究:弹性、规模与机制 [J]. 规划师,2016,32 (6):5-9.

[123] 赵之枫,巩冉冉,张健.我国城市开发边界划定模式比较研究 [J]. 规划师,2017,33 (7):105-111.

[124] 裴文娟,樊凯,张建生等.城市开发边界的内涵 [J]. 城市问题,2017 (9):26-31.

[125] 朱一中,王韬,杨莹.城市开发边界管理:概念、方法与应用 [J]. 国土资源科技管理,2019,36 (2):59-73.

[126] 侯逸,肖霖,王静.试论美国 UGB 与中国城市开发边界的异同及其启示 [J]. 沈阳建筑大学学报 (社会科学版),2016 (1):1-7.

[127] 青溪,林吉儿.国外如何为城市划定开发边界 [J]. 决策探索 (上半月),2015 (7):78-79.

[128] 董祚继.对大城市边界划定的正确理解和认识 [J]. 中国土地,2014 (12):9-11.

[129] 叶裕民,田若敏,王晨跃.俄勒冈城市增长边界简化方法探究及其对中国的启示 [J]. 国际城市规划,2018,164 (2):92-101.

[130] 王军.城镇化模式之变:从 "增量城市" 到 "存量城市" [J]. 小城镇建设,2015 (10):28-30.

[131] 包书月,张宝秀.北京城中轴线发展历程及其对城市空间结构的影响 [J]. 北京联合大学学报 (人文社会科学版),2011,9 (3):39-44.

[132] 王淳青.产业政策引导下的上海城市空间结构演变 [D]. 华东师范大学,2013.

[133] 岳丹.成都市城市结构调整与城市更新 [D]. 西南交通大学,2007.

[134] 常艳.城市化发展历程回顾与新型城市化发展趋势分析——以特大城市北京为例 [J]. 理论月刊,2014 (9):138-142.

[135] 魏广君,董伟.大连城市空间发展模式及内涵研究 [J]. 华中建筑,

2010（12）.

［136］刘红娟. 改革开放下的深圳城市发展的历程研究［J］. 南方论丛，2016（5）：1-7.

［137］李澍田. 改革开放以来杭州城市空间形态演变研究［D］. 浙江大学，2017.

［138］叶浩军. 价值观转变下的广州城市规划（1978-2010）实践［D］. 华南理工大学，2014.

［139］吕陈，石永洪. 近现代南京城市规划与实践研究——基于1927-2012年南京重大城市规划与建设事件的分析［J］. 现代城市研究，2014（1）：34-41.

［140］董光器. 六十年和二十年——对北京城市现代化发展历程的回顾与展望［J］. 北京规划建设，2010（6）.

［141］郝鹏展. 论近代以来郑州的城市规划与城市发展［D］. 陕西师范大学，2006.

［142］曹昕婷，刘昭. 厦门城市空间演化及发展探析［J］. 中南林业科技大学学报，2009，29（3）：184-189.

［143］屠启宇. 上海新一轮城市总体规划的创新与期待［J］. 上海城市规划，2017（4）：13-17.

［144］邹兵. 深圳城市空间结构的演进历程及其中的规划效用评价［J］. 城乡规划，2017.

［145］周一晴. 苏州城市空间组织演变研究［D］. 苏州科技学院，2007.

［146］王旭升，董桂萍，毛卉. 郑州城市发展历程与特点分析［J］. 地域研究与开发，2005（6）.

［147］俞立平，周曙东，王艾敏. 中国城市经济效率测度研究［J］. 中国人口科学，2006（4）：51-56.

［148］于忠华，孙瑞玲，李宗尧. 资源环境约束下南京城市发展质量评价［J］. 中国环境管理，2018，10（2）：56-61.

［149］李强，胡承河. 城市蔓延与城市全要素生产率［J］. 湖南财政经济学院学报，2017，33（1）：33-39.

［150］王家庭. 环境约束条件下中国城市经济效率测度［J］. 城市问题，2012（7）：18-23.

［151］朱旭森. 基于DEA的土地利用经济效率和生态效率评价——以西南地区为例［J］. 重庆师范大学学报（自然科学版），2016（4）：194-200.

［152］何冬琴，李刚. 基于DEA模型的合肥城市空间形态效率评价［J］.

平顶山学院学报，2013，28（2）：101 – 105.

　　[153] 许新宇. 基于数据包络分析的甘肃省城市效率评价 [D]. 兰州大学，2013.

　　[154] 袁晓玲，张占军，贺斌. 中国城市效率评析 [J]. 城市问题，2015（9）：12 – 17.

　　[155] 詹姆斯·弗，理查森，周宁生. 美国城市演变动态 [J]. 国外人文地理，1976（1）：35 – 39.

　　[156] 黄顺江. "十三五" 时期我国城市经济转型升级的目标和路径 [J]. 企业经济，2016（10）：159 – 165.

　　[157] 戴宏伟. 北京产业梯度转移和产业结构优化的几点思索 [J]. 首都经济，2003（6）：33 – 34.

　　[158] 张洋. 产业集群与城市功能优化研究 [J]. 生态经济，2016（12）：69 – 72.

　　[159] 卫平，余奕杉. 产业结构变迁对城市经济效率的影响——以中国 285 个城市为例 [J]. 城市问题，2018，280（11）：6 – 13.

　　[160] 张旺. 产业结构优化视角下的土地利用效益研究 [D]. 武汉大学，2013.

　　[161] 傅晓珊. 城市土地利用与产业结构均衡性研究 [D]. 中国地质大学（北京），2011.

　　[162] 宋博，赵民. 论城市规模与交通拥堵的关联性及其政策意义 [J]. 城市规划，2011（6）：22 – 28.

　　[163] 焦学爱. 论城市经济增长与城市产业结构的调整 [J]. 中国集体经济，2012（25）：7 – 8.

　　[164] 董鹏. 浅析特大城市产业转型创新与城市发展 [J]. 现代城市，2015（3）：23 – 25.

　　[165] 王丹丹. 我国特大城市形成以服务经济为主的产业结构的研究 [D]. 山西师范大学，2012.

　　[166] 粟晓珊. 中国超大城市产业结构演进及其影响因素研究 [D]. 重庆大学，2017.

　　[167] 李培祥. 城市与区域协调发展对策研究 [J]. 生产力研究，2008（3）：82 – 85.

　　[168] 蔡之兵. 北京带动周边区域发展了吗？ [J]. 北京社会科学，2017（1）：57 – 64.

　　[169] 李培祥. 城市与区域相互作用机制研究 [J]. 地理科学，2006，26

（2）：136 – 143.

［170］阳国亮，程皓，欧阳慧．国家中心城市建设能促进区域协同增长吗［J］．财经科学，2018（5）.

［171］张苏文，杨青山．哈长城市群核心外围结构及发展阶段判断研究［J］．地理科学，2018，38（10）.

［172］郭宝华，李丽萍．区域中心城市机理解析［J］．重庆工商大学学报（西部论坛），2007，17（2）：35 – 38.

［173］浦再明．上海城市非核心功能疏解研究［J］．科学发展，2017（7）：40 – 52.

［174］胡波，王姗，喻涛．协同发展视角下的首都特大城市地区分圈层空间布局策略［J］．城市规划学刊，2015（5）.

［175］李红玉．中国超（特）大城市功能疏解思路研究［J］．城市，2017（9）：20 – 28.

［176］刘耀彬，李仁东，宋学锋．中国城市化与生态环境耦合度分析［J］．自然资源学报，2005，20（1）：105 – 112.

［177］熊国平．90 年代以来中国城市形态演变研究［D］．南京大学，2005.

［178］北京中心城中心地区地下空间开发利用规划［J］．市政技术，2014（2）：96.

［179］李晶晶．城市"边角空间"的再利用研究［J］．建筑与文化，2018，173（8）：68 – 70.

［180］巩明强．城市地下空间开发影响因素研究［D］．天津大学，2007.

［181］陈倬．城市地下空间开发利用的问题与对策研究——以武汉市为例［J］．武汉轻工大学学报，2012，31（1）：87 – 92.

［182］徐嘉滢．城市化运行中城市土地资源的调控性研究［J］．现代营销（信息版），2019（5）：232.

［183］刘修岩，李松林，秦蒙．城市空间结构与地区经济效率——兼论中国城镇化发展道路的模式选择［J］．管理世界，2017（1）：51 – 64.

［184］郑桂森，王继明，何静．地下空间资源的属性特征［J］．城市地质，2017，12（4）：1 – 5.

［185］王旭辉，孙斌栋．特大城市多中心空间结构的经济绩效——基于城市经济模型的理论探讨［J］．城市规划学刊，2011（6）：20 – 27.

［186］徐大勇．郑州市地下空间开发利用规划研究［D］．天津大学，2010.

［187］丁成日．增长、结构和效率——兼评中国城市空间发展模式［J］．规划师，2008，24（12）：35 – 39.

[188] 李仙. 特大城市治理的基本思路 [J]. 经济研究参考, 2015 (20): 66 - 71.

[189] 王坚阳, 陈久梁. "城市双修" 的思考 [J]. 中国房地产业, 2017 (18).

[190] 黄海雄. 实施生态修复、城市修补, 助推城市转型发展——以三亚市为例探索 "城市双修" 理念实施的路径 [J]. 城乡规划, 2017 (3): 15 - 21.

[191] 王秀明. 工业废弃地的景观改造与再利用研究 [D]. 北京林业大学, 2010.

[192] 湛东升, 张文忠, 谌丽. 城市公共服务设施配置研究进展及趋向 [J]. 地理科学进展, 2019, 38 (4): 44 - 57.

[193] 王建国, 李晓江, 王富海. 城市设计与城市双修 [J]. 建筑学报, 2018, 595 (4): 21 - 24.

[194] 何勇, 陈新光. 上海城市基础设施的建设历程与国内外比较 [J]. 统计科学与实践, 2015 (4): 56 - 61.

[195] 程鹏, 栾峰. 公共基础设施服务水平主客观测度与发展策略研究——基于 16 个特大城市的实证分析 [J]. 城市发展研究, 2016, 23 (11): 117 - 124.

[196] 倪敏东, 陈哲, 左卫敏等. "城市双修" 理念下的生态地区城市设计策略——以宁波小浃江片区为例 [J]. 规划师, 2017, 33 (3): 31 - 36.

[197] 张敏. 全球城市公共服务设施的公平供给和规划配置方法研究——以纽约、伦敦、东京为例 [J]. 国际城市规划, 2017, 32 (6): 69 - 76.

[198] 陈太政, 李政旸. 我国 "城市双修" 的发展与实践述论 [J]. 中国名城, 2019, 208 (1): 28 - 34.

[199] 张舰. 我国特大城市基础设施发展水平及分布特征 [J]. 城市问题, 2012 (6): 36 - 40.

[200] 孙东琪, 陈明星, 陈玉福等. 2015 - 2030 年中国新型城镇化发展及其资金需求预测 [J]. 地理学报, 2016, 25 (6): 1025 - 1044.

[201] 吴唯佳. 中国特大城市地区发展现状、问题与展望 [J]. 城市与区域规划研究, 2017, 2 (1): 75 - 94.

[202] 刘澍, 崔昂. 超大城市的发展趋势与问题解决——以广州为例 [J]. 交通与运输 (学术版), 2018 (1): 21 - 27.

[203] 蔡中生. 城市管理体制机制面临的问题与思考 [J]. 城市建设理论研究 (电子版), 2018, 275 (29): 25.

[204] 陈质枫. 论我国特大城市跨世纪发展的问题、挑战与对策 [J]. 城市, 1998 (4): 6 - 8.

［205］李勇．中国超大城市、特大城市的经济地位和可持续发展研究［D］．东北师范大学，2002.

［206］王微波．城市战略规划研究［J］．地域研究与开发，2004，23（4）：44 – 47.

［207］叶晓婷，梁平．城镇化与特大城市社会治理：从"社会管理"转型为"社会治理"［J］．决策探索（下半月），2015（1）：25 – 26.

［208］李伟东．特大城市社会治理反思［J］．北京社会科学，2014（11）：12 – 18.

［209］钱新．关于建立新型城市管理模式的几点思考［J］．中共合肥市委党校学报，2012（1）：27 – 29.

后　记

　　漫漫历史长河中，无论城市还是乡村，都是人类聚集和生活的场所。但是，随着社会生产力的进步和人类社会的发展，城市逐渐成为人类文明精华的会聚之地，数千年来政治、经济、文化和科技的光芒在此交相辉映，尤其是中国北京、上海、广州、深圳、西安、武汉、成都、重庆、苏州、南京、杭州、郑州、沈阳等特大城市，要么几千年前就在世界城市发展史上独树一帜，古都风韵犹存；要么近现代以来成为中国乃至东亚的国际化现代化城市，引领城市风尚。但是，在中国城镇化和城市发展的实践中，小城镇、中小城市和大城市孰轻孰重的争论却长期存在。改革开放以来，随着中国城镇化的快速推进和特大城市在经济社会发展中的地位作用日益凸显，特大城市却遭遇各种挑战，诸如人口膨胀、饮水卫生、安全隐患、环境污染和土地价格上涨等。为此，控制特大城市发展的思潮重新进入社会各界的视野。

　　从世界特大城市和城镇化发展的一般规律看，特大城市由于在交通区位、要素集聚、公共服务、科技创新等方面具有先发优势和规模优势，即使城镇化进入质与量并重发展的新阶段，仍将长期在国际竞争、国家或区域发展中占据主导地位。在此趋势中要克服诸多大城市规模扩张带来的一系列城市病，让特大城市不得不面临规模扩张内在需求和增长边界约束趋紧之间的双重约束。同时，也引发我们去思考一个问题，即划定城市增长边界的政策效果究竟几何？对城市效率的影响究竟几何？是否有利于保持和增强特大城市的可持续发展能力？是否有利于增强区域和国家的整体竞争力？恰逢 2014 年，中国一批特大城市开展划定城市增长边界的试点工作，为课题梳理研究提供了案例和素材。

　　将增长边界作为约束条件对城市效率进行分析，在方法上进行一定创新的同时，也对城市的规模报酬增减和土地投入冗余进行了相对客观的评价，从而为评价城市规模合理性提供了基本的依据，进而从微观、中观和宏观三个层面，从产业、管理、空间、生态、区域发展等多维视角提出提升特大城市运行效率、增强可持续发展能力的路径与策略，希望特大城市能够在克服城市无序蔓延的同时，不断巩固和提升对国家或区域发展的带动能力和在全球城市体系的核心竞争力。

　　本书在研究的过程中，得到了许多领导、老师、同事、同学和家人的关心和支持。衷心感谢河南省社会科学院领导以及办公室、科研处、人事处、信息中心、区域经济评论杂志社和城市与环境研究所的老师、同事们给予的指导和支持，衷心感谢王建国、完世伟、张富禄、任晓莉、王玲杰、郑海艳、赵西三、杨兰桥、陈明星、王艳、李斌、石涛、王元亮、陈萍、安晓明等老师、同事们在本书撰写成稿过程中给予的具体意见和建议。衷心感谢河南大学王发曾教授、北京大学林坚教授，以及刘静玉、李晓莉、赵建吉、杨建涛、徐成东、丁志伟等学友启发我开拓思路。在此，对这些良师益友表示衷心的感谢。对经济管理出版社的申桂萍老师表示衷心的感谢，感谢她为本书的付梓付出了大量的辛勤汗水。最后，还要对我的父母、妻子和女儿表示衷心的感谢，是他们的支持，给了我信心、决心、勇气和毅力来完成这项研究成果。

　　最后，由于本人水平有限，研究还不够深入，难免出现纰漏，期望读者多多包涵，并不吝赐教。

作　者